艺术与观念

达利

［英］罗伯特·雷德福　著

栾志超　译

北京出版集团公司

北京美术摄影出版社

目录

对页
达利
恩里科·萨基尼拍摄

*本书插图系原书插图

引言

　　萨尔瓦多·达利一生作品无数，他所创作的图像在世界各地广受赞誉，反响颇丰，且持续不断地吸引着年青的一代。对年青一代来说，达利的作品所独具的特质——令人震惊、不安，同时又无比有趣、巧妙——让人感到一如既往的新奇和难忘。我写作这本书，就是想要说明达利的作品何以具有如此经久不衰的影响力。

　　在达利看来，青少年时代的经历对他自己后来走上艺术家的道路至关重要。他认为，无拘无束的情感、未受世俗沾染的认知，以及天马行空的幻想（尤其是孩童时期的），这些元素构成了超现实主义观念的完美基础。此外，达利还出生在一个典型的资产阶级家庭，伴着母爱和父威长大。他的家乡是西班牙北部的加泰罗尼亚地区，彼时相当繁荣，且拥有自身悠久的艺术文化。和西班牙的其他地方比起来，加泰罗尼亚对在欧洲主要的艺术中心——尤其是巴黎——正塑造着现代主义的新式观念持有更为开放的态度。

　　达利在马德里进行了艺术的学习和训练，但他真正的艺术教育源于他自己的研究，源于他在马德里所结识的重要一代年轻知识分子以及同他们之间形成的友谊——特别是诗人费德里科·加西亚·洛尔迦和电影导演路易斯·布努埃尔，二者对达利的人生和创作都有着极其重要的影响。尽管达利 20 世纪 20 年代中期的作品直至今日才逐渐为世人所知，但事实上，他在早期所表现出的才华很早就被胡安·米罗和巴勃罗·毕加索看在眼里，并在他 1929 年去巴黎拍摄第 1 部超现实主义电影《一条安达鲁狗》时给了他很多帮助。

独特的视角和丰富的想象力很快就为达利在超现实主义的大潮中赢得了一席之位。最开始，人们多是通过他的写作以及他将超现实主义的实践拓展至绘画的领域而对他有所了解。但是，他一生中最重要的相遇是他与嘉拉·艾吕雅的初识——至少达利自己是这样认为的。起初，艾吕雅是他的朋友，后来则成了他的妻子，并彼此相守50多年。但2人的关系并不止于此。对达利来说，嘉拉是一个绝对的典范，一个风趣、完美的女性，影响且塑造了达利接下来的大部分创作。达利那些为人所熟知的图像——如软塌塌的表和拐杖——正是自他20世纪30年代的绘画开始才获得了广泛的认知度。

尽管达利坦承一生只会为自己而活，且不屑于参与政治活动，但他的人生却无法逃脱欧洲源远流长、纠缠不清的历史问题，且不可避免地身陷西班牙内战所带来的民族分裂的恐慌之中。后来，由于德军入侵并占领了法国，达利便飞往了美国。在美国，他看到了一个有着自身好莱坞文化、大众传媒和广告的新世界，并在那里的新鲜活力中开始了人生的下一场大冒险。他还在美国享受到了自身知名度所带来的快感与回报。后来，他不断地推进和增强自己的知名度，获得了完完全全的成功。也正是在这一时期，自传《我的秘密生活》与小说《隐藏的面孔》的出版也全面展示了他在写作方面的天赋。

20世纪40年代末期，达利摒弃了超现实主义的观念及方法，同时也反对美国抽象绘画的新方向。相反，他开始向文艺复兴的经典回归，但又以一种典型的达利式的方式对其进行转换，远非拉斐尔之辈所能理解和想象。此时的达利正在运用他在量子物理学方面的知识创造传统图像与现代图像间的多样结合。这种开创性的图像处理方式与20世纪60年代兴起的波普艺术图像遥相呼应。

随着达利的个人声誉与知名度已扩散至世界各地，他开始不遗余力地推销自己滑稽戏谑的小丑形象——小胡子、圆瞪着的眼睛——最重要的是，享受自己的名人身份。但他从未停止过自己一直以来的探索，即专注于做一名幻想家式的艺术家。受迭戈·委拉斯凯兹和扬·维米尔的启发，他尝试立体和全景式的创作手法，探寻现代视角下的完美幻觉。恰如其名的剧院博物馆再清晰不过地呈现了达利后来的生活。剧院博物馆是达利在他的家乡菲格雷斯建造的一座博物馆，它所秉承的是这样一种理念，即艺术应当是戏剧化的，激发人心的，旨在引发观众在第一时间所产生的想象。

现在是时候评述并重估这样一位艺术家对 20 世纪艺术所做出的贡献了——他成功地招致了大多数同辈艺术家、众多批评家、评论家对他的不满，这种不满的情绪同他所获得的大众认知度、喜爱度成正比。但是，既然在当下的艺术实践中，对已有风格进行戏谑和挪用已成为越来越为大家所认可的策略和方法，且达利拒绝坚持一种狭义的激进艺术，人们也不再不假思索地揶揄达利的名人身份，那么，现在来重观这位艺术家的艺术创作也就再合适不过了。

然而，要接近达利并从虚构中分辨出事实，这做起来一点都不简单。举例来说，光是达利的青少年时代就有至少 3 个版本的说法：一个是不偏不倚的官方记录版；一个是达利自述的激情澎湃、创意无限版，在重述一些古老神话的同时又不断演化；还有一个则是他妹妹讲述的完美无缺版，描绘了一幅家庭和睦的美好画面。但这其实并不奇怪，因为我们不可能确定地说一个人的一生只有一种，且是唯一"真实"的一种。毋庸置疑，各种相关人物——父母、兄弟姐妹、旁人——通常都会以截然不同的方式经历、记住或参与一件事。无论如何，达利和嘉拉都成功地织就了一张迷网，树立起了他们对外界的形象，使得他们的私生活几乎无迹可寻，无法再现。

此外，当我们研究的主体是一位艺术家时，问题就变得越发复杂。原因在于，"艺术家"这一身份出现在古希腊，而大众一直以来都急于将艺术家塑造为一个神秘的群体，认为他们可以特立独行，且期待他们身上发生些惊世骇俗的非同寻常之事。或许，这源于大众在面对艺术家的创造力时心怀的某种敬畏——这种创造力威胁到了上帝的地位。而这正是艺术家一直以来探索的方向，从文艺复兴时期的画家乔治奥·瓦萨里所写的《艺苑名人传》一书中就可见一斑。

到了浪漫主义运动时期，这一神话制造的过程到达了顶峰，艺术家担负起了英雄式牺牲者的角色；而当"波希米亚"一词横空出世时，人们已经习惯性地认为艺术家是被社会遗弃了的一个群体，追求贫穷、拒绝、自杀式的生活，投身自由，蔑视资产阶级社会传统的道德约束。随着尼采在19世纪末宣称"上帝已死"，社会上的宗教信仰呈现普遍衰落之相，人们期待艺术家能承担起先知或巫师的角色，通过进入与尘世隔绝的精神状态来治愈人们内心的焦虑和恐慌。这是20世纪初期新兴的前卫艺术家一代所留下来的精神遗产。达利的伟大之处正在于，他属于这样一代艺术家，他熟悉并利用了艺术家的神话。后来，他还证明了自己在另外一方面也先人一步，即认识到20世纪的特有发明：名人神话。他致力于创造出一幅有关他个性及生活的图景，而且这些方面和他作为一个艺术家所进行的创作在公众的脑海里难分难解。因此，当他在1942年做出评判，认为自己是他所处时代的艺术圈中最重要的人物之一时，他拿出了自传《我的秘密生活》。这本自传让世人看到了他对编织自我神话的偏爱：一则"天才"的养成记。1976年，《我难以言说的自白》一书的出版详解了他的自传，并向读者直言，这本自传其实"是一本达利式的小说"。

虚构的回忆与真实的激情　加泰罗尼亚的童年时光

1

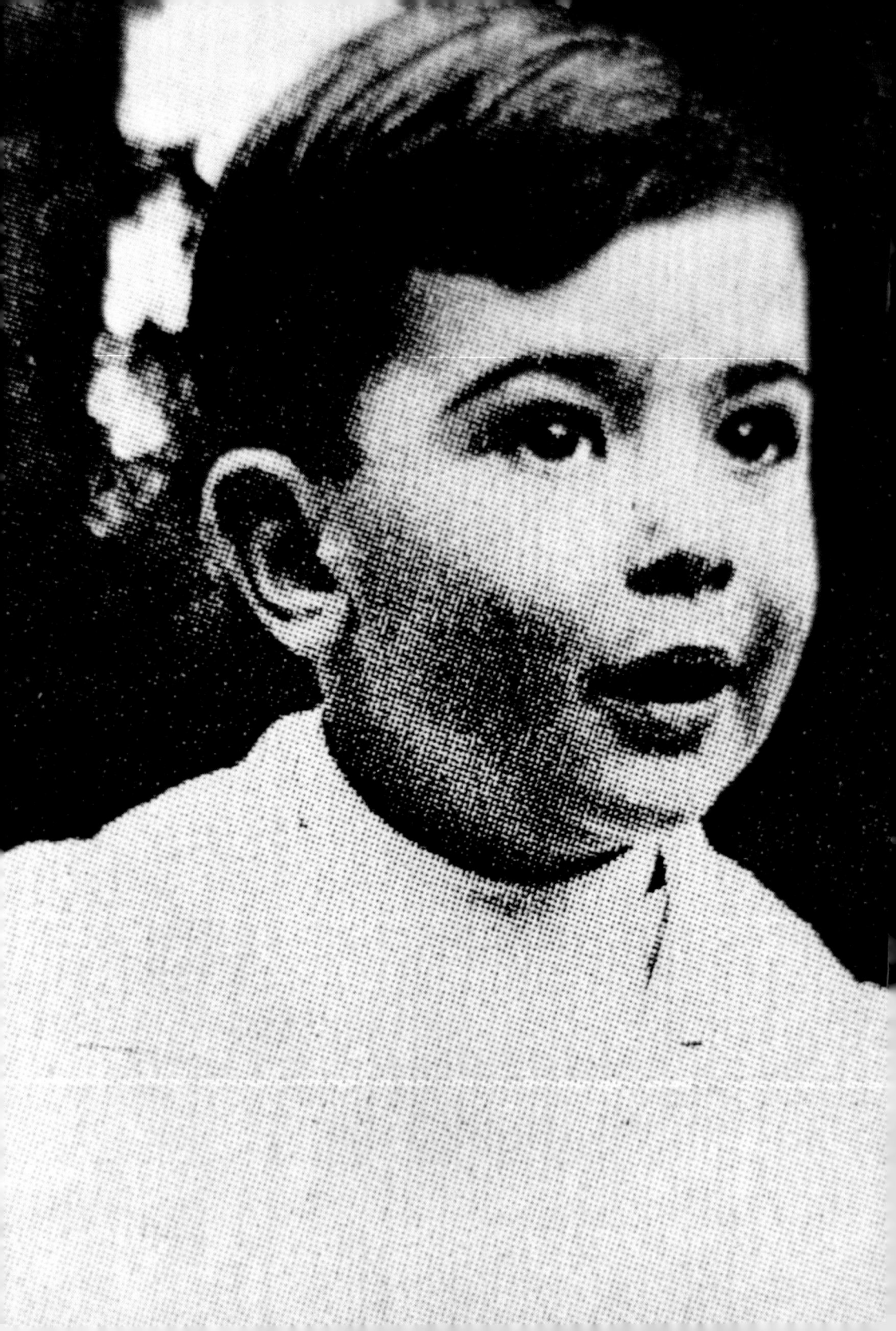

在我们把达利称作是一位西班牙或巴黎或世界级的艺术家之前，必须要先来谈谈作为一位加泰罗尼亚艺术家的达利。达利经常强调他特别在意自己加泰罗尼亚人的身份，他认为自己不仅仅只是个西班牙人。在去马德里求学之前，他从未走出过菲格雷斯和巴塞罗那；而加泰罗尼亚语（加泰罗尼亚语是一支独立的罗曼语，而非西班牙方言）则是他与家人或朋友聊天时用的语言。20 世纪 20 年代，在他给巴塞罗那一家艺术媒体撰写第一批文章和宣言时，所使用的都是加泰罗尼亚语。后来，他还时常戴一顶巴雷蒂娜帽——一种加泰罗尼亚乡村的传统红色帽子，这种帽子也时常出现在米罗的很多画作中。

加泰罗尼亚地区位于西班牙的东北角，紧邻地中海，有着长长的海岸线，比利牛斯山脉将其与法国和安道尔分隔开来（见第 339 页）。加泰罗尼亚的主要城市是巴塞罗那，不管是面积还是国际知名度，都可与马德里相匹敌。中世纪时期，加泰罗尼亚的疆域拓展并囊括了法国南部佩皮尼昂的一部分区域，其强劲的舰队也保证了其在地中海地区的殖民影响力，从雅典到西西里，从撒丁岛到马略卡岛，无不在其统治之下。加泰罗尼亚还开创了代表议会制的早期形式，即加泰罗尼亚自治区政府，且始终极力维护这一民主权古已有之的含义。然而，在西班牙进入哈布斯堡和波旁王朝时期之后，大多数的民主权都被削弱。

19 世纪后半期，民间逐渐重又兴起了对加泰罗尼亚语的使用，

图2
达利3岁时摄于西班牙
巴塞罗那古埃尔公园

以及对这一地区文化身份的新认知。在一场名为"文艺复兴"的运动中，加泰罗尼亚出版的报纸及文学杂志开始重燃起对这一地区艺术、建筑、文学、民俗等各个方面悠久传统的兴趣。和西班牙其他地区比起来，加泰罗尼亚一直以来都保持着发达的经济，且巴塞罗那地区的工业在 18 世纪末期又有了很好的发展。再加上当地企业家在银行和贸易方面的实力，加泰罗尼亚就成了西班牙最繁荣、最"欧洲"的地区。这些成就都反映出了典型的加泰罗尼亚特色——良好的判断力和致富力。

在这样一个时代，达利于 1904 年 5 月 11 日出生了，全名为萨尔瓦多·菲利普·哈辛托·达利·多梅内克。他的父亲同样名为萨尔瓦多，时年 41 岁，是菲格雷斯的一名公证人（处理证明文件的法务官员）。菲格雷斯是阿尔特 - 埃姆波尔达的主要城镇，处于加泰罗尼亚的最北端，距离巴塞罗那大约北向 100 km。达利的母亲菲利帕比他的父亲小 11 岁，出生于巴塞罗那一个富裕的商贸之家。达利的妹妹安娜·玛丽亚小达利 3 岁。在青少年时期，兄妹二人的关系十分亲密。一家人享受着与父亲的社会身份相匹配的舒适生活、社会地位及保障；母亲也应该很轻松，有家仆帮忙，能全心全意地操持家人的生活。年少的萨尔瓦多（图 2）似乎度过了一个说不上极度宠溺，但却十分快乐的童年。的确，在他的回忆录中，达利也很愉快地分享了他如何利用父母对他的关心和关怀。作于 1910 年左右的一张家庭度假作品（图 4）——其中还有姨妈和奶奶——就描绘了一幅弥漫着女性气息的家庭生活画面。他们居住在城中心的一间公寓里，所处的那条街道名取自这个镇上此前最有名的一个人物：纳西斯·蒙度里欧—— 19 世纪 50 年代人力潜水艇的发明者。安娜·玛丽亚口中的菲格雷斯是一处繁华且与众不同的地方，有文学和音乐社团，有琳琅满目的集日，有周日军乐队，还有美丽如画的地方特色风景。达利家还有个用来度假的房子，名为"埃尔·兰纳"，坐落在卡达奎斯的渔村附近。在这里成为一个度假胜地之前，达利兄妹常常在周末和夏天来这里的海滩上或是沿着附近满是岩石

图3. 左上
《我的家人》草图
1920年
纸上铅笔和墨水
22 cm × 16.5 cm
私人收藏

图4. 右上
达利一家人在卡达奎斯
的合影
摄于约1910年

图5. 下图
住在海边房子里的达利
一家
约1918年
纸上铅笔和墨水
14.5 cm × 21.5 cm
西班牙菲格雷斯嘉拉 -
萨尔瓦多·达利基金会

的海岸线玩耍。一幅现存达利的早期绘画就描绘了他们在海边房子里的休闲活动（图5）——母亲和姨妈在做针线活，父亲在读书，园丁伸展四肢躺在沙滩上，邻居来访，吓人的牛守着橘子树不让小孩靠近。几年后，在达利差不多16岁的时候，他画了一幅全家人在卡达奎斯的素描。这个时候，他艺术家的身份已经确立了下来（图3）。

对卡达奎斯的情感也是达利后来创作恒久的主题之一。他与他的缪斯、伴侣嘉拉·艾吕雅的第一个爱巢就建在利加特港附近。他后来把这个房子扩建成了一间工作室。这间工作室是一座带给他秩序与安宁的绿洲，使他能够维持高产量的绘画作品。海岸线大致的轮廓以及克莱乌斯岬角真实可辨的岩石与海湾（图6），这些都构成了达利很多经典画作的背景。

达利的父亲是一位自由的思想者，这意味着他反对道德上的权威以及传统罗马天主教会的政治影响。他是个无神论者，一位共和党人，也是加泰罗尼亚自治的拥护者。达利就是在父亲的书室里浏览群书时，第一次饱尝了在知识的海洋里遨游的兴奋感。父亲的藏书中就包括了伏尔泰、康德和尼采的著作，这些无疑都引导了达利对理论思辨的最初喜好。父亲的观念使得达利就读的第一所学

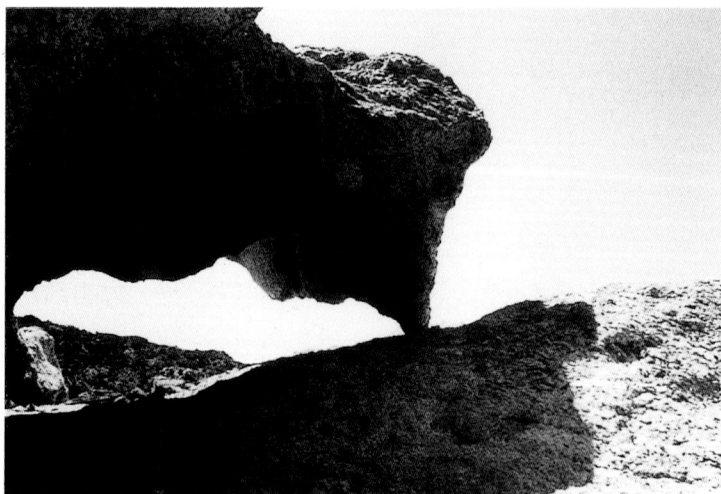

图6
卡达奎斯的花岗岩石

校并非教会学校——尽管教会学校和他们家的地位更相吻合。达利去了当地的一所小学，在这里就读的学生多是来自社会更底层的孩童。达利对势力的极度敏感极有可能就是从这里开始的——穿着整洁如新海军装的他第一次见到了住在穷街陋巷、衣衫褴褛、赤足光脚的孩子们。在 6 岁到 12 岁期间，他在一所由法国新教教派基督教兄弟所创办的学校就读。由于这所学校用法语教学，因此，达利在这段时间里熟练地掌握了法语，并热爱上了文学。他的学习生涯面临的另外一重障碍是准备普高考试，这个考试是进入大学的敲门砖。因此，在 13 岁到 18 岁期间，他就读于菲格雷斯高中；他还旁听了由名为圣母兄弟的教派所创办的大学课程及市立绘画学校的课程。14 岁的时候，达利开始给一份名为《学习》的校办杂志投稿，其中既有插画，也有艺术史的文章。尽管在《我的秘密生活》一书中，达利宣称自己在校期间的作品不值一提，但是他的成绩单让我们看到的是一个勤奋刻苦，大多数课程都非常优秀的学生。而且，通过现存的满是乱涂乱画的课本，我们也可以推断，达利在课堂上的注意力并不集中。此外，他在校期间的好友佐米·米拉特维尔斯也证实说，达利之所以能够通过代数考试全凭运气和直觉。

有一本记录这段时期的少年日记留存了下来。达利在这本日记中雄心勃勃地规划了自己的人生，还毫不掩饰地表明了自己要赢得天才赞誉的宏愿。透过这些文字，我们也可以看到达利通过新闻紧跟世界时事和对当地政治的兴趣。他还坚定不移地支持俄国的革命（图 7）和加泰罗尼亚的独立。第一次世界大战爆发，导致了经济及政治制度的混乱，使得欧洲在接下来的 20 年当中都陷入了动荡不安和政治的风云更迭之中。尽管西班牙有其自身的独特性，但也未能从这股分崩离析的大潮中脱身。

可以料见，与加泰罗尼亚文化复兴紧密相随的更多的是对政治自主的迫切要求。在 20 世纪的头 10 年里，欧洲很多前卫艺术运动共同发出了革命呼声及想要寻求改变的普遍愿望。

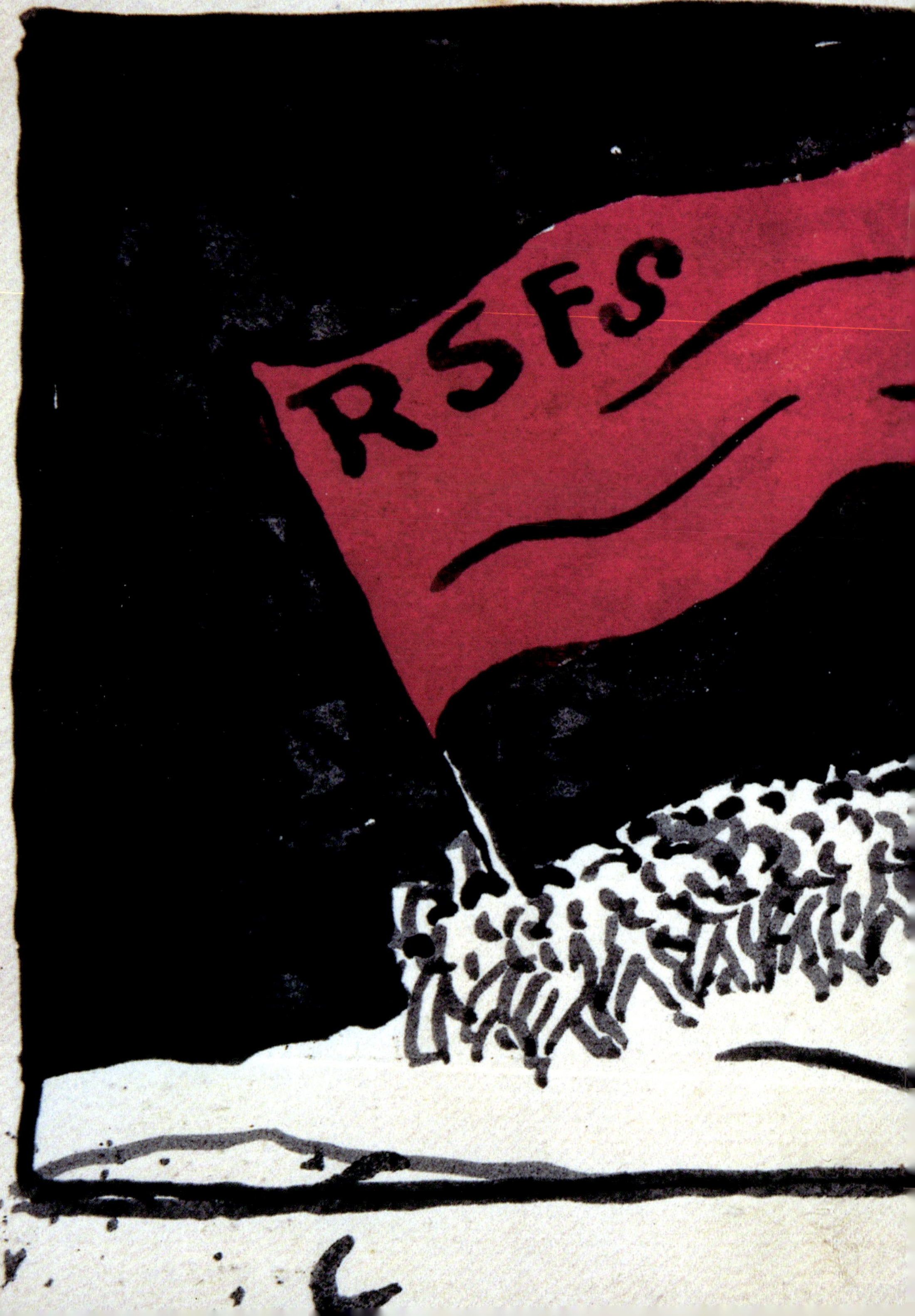
RSFS

达利回忆说，在他还是个学生时，当地的在校激进分子曾邀请他出席菲格雷斯的一场据称纪念第一次世界大战结束的会议。在说起这件事情时，达利在言语间试图说明这场会议预示了他那将要让大多数人困惑不解的超现实主义方法的诞生。由于需要做场公共演讲，他紧张到不行，所以就只是大声地喊了两句"德国万岁！俄国万岁！"。后来，他身边的无政府主义朋友认为他天才般地展示了自己的政治姿态。

从达利的日记中，我们也可以看到他对自恋毫不掩饰地推崇："我疯狂地爱着我自己。"他的确很享受他为自己所设定的矫饰的角色。他还为这一角色设计了一套恰如其分的装扮，一副和奥斯卡·王尔德相似的没落花花公子的形象。这一形象出现在他很多的自画像中（图9）。他先是借来母亲的扑面粉和化妆品，弄出一张放荡面孔；然后又蓄起了鬓角和齐肩长的头发；再穿上休闲外套，戴上围巾和斗篷。他非常确定的一件事是，为了成为一名成功的艺术家，他得修炼成一个性格尖刻古怪的人。即使在这些年少时期，达利都敏锐地感受到了知名度本身能够带来的快感。在一次烧毁西班牙国旗的政治抗议中，他和其他人一起被警察逮捕，"这在公众的心目中留下了深刻的印象"。

达利在美国撰写《我的秘密生活》时，其中所描述的生活和事件已经过去了 30 年。我们自然而然地只能把这本书看作是一部有着众多目的的虚构自传。一方面，这本书无疑让达利有机会显示自己的多产以及字里行间透露出来的天生的风趣和幽默；另一方面，这本书让他的人生由他本人说了算，迷惑众人并给将来的传记作者带来诸多疑点，免得他们拆穿他所精心编织的天才的神话故事。但是，这本自传最重要的目的似乎是为了勾勒他早期的生活，从而使得人们有可能对他超现实主义的作品进行弗洛伊德式的精神分析学解读。的确，他想要强调的是他婴幼儿时期和青少年时期那些经历的重要性。在他看来，这段时期的极端情感状态——徘徊在心理平衡的边缘，青春期夹杂着罪恶感和恐惧感的性

图8
圣地亚哥·卢西尼奥尔
《里赛奥爆炸案涉案的无政府主义者头像》
1893—1894年
纸上蜡笔画
20.5 cm × 27 cm
西班牙锡切斯乌费拉特博物馆

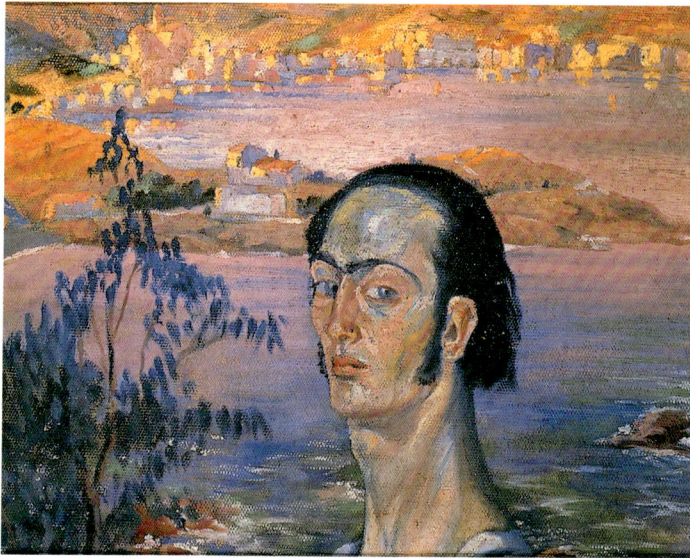

图9
《脖子像拉斐尔的自画像》
1921—1922年
布面油画
41.5 cm×53 cm
西班牙菲格雷斯嘉拉‐萨尔
瓦多·达利基金会

冲动——是他创作的原动力。毋庸置疑，对他人生有全面影响，并伴随他后来生活的个人哲学完全源于青春期永恒的毫无缘由的自恋。但是，就所有这些明显修饰过的年少回忆和逸事而言，它们至少让我们读到了一个犹在眼前的达利的童年，所有的细节都栩栩如生。

本章在标题中就用"虚构的回忆"来提醒读者。在《我的秘密生活》一书中，我们可以读到这样一则故事：达利因为自己的固执己见，并让父母难堪而感到开心——"在我7岁的时候，我的父亲决定让我去上学。他不得不动用武力，费了很大力气，一路拽着我。我大吵大闹，动静太大，弄得我们一路上所经过的商店的店主都出门来看个究竟。"达利无疑热衷于让读者感受到他和父亲间的敌对关系，一方面以吻合弗洛伊德的学说，另一方面也给自己的一些画作提供一种自传式的阐释，比如像影射瑞士富有传奇色彩的民族英雄威廉·退尔神话故事的作品——威廉·退尔被迫要射中放在他儿子头顶上的苹果（图92）。达利还相当开心地回述了一些离谱的事情，似乎是为了让大家看到他对传统道德法则的僭越。举例来说，当5岁的他和一个"金黄卷发"的小男孩玩耍时，他突然将小男孩推到了桥下，导致小男孩的头在桥下的石头上摔破了。达利在故事的最后说道："那个晚上，当我像往常一样独自散步时，我记起了我尝过的每一株植物的美妙滋味。"

达利解释说，虚构的回忆和真实的回忆之间的区别就犹如真假珠宝之间的区别："假的总是看起来最真、最美。"真实与想象的糅合，以及不愿就这两种状态做出区分，在他青少年时期的一则日记中就已经显现。在这则日记，他回想了自己在一本艺术书中看到一张画作的图片时所感受到的视觉的张力："很多时候，真实的事物和其复制品会在我的记忆中相互混淆。在不断翻阅这些书籍的过程中，我似乎和书中这些久远的人物相从甚密，我觉得自己好像曾经和华托（安东尼·华托）在树荫下一起野餐。"早期沉迷于大画家们的画作复制品，这无疑构成了达利大脑中最早的图像库，从列奥纳多·达·芬奇到弗朗西斯科·德·苏巴朗，从委拉斯凯兹到让-弗朗索瓦·米勒，他在自己后超现实主义的作品中非常聪明地借鉴了这些大师的技巧。

在《我的秘密生活》一书中，达利谈起了与女朋友的一次约会，再次回到了青春期的性困惑与性焦虑这一主题。这个故事从正常的青少年对性的渴望开始，但很快就转向了达利式的故事。这位可怜的小姑娘热烈的亲吻并未让达利感受到多少快感，在故事的结尾达利宣称，在接下来的5年里，这个女孩都处于一种受虐的情感依附状态。这和他妹妹所说的那个皮肤白皙、带着神秘微笑的女孩是同一个人吗？——在他妹妹的叙述中，他对这个女孩保有纯洁、浪漫的爱意，并为她写了很多雅致的情书。答案有可能是"没错"，但读者需要自己来判断如果这样一个女孩存在的话，那事实究竟是什么，或者说，读者希望看到怎样的事实。

一则显然是"虚构的"或"改编过的"回忆即是关于在他出生之前，死于幼年的他父母的第一个孩子。在写作《我的秘密生活》一书时，达利提出了这样一个论断，即对年少的他来说，他死去的和他同样名为萨尔瓦多的哥哥是一个让他非常痛苦，但却强有力的存在。他描述了一个在他出生的3年前就去世了的7岁的孩子，有着"一张绝对天才的面庞"，忧郁的面容里潜藏着无穷的智慧——对他这样一个萨尔瓦多的"替代者"来说，他父母心中这样一个完美的理想形象是他永远都无法企及的。因此，按照弗洛伊德的理论，他就得"杀掉"这个作为竞争对手的哥哥，以获得自己的永生。但事实是，他父母的第一个孩子在1岁零9个月的时候就死在了襁褓之中。不到一年之后，达利就出生了。因此，他父母的第一个孩子根本就不可能显示出任何明显过人的智慧或天赋。但达利始终坚持这样一个个人的神话。因此，他在1963年创作了《我亡故哥哥的肖像》（图172）这幅作品，画中是一张年方20的不知为何人的面庞。

尽管我们通常认为达利的成功在于他写就了一本吸引人但却不可信的自传，但是，不可否认的是，他大多数时候表现出来的个性品质与社会行为都是不同寻常的，这在他青少年时期就表现了出来。下面这段文字无疑描述得很生动，而且，尽管在细节上刻意雕琢，但却让读者感受到了无法挣脱恐惧与其他无端的害怕的特殊力量。我们对此也能够感同身受，这也是他能够成为一个享誉世界的、成功的想象创造者的关键原因。年轻的达利救了一只受伤的蝙蝠，并郑重地把这只蝙蝠放在一个篮子里保护了起来：

　　第二天一早，等待我的是一幅可怕的景象。我走到洗衣槽的后面，却看到玻璃杯倒了。萤火虫都飞走了，蝙蝠奄奄一息，身上爬满了疯狂的蚂蚁。它看起来痛苦万分，张大的嘴里露出了和小老太婆一样的牙齿。就在这时，"蒙面的妇人"出现在了离我半胳膊远的地方（房间里突然来了电话）……我突然就做了一件不可理喻的事情，吓得这位妇人一阵恐惧的惨叫。因为心怀怜悯，我匆忙捡起了满是蚂蚁的蝙蝠，捧到了嘴边。我本打算亲吻它，却用牙狠命地咬了它一口，几乎把它咬成了两截。

　　《我的秘密生活》让安娜·玛丽亚深感忧虑。她确信自己的哥哥大受超现实主义邪念——特别是嘉拉·艾吕雅——的影响，已经深陷邪恶与反常。因此，她决定通过自己关于早年生活的记忆来澄清事实。在 1949 年出版的《我眼中的达利》一书中，安娜所描绘的菲格雷斯是一座关系亲密，世外桃源式的小城，既不思想狭隘，也不土气粗鄙，而是因为与法国及其他欧洲国家相邻而对自由的观念保持开放的状态。通过安娜，我们也得以更好地了解了达利与家人的日常生活：一起欣赏幻灯片，沉默不语的奶奶缝制衣物，妈妈给孩子们唱歌。安娜承认哥哥的品性的确更为恼人，如果妈妈让他晚上自己睡觉，他就叫嚷、抱怨个不停；又比如他沉迷于用锤子敲碎自己的塑料小鸭子；还比如当大家未能满足他通常无理的要求之后，他如何表现得像个"固执的小疯子"。安娜还写下了在他们的母亲 1921 年因癌症去世之后，温暖且宠爱有加的家庭生活就自此悲剧性地消失不见了——当时，安娜 13 岁，达利 17 岁。

皮乔特来自音乐和艺术世家，他们家的成员与达利的父母是好朋友，在卡达奎斯也有消暑的别舍。后来有证据证明，达利之所以立志要做一名艺术家，跟皮乔特家有很大关系——特别是拉蒙·皮乔特。拉蒙是一位前卫艺术家，也是毕加索的朋友—— 29 岁的毕加索不可能既是与皮乔特家同辈的座上宾，同时又是 6 岁的达利的朋友——而且佩皮托·皮乔特似乎对年少的达利特别感兴趣（图 10）。毋庸置疑的是，他们的怂恿与建议使得达利的父亲同意达利去进行艺术的学习与教育。达利在《我的秘密生活》中回忆，他多次去乡下拜访家庭中的另一成员——歌剧演员玛丽亚·加伊。这些拜访的经历强烈地触动了他的神经，让他有了最初的情色幻想。

皮乔特的存在及其作品带给了达利巨大的动力进行艺术创作活动，特别是在建筑及装饰艺术领域的创作——即后来所谓的现代主义运动。"现代主义"一词的最初使用和理论与现代化趋势有关，后来又用于描述哲学和文学领域。但是，直至约 1888—1908 年之间，在被用来描述建筑师如普伊赫·卡达法尔克、多米尼克·伊·蒙达内尔，特别是安东尼奥·高迪的作品时，"现代主义"一词才引发了巨大的反响。尽管"现代主义"运动同欧洲其他地方甚嚣尘上的"新艺术派"不谋而合，但我们不应该把它简单地看作是"新艺术派"的地方变体。通过重兴过去的风格特征及本土艺人的手工技巧，同时又找寻材料与技术在当下新的结合方式以满足现代生活的功能性需求，这些建筑师的设计似乎赋予了"文艺复兴"以实质性的象征形式。正是风格改变了世纪之交的巴塞罗那。而且达利记得，他在孩童时期还参观过高迪设计的古埃尔公园——那里有着直立的柱子、瓷砖装饰和守护神变色龙。高迪要是知道人们称

图10
达利和佩皮托·皮乔特
在一场航空表演中
摄于1912年

他为现代主义者一定气愤不已，因为他为自己所处的不信神灵的时代深感绝望：高迪把人生的最后几十年都献给了圣家族大教堂，这里如今被称为赎罪圣殿，以弥补圣家族大教堂在巴塞罗那留下的火中废墟。达利对高迪有机形态的设计语言（图11、图12）有着特殊的情感，他在其中看到了一种隐而不显的情感。他还在20世纪30年代以一种超现实主义的发明将这些语言在创作中加以运用和呈现——而当时，"现代主义"在人们看来却是最糟糕不过的建筑品位。

同时，"现代主义"也发生在绘画的领域，以两代艺术家为代表——皮乔特是这两代艺术家之间的桥梁。卢西尼奥尔和拉蒙·卡萨斯是19世纪90年代的代表人物。他们主要生活、工作于巴黎，写实地描绘街道和咖啡馆的情景（图13）。与和他们同时代的法国"印象派"相比，他们的作品中带着更多的人的气息。卡萨斯对巴塞罗那街头其时其景的再现让他成为当时较有影响力的历史题材画家。卢西尼奥尔同样沉迷于唯美主义的观念，设计了他在锡切斯的居

图11-12
安东尼奥·高迪
圣家族大教堂的赎罪
圣殿
西班牙巴塞罗那
自1882年开始建造
（建造中）

本页
"激情"外观

右页
塔楼上的螺旋楼梯

所——卡乌费拉特（Cau Ferrat，又因他所收藏的古代铁制品而被命名为"铁屋"）。这是一所为"艺术爱好者"而建的屋子，挂满了精心挑选的物品和画作，观众可以在这里相聚一堂，聆听音乐独奏和诗歌朗诵。这里所代表的是加泰罗尼亚文化的"艺术"层面。在后来的《黄色宣言》中，达利对其大肆揶揄讽刺。还有另外一处热闹的所在是"四只猫"咖啡馆（图14）。这家咖啡馆模仿了巴黎的艺术家咖啡馆，1897年在巴塞罗那开业，来的多是年青一代的现代主义画家，如伊西多尔·诺内尔、米格尔·乌特里诺、帕尔·罗莫，以及达利的导师皮乔特。后来成为这里最有名的常客的年轻艺术家是毕加索（图15），当时，他还在画他蓝色时期的盲眼乞丐和忧伤醉客。"四只猫"的艺术家圈子佐证了巴黎和巴塞罗那间的人际交往与观念交流，也为达利树立起了艺术家对抗资产阶级价值观及道德

束缚的波希米亚浪荡子形象。

由于第一次世界大战在 1914 年的爆发，以及西班牙所采取的中立立场，巴塞罗那成为一群从巴黎逃离的前卫艺术家的乐园。这些艺术家包括了立体主义者塞尔日·沙尔舒尔、索尼亚·蒂尔克、罗伯特·德劳内、阿尔伯特·格雷兹、玛丽亚·洛朗桑，以及在这里出版了数期《391》杂志的达达主义者弗朗西斯·皮卡比亚和发起与世界冠军杰克·约翰逊间著名拳击比赛的亚瑟·克莱文。谢尔盖·狄亚基列夫于 1917 年在这里表演了他的现代芭蕾舞《游行》。除此之外，巴塞罗那最重要的现代艺术画廊达尔玛画廊也定期举办展览。因此，巴塞罗那得以迎来很多鼓舞人心的新艺术。

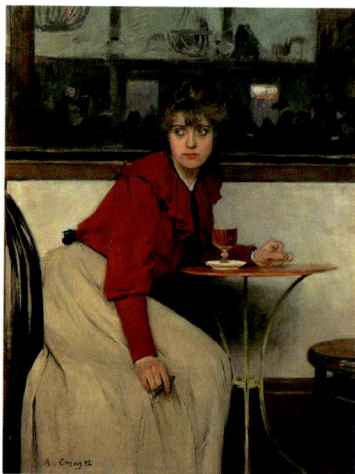

图13
拉蒙·卡萨斯
《玛德琳》
1892年
布面油画
117 cm×90 cm
西班牙加泰罗尼亚蒙特塞拉特博物馆

图14. 右页左图
巴勃罗·毕加索
"四只猫"咖啡馆的菜单封面
1899—1900年
卡片
21.8 cm×32.8 cm
西班牙巴塞罗那毕加索博物馆

图15. 右页右图
拉蒙·卡萨斯
《巴勃罗·毕加索》
1901年
纸上炭笔和蜡笔、用彩粉提亮
69 cm×44.5 cm
西班牙巴塞罗那现代艺术博物馆

毫无疑问，年少的达利在小的时候就已经为将来的人生做好了打算。与大多数艺术家举步维艰的人生故事不同，达利有父母的支持和鼓励来踏上艺术的人生旅程。他的父母把家里屋顶平台上一间空出来的洗衣房给他做了他的第一间工作室。在达利 13 岁赢得了一场绘画比赛之后，他的父亲还为他举办了一场派对，在家里的一间屋子里为他举办了他人生的第一次个展。他的一个在巴塞罗那开书店的叔叔还给他买了艺术类的书籍和最好的绘画材料。此外，达利还订阅了好几本西班牙和法国的艺术杂志。在学校的时候，艺术杂志就刊登过他的绘画作品，镇上的剧院还在 1918 年时为他举办了展览——后来他接手了这家剧院，并在 1974 年将这里改造成了他的剧院博物馆（见第 7 章）——因此，他那时就已经在当地有了一些知名度。菲格雷斯的一位记者还为他当时的展览撰写了展评，褒奖有加："我们欢迎这位新兴的艺术家，而且我们相信，未来终有一日，我们的微言会成为现实。那就是，萨尔瓦多·达利·多梅内克会是一位伟大的画家。"有一次，当地议会邀请达利和他的一位朋友

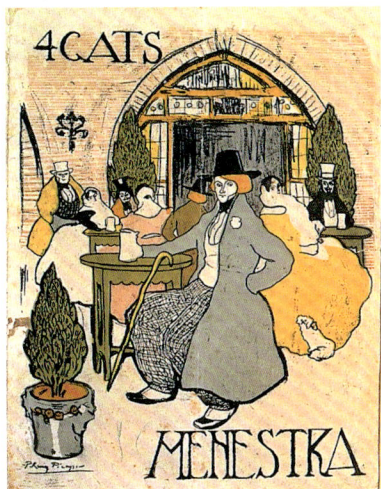

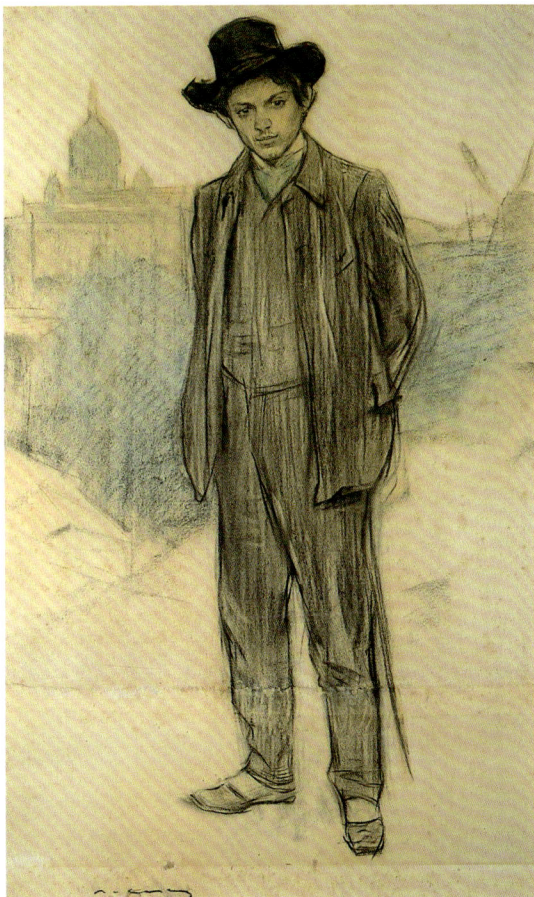

为一年一度的主显节游行来装饰一辆埃及神庙造型的花车。达利还为当地的圣十字节设计过海报与标语。

在去皮乔特家中拜访时，达利看到了拉蒙画的海景，这让他了解到了印象派晚期绘画无拘无束的绘画技巧。通过《卧病在床的小孩》（图16）这样的习作，我们也可以看到达利在自己的画作中如何熟练地处理这些直白的、亮色调的人物主题。由于已经对达利成熟作品中典型的微图绘画技巧有所了解，我们或许会为《"儿子"号船舵旁的艺术家》艺术家在这张作品中描画了坐在一艘远航启程的船的船舵旁的自己这样的作品中丰富的肌理感到惊讶。在这件作品中，达利对颜料的处理几乎采用了一种文森特·凡·高式的厚涂画法（图17）。事实上，这种处理方式和他这段时间热衷

图16
《卧病在床的小孩》
约1922年
纸板油画及水彩
57 cm×51 cm
美国佛罗里达州圣彼得斯堡市萨尔瓦多·达利博物馆

图17.右页
《"儿子"号船舵旁的艺术家》
1919年
纸板油画
24 cm×19 cm
西班牙菲格雷斯嘉拉-萨尔瓦多·达利基金会

于加泰罗尼亚着色师乔奎姆·米尔的作品有关。达利接手了皮乔特在卡达奎斯一个渔民家里楼上的工作室，在这里留下了一些创作于 1919—1921 年关于岩石海岸、斑驳的海面以及远行的航船的习作，如《卡达奎斯的莱恩海滩》（图 18）。和很多处于人生这个发展阶段的年轻艺术家一样，达利乐于尝试各种不同的风格和方法。

自约 1908 年起，由评论家、作家欧亨尼·多尔斯着力推动的"新世纪主义（20 世纪主义）"反对现代主义建筑的折中主义，以及当时青睐"新古典主义"的绘画所表现出的"浪漫主义"。新古典主义提倡"回归秩序"，在时间上早于 20 世纪 20 年代兴起于欧洲其他地方的类似潮流。我们不应该错误地认为"新世纪主义"是一

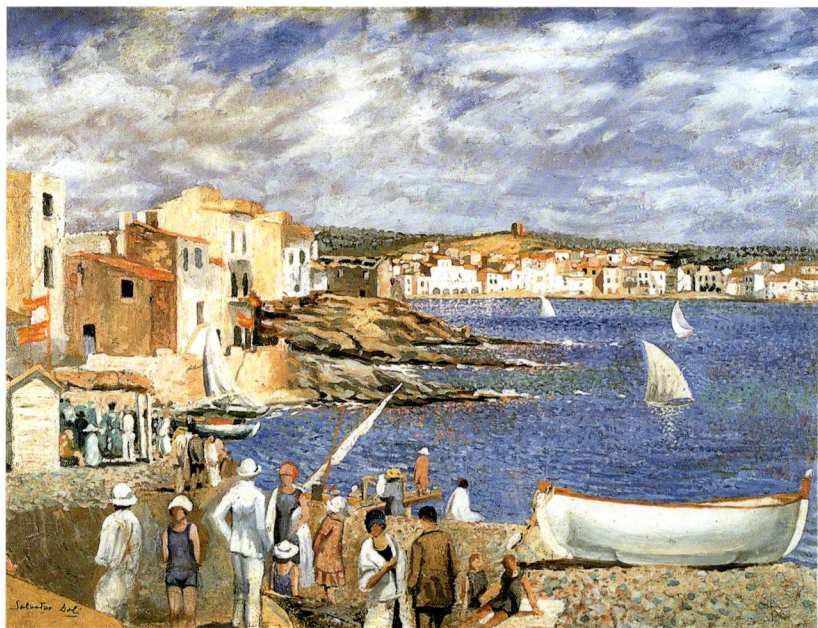

图18
《卡达奎斯的莱恩海滩》
1921年
布面油画
63 cm × 89 cm
私人收藏

图19.右页
华金·苏尼埃尔
《福尔湾》
1917年
布面油画
120 cm × 140 cm
西班牙巴塞罗那现代艺术博物馆

种简单、倒退的保守主义：以华金·苏尼埃尔为例（图19），他从保罗·塞尚那里获取灵感，而且达利这段时间的风景习作也很好地借鉴了塞尚的画法。

其他类型的主题对细节的复杂度要求更高，或是需要一种二维的构图。达利因此选择使用水粉，比如《圣十字集会—马戏团》（图20），或是一派狂欢景象的《野餐》（图21）。直接以画面为题的《男人把孩子抱过头顶，看着像是在喝瓶子里的水》（图22）让我们看到了达利终其一生都未曾改变的对"身体机能"幽默的特殊嗜好。

住在安逸的卡达奎斯，有着父母的支持与宠溺，达利这段生活的尾声最难忘的画作或许是给父亲画的2幅肖像。一幅是作于1920年的《莱恩海滩上的父亲》（图23），这幅画同时也描绘了他们的

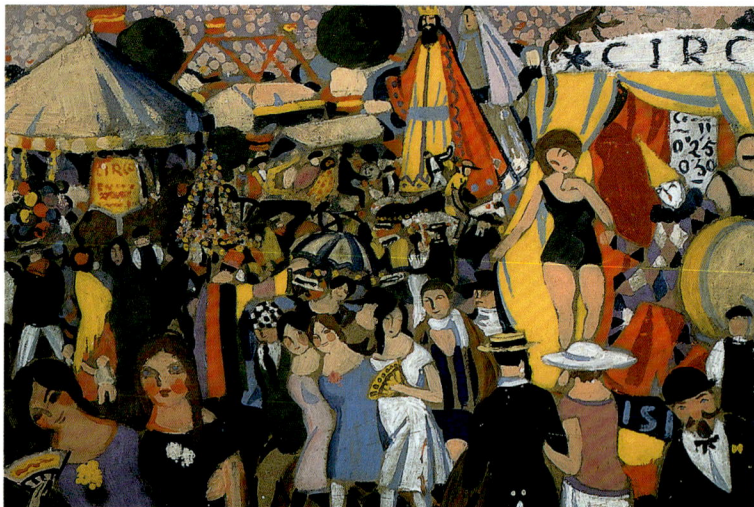

图20. 上图
《圣十字集会—马戏团》
1921年
纸板水粉画
52 cm×75 cm
西班牙菲格雷斯嘉拉 -
萨尔瓦多·达利基金会

图21. 下图
《野餐》
1921年
纸板水粉画
44.2 cm×52.3 cm
西班牙菲格雷斯嘉拉 -
萨尔瓦多·达利基金会

图22. 右页
《男人把孩子抱过头
顶，看着像是在喝瓶
子里的水》
约1921年
纸板水粉画
52.8 cm×35.5 cm
西班牙菲格雷斯嘉拉 -
萨尔瓦多·达利基金会

图23
《莱恩海滩上的父亲》
1920年
布面油画
尺寸不明
私人收藏

图24. 右页
《我的父亲》
1920—1921年
布面油画
90.5 cm × 66 cm
西班牙菲格雷斯嘉拉 -
萨尔瓦多·达利基金会

度假房；次年完成的《我的父亲》（图24）勾勒了一个高大威猛的父亲的形象，手握烟斗、胸挂怀表，占据了背景中的海面，完全满足了从弗洛伊德的角度解读达利与其父亲之间关系的需要。在超现实主义时期，达利在这个方向上进行了深入的探索。与此相反，同时期自画像中的他自己则有着"拉斐尔式的脖颈"（图9），一个极度脆弱的、"唯美的"青年，即将告别漫长暑假所度过的田园牧歌式的生活，开启他人生的下一个篇章，去马德里开始严肃的艺术学习生活。

2

图25
就读于马德里圣费尔
南多皇家学院的达利
（左下）
摄于1922—1923年
之间

　　达利的父母最终决定送达利去马德里圣费尔南多皇家学院的雕塑、绘画和雕刻专科学校就读。虽然巴塞罗那附近就有一所口碑很好的艺术学校，但是，或许在这对父子看来，首都的学校要更好一些。更重要的是，从这所学校毕业的学生还可以获得教学的资格。达利的父亲坚持认为，达利有必要得到可靠的收入来源以防万一，因为他觉得他的朋友皮乔特为了保住艺术家的生活，就任性地挥霍了祖辈留下来的遗产。

　　但是，达利要想进入这所学校，就必须先通过入学考试。这项考试要求考生在一个星期的时间里丝毫不差地摹画出某件"古典作品"。这种绘画的技巧和呈现方式都有一套已有的规定和程式，力求在清晰的轮廓、形态的呈现、合适的比例及准确的角度这些要素间保持平衡。在菲格雷斯绘画学校的时候，达利就在获得罗马奖的绘图员、雕刻师的指导下很好地学习了这些技巧。因此，通常情况下，这种考试对他来说是小菜一碟。然而，据他自己对这场考试的描述，他出了极大的洋相。安娜·玛丽亚也证实了此事。当然，他有可能在考试时特别紧张，因为在任何违背了他自己的严肃主张以看他到底取得了几分成就的情况下，他都会感到紧张。父亲和妹妹认为有必要陪17岁的达利一起去马德里——从这件事我们也可以看出他们家的主要成员关系——他也极有可能把自己的焦虑转移到了父亲和妹妹身上。达利的考试需要照着文艺复兴雕塑家雅各布·桑索维诺的作品《巴克斯》来画，学校总共安排了6天的时间。达利

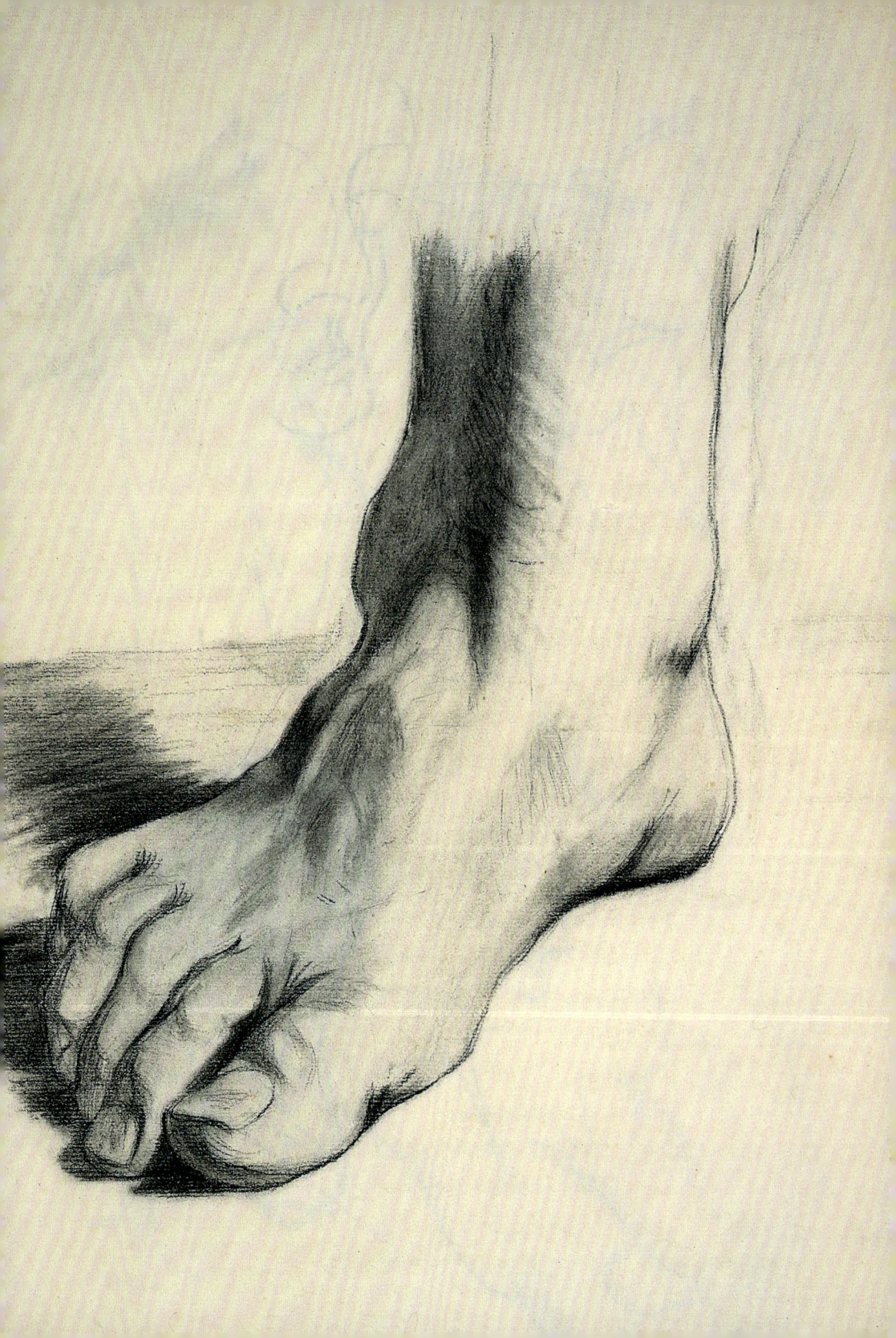

的父亲一直拿各种技术问题缠着学校的老师以打探儿子的进度。但老师只告诉他说，按照规定，达利画得太小了。跟之前达利 2 次声称要放弃绘画一样，父亲对他很生气。因此，达利保证会在最后一天进行修改和完善。让父亲更为尴尬的是，他晚上去电影院试图放松放松，结果却因为达利的打扮引发了公众的恐慌而被拒入内——达利当时留着长头发，戴着长围巾、黑色绒帽，还穿了件齐地长的斗篷。

不管达利在入学考试时究竟画成了什么样，他最终还是按时入学，成了 1922 级的学生。在学校最初几周的学习中，达利一直都是个安静勤奋的学生，一天就花一个比塞塔，课程结束后不参加任何年轻人的娱乐活动（图 25）。周末他去参观普拉多博物馆，在早期绘画大师收藏区临摹；晚上他则全神贯注地进行自己的创作，拿立体主义和未来主义的新型艺术形态做试验。然而，他慢慢清楚地认识到，学校的课程并不能提供他所想要的指导和方向。在何为当代艺术，以及如何教授当代艺术的问题上，他和老师们的观点不尽相同。圣费尔南多皇家学院成立于 1752 年，遵循一套欧洲艺术中心城市的类似机构在 18、19 世纪都会采用的原则和方法。"学院"的观念来自于这样一个信条，即古希腊和古罗马的创作代表着艺术所取得的伟大成就——而在庞贝和赫库兰尼姆被发现以前，存留下来的仅有雕塑样本。人们认为，仅有少数几位文艺复兴时期的伟大艺术家达到了这样的艺术成就，如拉斐尔、达·芬奇和米开朗基罗。后来，稍近一些的巴洛克时期的人物如彼得·保罗·鲁本斯和尼古拉斯·普桑在人们看来也是非凡的典范。学院致力于宣扬古典的典范，教学课程则不允许学生在未掌握素描之前就画画；在通过临摹人物雕塑和早期绘画大师的作品以完全掌握古典的趣味之前，也不允许学生进行模特写生（图 26）。

到了 20 世纪 20 年代，即便是在艺术上稍显保守的西班牙，这种典范和课程都快速地丧失了其仅存的公信力。"现代"如火如荼的影响力——其反学院的绘画技巧，源起于写实主义、印象派和

图26
《足部素描》
1922年
纸上铅笔
47 cm×31.5 cm
西班牙菲格雷斯嘉拉 -
萨尔瓦多·达利基金会

后印象派，是巴黎主流实践的代表——如今已蔓延至马德里。乔奎恩·索罗拉的作品在当时看来也早已成了学院的典范：室外景观，浅色，用自由的画法处理独特的西班牙主题——达利讽刺地称之为"典型"。因此，达利并未如愿地接触到古典绘画传统的神话与奥义，他得到的建议都与现代绘画观念的技术问题有关，要遵循艺术家自己的感觉而非规则。尽管对和达利同时代的大多数学生来说，这些改革或许是适度的解放，然而对达利却是毫无帮助的。早在皮乔特的影响下，达利就探索了自由绘画的领域。因此，达利把他所有的敬意都给了一位继续以传统方式进行绘画创作的大师。这位大师来学校时戴着大礼帽，手上戴着白手套纠正学生的素描作品。在认识到自己所掌握的知识已远超自己身边的同学时，达利感到更加沮丧。这些知识不只是关于第一次世界大战爆发前的立体主义与未来主义，还包括当代的新古典创作方式。法国和意大利的艺术家都效仿这样的创作方式，达利则是通过阅读《新精神》和《造型价值》等杂志而了解并掌握这些创作方式的。达利回忆，他把立体主义艺术家乔治·布拉克的一本展览画册带到学校给一位解剖学的教授看，这位教授看过之后大受启发。

然而，专业的艺术训练只构成了他学生时代的部分经验。他还获准进入了学生驻留中心，得以接触了丰富且极具启发性的大学环境，这给他后来的发展带来了更为持久的影响。学生驻留中心不仅仅是给学生提供住宿的一个地方，这里还仿照牛津与剑桥的大学，力图给年轻人提供一个理想的集体学习环境，进行一整套的专业及知识训练。学生驻留中心是吉姆内斯·弗劳德在 1910 年创立的，其初衷是打造一个全新、自由的精英阶层，使之担负起实现西班牙现代化的政治与管理使命。弗劳德邀请最具全球影响力的学者来中心做讲座，其中就有科学家居里夫人和阿尔伯特·爱因斯坦、作曲家弗朗西斯·普朗克和伊戈尔·史特拉文斯基、作家及社会改革家赫伯特·乔治·威尔斯、经济学家约翰·梅纳德·凯恩斯，以及超现实主义诗人路易·阿拉贡和保尔·艾吕雅——尽管，肯定有人会指出并无记录表明达利曾经听过这些讲座。可以肯定的是，1925年阿拉贡在学生中进行极具煽动性的演讲时，达利一定不在场，当时的他已被停课。阿拉贡在那次演讲中慷慨激昂地指出，"我们将战无不胜。首先，我们要毁掉你们深爱但却深深地禁锢着你们的文明……噢，全世界的人啊，站起来吧！看看这干涸的大地，做好准备，投身这燎原的大火，燃烧自己吧！"

刚到驻留中心的几周里，达利似乎都独来独往，待在自己的屋子里，要么进行自己的创作，要么在一群出身富足或名门的聪明自信的年轻人中知趣地躲在一旁，以掩饰自己的胆怯和出身。然而没过多久，他就和一群同期的驻留者走在了一起。这些人对达利大有帮助，促使他在心智上趋于成熟，并参加了许多课外活动。其中有2个人十分重要，他们分别是路易斯·布努埃尔和费德里科·加西亚·洛尔迦。在后来的一些年里，他们2位都分别与达利有过长时间的重要的合作。他们的圈子中还包括了诗人拉法埃尔·阿尔贝蒂、对达利有过短暂影响的乌拉圭前卫画家拉斐尔·巴拉达斯，以及很多年里都与达利保持朋友关系并有通信往来的医学生赫塞·贝洛。面对学校课程的局限，达利在自己的宿舍里学习试验性的创作方式。在看到达利所创作的在他们看来是立体主义—未来主义的素描与绘画时，整个圈子都深感震惊。佩皮托·皮乔特从巴黎带回一本翁贝托·波丘尼的《未来主义的绘画与雕塑》（1914年），他将这本书送给了达利，上面有达利用铅笔做的笔记，勾勒了卡洛·卡拉典型未来主义作品《同时》（图27）的各个角度和面向。在一系列绘制马德里夜间活动的水墨、水彩画作中，达利采用这种未来主义的观念通过自由架构和动态构图来描绘同时发生的事情（图28）。现存的作于1923年左右的2幅早期纸板习作让我们看到，达利试图使用立体主义和未来主义的形式语言进行创作。《自画像——〈人道报〉》（图29）将自己的面部缩减为一个简化的轮廓，报纸的标题则是源于"真实"报纸的拼贴，而非绘画的再现（达利是这份法国社会主义报纸在菲格雷斯的唯一订阅人。

很明显，他热切地要在这张画中表现出自己的激进）。在《自画像——〈宣传报〉》（图30）中，他尝试了一种更为成熟的平面分解技巧。

　　和大多数学生团体一样，驻留中心的学生能够严肃讨论当时紧迫的哲学及政治问题的时间或许是非常有限的。据达利回忆，他们中间渐渐地流行起了浮华的玩世不恭。达利当时的政治观念既不是无政府主义，也非当权派，他认为这两者之间并没有多大的不同。他持一种与其他人完全不同的观点，即任何一种状况都会导致某种"由彻底的、系统的瓦解所引发的整体危机，从而增强产生痛苦的可能性"。因此，达利的目的并非跟随世界革命创造某种和谐、井然有序的新状态，而是让某种永恒疯狂的焦虑成为人们内心所自发追求的状态。

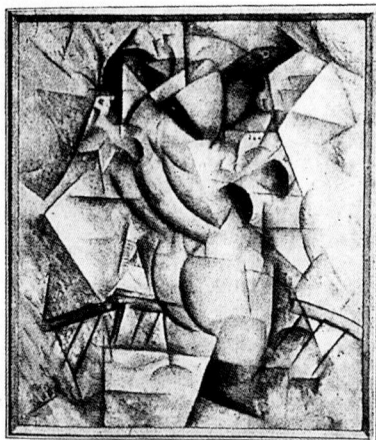

CARRÀ. – Simultaneità
(1913)
Simultanéité

要加入驻留中心上流的年轻知识分子圈，首先需要一种个人风格的改变。从整体上来说，这个圈子所喜好的风格是穿着剪裁精确的英式花呢衣。但是，达利多变的风格和意大利影星鲁道夫·瓦伦蒂诺更相似一些。他不再留着颓靡的长发，而是剪得几乎一丝不剩，脑壳闪闪发光。为了让脑壳发亮，他还建议使用蛋清以增加头皮的光滑度，而非涂清漆，因为清漆很难洗掉！他对公众知名度带来的快感的享受及对奢靡生活的品位已然彰显了出来：

从学校出来后，我兴奋地享受着道路两旁人们的敬意，我是那么地聪明，那么地智慧……我停下来买了一把非常柔韧的竹手杖。手杖的把手那里包了层皮，还垂着一条闪亮的皮带。然后，我坐在里吉纳咖啡馆的露天座位上，喝着 3 杯加了橄榄的苦艾酒，打量着从我面前走过为看我一眼的大拨人流，想象着将来要拜倒在我才气之下的人潮人海。

图27. 左页
达利的一本翁贝托·波
丘尼的《未来主义的绘
画与雕塑》
1914年米兰版
他在卡洛·卡拉1913
年的作品《同时》旁画
的素描
约1922年
私人收藏

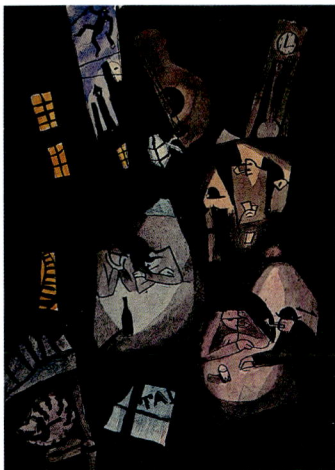

图28. 左图
《马德里风景》
1922年
墨水及涂料
22 cm×15 cm
西班牙菲格雷斯嘉拉 -
萨尔瓦多·达利基金会

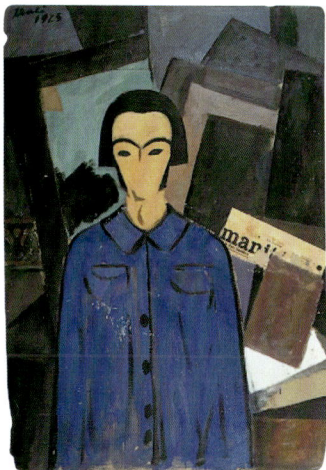

图29. 右图
《自画像——〈人
道报〉》
1923年
纸板油画、水彩及
拼贴
104.9 cm×75.4 cm
西班牙菲格雷斯嘉拉 -
萨尔瓦多·达利基金会

于是，他做好了充分的准备，要前往所有的文学咖啡馆体验鸡尾酒，花别人的钱在夜店消遣，寻猎优雅的女人。在他的概念里，优雅的女人"会鄙视你，且腋下光洁如新"。达利十分害羞，也经验不足，因此难以通过交际的方式接近这些女性。所以，他只能通过夸张的吧台表演来吸引她们的注意力——比如在威士忌里溶解比塞塔币，或是把自己手指流下来的血融入杯中做杯新的鸡尾酒，而且手指还是他错把杯子上的裂缝当成头发想要拿去时割破的。然后，他还给鸡尾酒加上一颗他小心翼翼地从女顾客的帽子上咬下来的樱桃。

没过多久，达利就开始认识到自己因为荒唐且难以捉摸的举止在这个圈子中所获得的名声有其局限性，且不足以对抗洛尔迦越来越高的知名度——他"像一颗疯狂且刺眼的钻石，光芒四射"。达利坦承了自己对这位诗人的忌妒，这也让我们得以一窥这2个男人之间复杂的关系。

达利的艺术学校生活可不是一帆风顺的，这一点儿也不奇怪。第2学年开始的时候，他就因为违纪而被停课。据达利说，事情是这样的：在一个不受学生欢迎的新教授就职礼上，他默默地走出了教室。然后，同学们大声地喊出了他们的抗议，且愈演愈烈，最后不得不让警察出动。达利表示，学校后来不公正地指责他是整个事件的罪魁祸首。

他与学校之间的这场冲突并未就此结束。过了一段时间，在回到菲格雷斯之后他就被拘留了，不明不白地成了某次政治颠覆活动的嫌疑人。这次拘留似乎是对他父亲的一种报复，因为他的父亲反对由米格尔·普里莫·德里维拉将军建立的新的右翼政权。第一次世界大战结束之后，1917年出现在西班牙的人民内部矛盾——传统力量和现代化力量之间的、特权阶层和民主进程之间的、农业和工业之间的——在很大程度上尚未得到解决。尽管当时的西班牙采用的是君主立宪制，阿方索十三世是当时的国王，但是，当权者并不一心，议员也各谋其路，因此并不足以维持政党工作的有效推进。

这样一来，德里维拉就在 1923 年借机取缔了立宪制，成立了一个"短命的"军事独裁国家，并在不久之后就获得了国王的认可。尽管德里维拉为自己所施行的现代化改革赢得了可观的民众支持。但另一方面，德里维拉又特别强调对加泰罗尼亚主义的压制，并禁止在任何官方场合使用加泰罗尼亚语。正是因为他致力于在军队和大学实施制度性的改革，才最终导致了推翻其政权力量的集团的诞生，迫使他在 1929 年辞职。

我们或许会理所当然地认为，一个月的监禁生活给达利带来了极大的创伤。但事实正相反，达利把这段经历看作是某种程度上的"退避三舍"。这段时间的监禁使得他能够拾起笔进行写作和素描，端起杯喝当地的卡瓦（香槟），躺下来和意气相投的狱友们放松放松。此外，还有彩蛋在等待着他出狱——当地英雄的称号。

尽管在接下来的那个学期达利就返校了，但他真正的艺术学徒期则更多地体现在逐渐增多的展览纪录和批评家褒奖上。他参加了西班牙第一场重要的现代主义展览。这场展览是马德里的伊比利亚艺术家协会在 1925 年举办的。同年，巴塞罗那首屈一指的现代画廊达尔玛为达利举办了首次个展。

达利并未待在马德里的学校完成正式的学业，我们也不妨接受他就此给出的解释——由于不承认美学理论主考官的权威性，一门课程将他除名——他采取的这一策略可以帮助他更快地回到菲格雷斯，从而专心地进行在他看来重要的那种绘画创作。

曾进行未来主义绘画创作的吉诺·塞维里尼在 1921 年出版了《从立体主义到古典主义》一书。达利或许看到过这本书，而且这本书的标题也吻合达利的创作在 1922—1926 年之间的演变。达利于 1924 年创作的《西瓜》带着一种不同以往的装饰性（图 31）。这件作品让我们看到，达利怀着比之前更大的决心要采用毕加索或是布拉克那样的晚期立体主义方式进行创作。他还创作了《朗姆酒瓶静物写生》（图 32、图 33）这件作品，是对胡安·格里斯在 1912 年创作的古典立体主义作品《朗姆酒瓶》的致敬。在这件画作中，

达利搭建起了一种更有张力，更为立体的结构。这和乔治·莫兰迪
"形而上的"画面主体所体现出的分离感、静止感也有很大的关联。
在他所订阅的《造型价值》杂志中，达利应该看到过那上面所登载
的莫兰迪的画作。在某种程度上，《朗姆酒瓶静物写生》也显示出
达利对"纯粹派"理论家夏尔-爱德华·让纳雷（更多时候被称作
勒·柯布西耶）和阿梅德·奥占芳所颂扬的精准度的偏爱。在法文
杂志《新精神》中，柯布西耶和奥占芳断言："在我们看来，（美学
感知）体系的最高级是数学形式的一种特殊状态。举例来说，对一
种伟大的普遍规律的清晰认知可以提高我们的感知。这种感知要优
于原始的感官快感。"

达利结合了纯粹派和形而上艺术的宗旨，由此开始了代表他成
熟期风格的最初创作。达利与洛尔迦的通信记录保留了他们之间
关于艺术观点的交流。从中我们可以清楚地了解到，纯粹派所标
榜的客观性即反情感主义哲学深深地吸引着达利。他作于 1926 年
的 2 张透视法习作《缝制衣物的女孩》（图 34）和《窗前的菲格雷
斯妇女》（图 35）所采用的精准、条分缕析的绘画技巧也清楚地表
明了这一点。不管是纯粹派还是形而上艺术，达利都从中看到了
一种对现实更为深刻的追寻。这种追寻潜藏在表面之下，表现在
画布上不经意的细节之中。纯粹派坚持认为，只要全神贯注于普
通物件——如瓶子、水壶、乐器——的抽象形式上，我们的内心
就会对现实有更为深入的思考；柏拉图的理念论最终所指向的是
一种哲学姿态。如乔治·德·基里科（图 36）这样的形而上艺术
家就坚持认为，身处不可预知的情境且身陷断裂的关系之中时，与
物体张力十足的视觉相遇能够引发一种对日常之物错综复杂的感
知，其中既有"不可思议"，又有神秘，还有忧郁。很明显，纯粹
派和形而上的观点都吸引着达利。和很多同辈人一样，他通过古
典主义的语言来探索这两派的观念方法。当然了，这位极端个人
主义的艺术家从未紧密地追随过其他艺术家的风格。他曾经这样
宣称："万物影响我，但从未改变我。"还有一次，达利这样说道：

图31
《西瓜》
1924年
布面油画
49.5 cm × 49.5 cm
美国佛罗里达州圣彼得
斯堡市萨尔瓦多·达利
博物馆

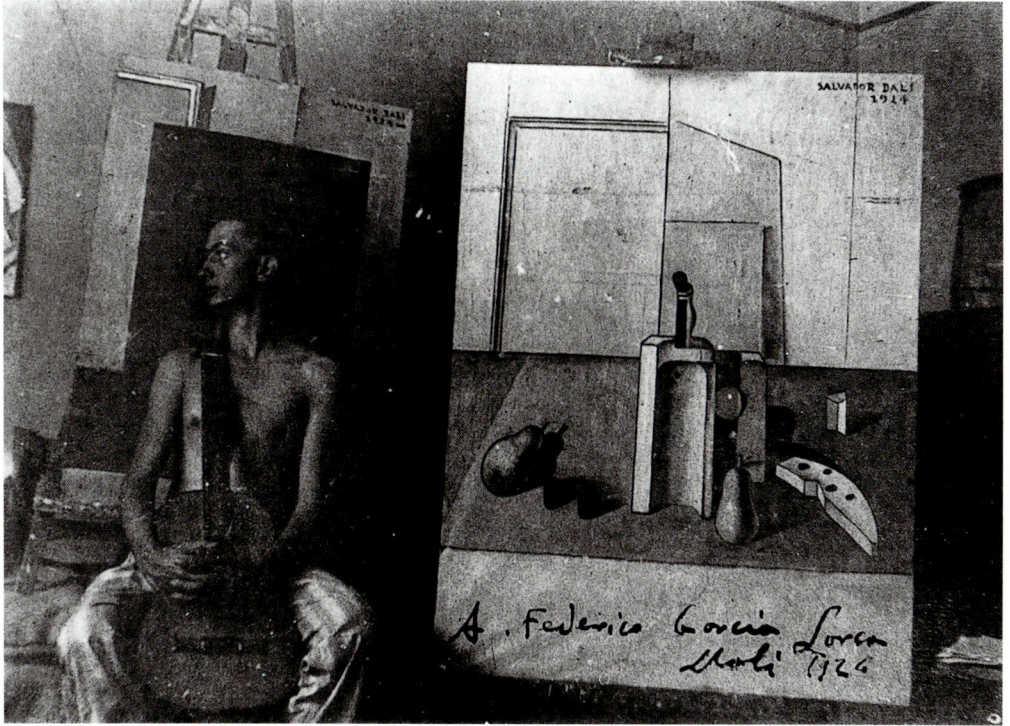

图32. 上图
达利在位于菲格雷斯的
工作室中
坐在《朗姆酒瓶静物写
生》旁
摄于1926年
西班牙马德里费德里
科·加西亚·洛尔迦基
金会

图33. 下图
《朗姆酒瓶静物写生》
1924年
布面油画
125 cm × 99 cm
西班牙马德里费德里
科·加西亚·洛尔迦
基金会

图34
《缝制衣物的女孩》
草图
1926年
纸上铅笔、墨水
31.5 cm × 27.8 cm
西班牙菲格雷斯嘉拉 –
萨尔瓦多·达利基金会

图35
《窗前的菲格雷斯
妇女》
约1926年
板上油画
24 cm × 25 cm
西班牙菲格雷斯嘉拉 -
萨尔瓦多·达利基金会

"重要的不在于你从别人那里得到了什么，而是你和别人的区别是什么。"

　　自第一次世界大战结束起，一场更为深入的潮流开始在欧洲各地以各种形式如火如荼地蔓延。这一潮流趋向于古典现实主义，人们通常称之为"新古典主义"。与其将 20 世纪的新古典主义看作是某种截然相对于现代主义的运动，我们不妨将其看作是广义的现代主义潮流在某个时期的倒退。当然，有人认为新古典主义之所以会兴起，是因为 20 世纪前 20 年里突飞猛进的前卫运动已难以为继。在"回归秩序"这一总纲领的号召下，很多国立学校都开始发生变化——特别是地中海地区的国家——且各自在古典理念中体现出自身的特色。我们在上一章谈到了加泰罗尼亚地区在这个时期已经有了自己的新世纪主义运动。安德烈·德朗是这一运动在巴黎的核心人物，也是意大利新世纪小组的关键成员——还包括马里奥·西罗尼、菲利斯·卡索拉提及其他几位——他在创作中重新启用了文艺复兴时期的图像语言。1925 年左右，达利开始对这种新古典现实主义风格表现出特别的兴致。他为他大学时期的朋友—— 25 岁的现代行动主义者布努埃尔——绘制了一幅无比庄严且英雄主义的肖像（图 37）。批评家们认为，这张肖像画明显地表现出了当时所流行的新世纪主义倾向。这种倾向也见于其他西班牙艺术家如何塞·德·托格雷斯和苏尼埃尔的作品当中。这一阶段，达利在创作中减少了对黄棕色、橄榄绿、黑色和白色的使用。这一典型的创作手法在他 1925 年的作品《我的父亲》（图 38）中也清晰地表现了出来。有趣的是，和早期的父亲肖像对比，这件作品中的父亲更为放松——他坐着，穿着休闲装；姿态里既有骄傲，又有屈服和妥协。在记录达利成就的剪报中，父亲写下了这样一段话，从中我们也可以读出他在这幅画里所表现出的骄傲与妥协：

　　　　经历了 21 年的爱护、担忧和无微不至，我终于得以看着我的儿子基本上能够独自面对生活了……作为父母，我们并不希望他献身

图36
乔治·德·基里科
《纪尧姆·阿波利奈尔》
1914年
布面油画
89 cm × 69 cm
法国巴黎国立现代艺术博物馆
蓬皮杜艺术中心

图37
《路易斯·布努埃尔》
1924年
布面油画
70 cm×60 cm
西班牙马德里索菲亚王
妃艺术中心

图38.右页
《我的父亲》
1925年
布面油画
100 cm×100 cm
西班牙巴塞罗那现代艺
术博物馆

艺术，但他自孩童时期就在这方面表现出了极大的天赋。我们深知失败艺术家会遭受的苦痛、绝望和悲伤……对绘画的热情让他抛弃了正经八百的学业。

要不是他目前所取得的成就让我感到不快，我是不会说这些心里话的——因为据我所知，他所要追求的艺术生涯并非完全有错，而他也不太可能成为一名艺术教师。

《窗前的人》（图39）或许是达利前超现实主义阶段最为知名的一件作品了。在某种程度上，这件作品看起来和当时的很多新古典主义画作十分相似，采用了一种画中画的构图方式，这是意大利新

世纪主义艺术的典型创作手法—— 一个人在窗前，望着"窗框里"
的风景。达利这件作品的不同之处在于，画中人——我们要谈的这
件作品中的画中人是达利的妹妹（图 40）——只有背影。而且，毋
庸置疑的是，达利打破了此种类型画作的既定程式——被压抑的情
感萦绕在这张画作中，显而易见。这打破了原本应该安宁祥和的理
想氛围以及形式与构图上的和谐。这一特色后来大量地出现在达利
的创作中。

　　另外一张构图相同的画作是《背坐着的女孩》（图 41）。这件作

图39. 左页
《窗前的人》
1925年
纸板油画
105 cm × 74.5 cm
西班牙马德里索菲亚王
妃艺术中心

图40
达利和安娜·玛丽亚
1925—1926年摄于卡
达奎斯
西班牙菲格雷斯嘉拉 -
萨尔瓦多·达利基金会

品也出现在达利巴塞罗那的首次个展上，并作为封面印刷在画册上。
这件作品试图保留更多的古典氛围，通过头上的发辫和身上的白裙
捕捉某种永恒性。而且，其高度形式化的构图方式也将风景和市景
的区域同人物明显地区隔开来。然而，达利创作手法的特殊之处在
于肩膀上的线条、屋顶的坡度，以及由此而形成的明暗的截然相对，
一起构造出了视觉上的节奏和韵律。

　　秉承当时古典复兴的精神，达利这次个展的画册以 19 世纪法国
新古典画家让 - 奥古斯特 - 多米尼克·安格尔的多条格言警句作为
开篇，如"美的形式由弯曲的平面构成。只有当形式既稳固又完整，
且细节不破坏整体的图像效果时，形式才是美的"。"绘画是艺术的
脊梁。"对一目了然的轮廓及明显的色差的崇尚——毕加索在当时
的创作中多有运用——在安格尔的创作中表现得十分明显，在达利

图41
《背坐着的女孩》
1925年
布面油画
103 cm × 73.5 cm
西班牙马德里索菲亚王
妃艺术中心

图42.右页
《玛丽亚·卡博纳》
1925年
纸板油画
52 cm × 39.2 cm
加拿大蒙特利尔艺术博
物馆

当时线条式的画作中也显而易见（图42）。达利的首次个展十分成功，大多数画作都被收藏，批评家也大肆称赞他是一位夺睛的新天才——尽管批评家们还只是把他看作是新世纪主义中的一员。

1926年的达利还是个20来岁的年轻人。他第一次离开了西班牙，踏上了去法国和比利时的征程，随行的是他的姨妈（当时已成了他父亲的妻子）和妹妹。他在这2个国家的一系列行程让我们看到，即便是在20多岁的年纪，达利对现代主义艺术以及博物馆里

的古典艺术的态度还是相当矛盾的。他得以去毕加索的工作室拜访了这位艺术家。而且，他在谈起此事时就好像是去觐见教皇一样毕恭毕敬。这也无可厚非，毕加索是前卫艺术史上的传奇人物。对达利来说，这位享誉世界的艺术家也是身为加泰罗尼亚人的光荣榜样（尽管毕加索出生于马拉加）。毕加索的名声和富有不可避免地让他显得高高在上。达利让格拉纳达的立体主义艺术家曼纽埃尔·安杰

利斯·奥尔蒂斯和洛尔迦的一位朋友帮他写了封介绍信。在见到毕加索时，达利说出了精心准备过的台词："我还没去罗浮宫，先过来找您了。"然后他给毕加索看了些他的最新画作。毕加索似乎很乐意帮助这位年轻的艺术家。这一年的晚些时候，在看了达利的巴塞罗那个展之后，毕加索就把达利介绍给了自己的画商——保罗·劳森伯格。

当然了，达利后来去了罗浮宫，也去了凡尔赛宫，还去了格雷万蜡像馆。不同寻常的是，他还去了米勒博物馆／工作室——米勒是他长期以来所喜欢的巴比松画派第一人。毋庸置疑，在参观罗浮宫及接下来的布鲁塞尔皇家艺术博物馆时，达利更加多地喜欢上了荷兰和弗兰芒的艺术家，如维米尔和彼得·勃鲁盖尔。在小时候看艺术书时，达利就已经了解了这 2 位艺术家的创作。或许正是因为这次的法国和比利时之行，他在 1926 年时用新的精准技法创作了画作《面包篮》(图 43)。黑色的背景让我们一下子就联想到的是 17 世纪的西班牙艺术家苏巴朗。事实上，在西班牙以一种名为"博德冈"的食物为原型的漫长静物绘画史中面包篮本身一定非常常见。除了装饰性的价值，这些物品通常还具有道德，甚至是宗教层面的意义。而且，面包对达利来说一直都具有十分丰富的象征性。《面包篮》颂扬了日常之物的美妙奇异之处，还反映了在地中海地区普遍存在的餐前上面包的风俗，影射了《圣经》中和"进餐"相关的所有描述——除此之外，当然还包括上帝在罗马天主教中深刻的象征意义。这幅画作的有趣之处还在于这是达利在美国展出的第一件作品。这件作品当时在匹兹堡卡内基机构的"国际展"上展出，并由卡内基机构收藏。

但是，达利绝不遵循任何所谓的以一种更为先进的方式进行创作的主张。他创造了"新立体主义"一词，以恰当地描述他自己正在进行的创作：即描画特别鲜明的轮廓，使用拼贴，选择某些细节，挣脱立体主义所树立的程式化图像语言的束缚。毕加索将此种图像语言同传统的人物形象——如手绘喜剧中的小丑和雕塑中的经典人

图43
《面包篮》
1926年
板上油画
31.5 cm×31.5 cm
美国佛罗里达州圣彼得斯堡市萨尔瓦多·达利博物馆

物——结合在了一起。这深深地吸引了达利，他有一张毕加索作于
1922 年的草图的复制品，挂在自己工作室的墙上。这张草图是为
俄罗斯芭蕾舞团的节目《蓝色列车》而创作的，名为《竞赛》（图
44）。达利的《女神与水手》（图 46）就随性地将古代与现代的标
志性人物拼贴在一起。作于 1926 年的《躺在岩石上的人》（图 45）
只是在某些地方受到了毕加索的启发，因为从这张画作中，我们可
以看到达利当时的兴趣所在——对形式的极度强调。这张画也反映
出达利并不想十分严肃地使用经典的象征意义。他无疑是想要嘲笑

图44
巴勃罗·毕加索
《竞赛》
1922年
木板上水彩
32.7 cm × 41.3 cm
法国巴黎毕加索博物馆

那些在卡达奎斯工作室外沐浴阳光的日光浴者们。达利结合了立体主义与古典主义的重要作品是《新立体主义学院》（图47）。让人万万想不到的是，这张画作藏于蒙特塞拉特岛上的僧道院里。这件作品尺寸很大（200 cm²），创作的缘由有可能是为了回击把他开除了的学校。达利将学校的标志和圣塞巴斯蒂安的母题结合在了一起。他还在后来发表于《艺术之友》上的一篇文章里再次提及了这一主题。这一主题是在和洛尔迦通信的过程中诞生的，体现出了 2 人错综复杂的友谊。我们在圣塞巴斯蒂安这一核心古典人物的身上既能看到达利的影子，也能看到洛尔迦的影子——他们都在批评家和诽谤者的枪林弹雨中坚持了下来，如今背负着"糜费者"和"崇高者"的批判与赞誉，踽踽前行。那些戏谑的细节如水手的帽子、领带和

图45. 上图
《躺在岩石上的人》
1926年
板上油画
27 cm×41 cm
美国佛罗里达州圣彼得
斯堡市萨尔瓦多·达利
博物馆

图46. 下图
《女神与水手》
1925年
布面油画
200 cm×148 cm
西班牙卡达奎斯佩罗
特·穆尔博物馆

鱼构成的十字形符号，预示了达利在接下来一些年里即将开始的对
超现实主义的探寻。

　　"我认识了洛尔迦，然后我们因完全的敌意而起的友谊便开始
了。"达利深有体会地给自己的朋友塞巴斯蒂亚·加什这样描述他和
洛尔迦之间的友情。最初，他们对彼此的吸引可能源于发现对方在
驻留中心的学生团体中和自己一样不合群。后来，他们认识到彼此
都有野心，也有实力在他们各自的诗歌领域与西班牙绘画界掀起一
场革命（图 48）。毫无疑问，自 1923 年他们于驻留中心相遇相识，
再到 1929 年各奔东西——不只是离开了彼此，也离开了他们的祖
国，达利去了巴黎，洛尔迦去了纽约——的这些年里，他们对彼此
艺术观的形成与发展都多有裨益。

　　洛尔迦比达利大 6 岁。他出生于格拉纳达附近的丰特瓦克罗

图47. 左页
《新立体主义学院》
1926年
布面油画
200 cm × 200 cm
西班牙巴塞罗那蒙特塞
拉特博物馆

图48
洛尔迦和达利
1925年3月摄于西班牙
卡达奎斯

斯（那里有一座以他命名的博物馆），成长于一个富裕的农民之家。他在钢琴方面极有天赋，很可能想要成为一名音乐家。他和曼努埃尔·德·法雅一起创作，关注安达卢西亚吉卜赛人弗拉明戈音乐的伟大传统，协助成立了一个深沉之歌的音乐节与竞赛。安达卢西亚和加泰罗尼亚代表着西班牙生活与价值截然不同的两端：安达卢西亚在气候上与非洲相近，其风俗与建筑都源于 16 世纪前统治那里长达 800 年的伊斯兰文化。洛尔迦创作的主题满是命运的悲剧、爱情与死亡的永恒，以及澎湃激情的神秘来源，"忍辱负重的西班牙的另一面"，也即他自己所说的魔力。尽管住在马德里的驻留中心，洛尔迦实际上还在格拉纳达大学学习法律。他无疑以诗人和剧作家的身份享誉世界各地。但近些年，人们也发现了他在视觉艺术方面的创作与成就。他的绘画十分直接，类似民间艺术。在达尔玛画廊展出时，人们用"潜意识"一词来形容他的作品（尽管并非超现实主义意义上的潜意识）。而且，对洛尔迦来说，绘画是他写作的一个补充："当一个主题太长，或是内容太棘手不好处理时，我就选择用画画来解决这一难题。"

1925 年复活节时，达利一家邀请洛尔迦去家里做客。那次私人聚会上，洛尔迦朗读了自己新写的剧本《玛丽安娜·皮奈多》。后来，这部剧在巴塞罗那上演，布景和服装由达利设计。为表感谢，达利的父亲为洛尔迦举办了一场萨达纳庆祝舞会（一种原始舞蹈）。恩波达平原和卡达奎斯海岸的风景似乎吸引了洛尔迦，在次年发表了《萨尔瓦多·达利的颂歌》一诗。这首诗声名远扬，在巴黎也得到了盛赞。《萨尔瓦多·达利的颂歌》共计 28 段，标志着洛尔迦在诗歌语言上的新发明——这首诗将"述宾短语"接二连三地以一种或可称作立体主义的方式拼贴在一起。洛尔迦在这首诗中颂扬了感知的客观性以及图像的精确性。这些都是他在达利这样一位典型现代艺术家身上所发现并欣赏的，也是他在纽约受到现代戏剧的洗礼并甩掉身上固有的安达卢西亚浪漫主义之后所获得的才能。下面是诗歌开头部分的几段，由梅林·威廉斯翻译，很好地呈现了这个时期的达利：

你渴望的高处花园里的一朵玫瑰。

纯钢句法里的一只轮子。

剥去了印象主义迷雾的山岭。

俯瞰最后栏杆的灰色。

白色画室里的现代画家们，

剪去块茎上纯洁的花朵。

塞纳河水中的大理石浮冰

冰冷了窗户，驱散了春藤……

对酒和阴暗一无所知的水手们

在铅的海里把塞壬斩首。

夜神，黑色的智慧雕像，

手持月的圆镜。

对形式和极限的渴望征服了我们。

用黄色量尺看东西的男人正在到来。

维纳斯是白色的静物画

而蝴蝶收藏者们都逃走了。

    第一次和洛尔迦在驻留中心相遇时，达利看起来就是个"用黄色量尺看东西的男人"，以抵抗诗人极富吸引力和感染力的无穷魅力："我确信没有什么是不可确定的，可以为一切事物确定'边界'或'规则'……当我感受到伟大的费德里科富有激情和煽动性的诗歌火焰燃烧起来，变成冲天烈焰时。"

    在很多年里，与洛尔迦之间的这种互动都深深地影响着达利的艺术和思考。洛尔迦和达利有着共同的兴趣，探索物质世界的丰富能量以寻找象征性的图像，再通过怪异且出人意料的并置进行强调——尽管他们以相反的方式处理物质的世界：洛尔迦喜爱民间神话中的美妙诗句，而达利则欣赏完全理性的客观。他们的作品有很多相同的复杂象征，这让我们看到了他们共同的心路历程：如通过圣塞巴斯蒂安的母题将自己比作是现代的殉道者。他们满是嘲讽地把资产阶级的庸人称作"腐人"。达利还在很多作品中用到了"融化的驴子"这一形象，这一形象在电影《一条安达鲁狗》中登峰造极。他们彼此把对方看作是自己的镜像，这在达利创作的很多洛尔

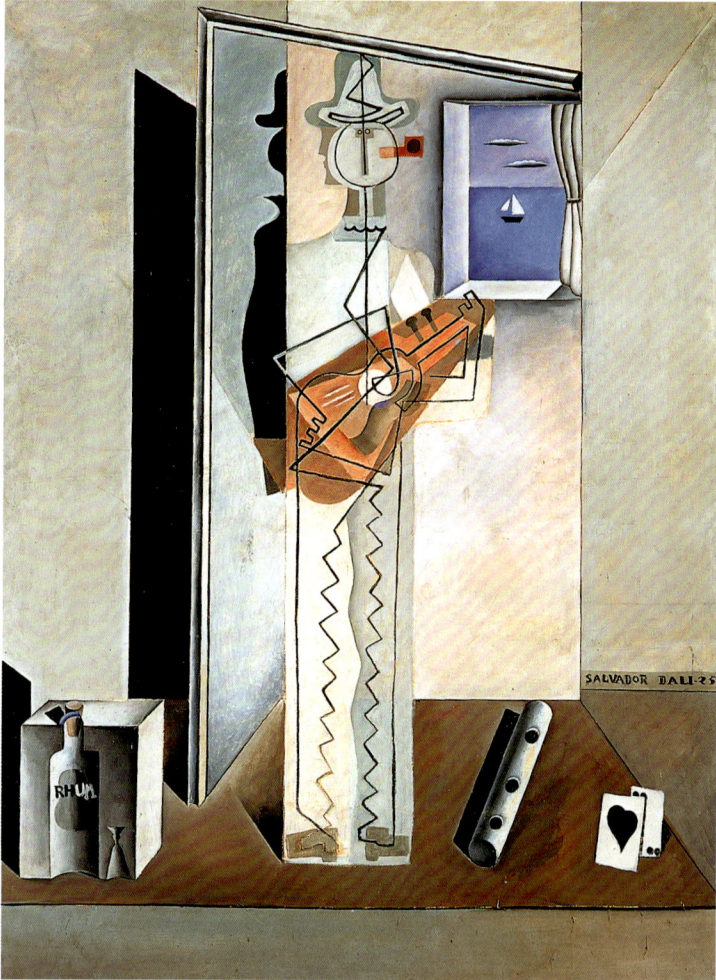

图49
《弹吉他的小丑》
1925年
布面油画
198 cm × 149 cm
西班牙马德里索菲亚王妃艺术中心

迦和他自己的双人肖像画中就可见一斑。如 1925 年的《弹吉他的小丑》(图 49)这件作品——尽管我们并不清楚他们 2 人谁是画中那个轮廓更清晰的小丑,谁是那个阴影之下的小丑,但重要的问题在于,他们在一张画中出现,同时却又代表着同一个人格截然不同的两面。

达利与洛尔迦现存的通信记录表明,他们 2 人彼此之间有着很深的感情,同时他们也十分享受激烈的艺术论辩。达利给洛尔迦寄了一张绘画——献给"洛尔迦小儿子我所有的深情"——洛尔迦则毫不掩饰地说自己在长时间的别离之后是多么地想念达利。然而,另外一些证据则表明,他们对彼此的感情并未在肉体上实现——当时的西班牙对同性恋是完全禁止的,公开承认同性关系是绝不可能的,同时也十分危险。或许,在当时的情况下,社会上恐同的情绪是导致洛尔迦在 1936 年被害的重要原因之一。

图50. 下页
《机器与手》
1927年
板上油画
62.2 cm × 47.6 cm
美国佛罗里达州圣彼得
斯堡市萨尔瓦多·达利
博物馆

对达利来说,他和洛尔迦之间所进行的文字与图像的频繁交换给他带来的最大收获是发现了除立体主义和古典主义之外的第 3 条路。在 1927 年的一次展览中所展出的大量画作也说明了他身上所发生的种种变化。比如在《机器与手》(图 50)这件作品中,我们就可以看到达利冲破了束缚,进入到了一个完全随机的图像空间,满是毫无关联、自由浮动的幻象。这些都是他后来超现实主义观念诞生的契机。在作品《灰尘》(图 51)中,他进一步加强了这种无拘无束、毫无逻辑的戏剧感,把梦境堆叠在一起。画面中满是膨胀、性别不明的肉尸,勾勒了一个由自造的、拜物的物件和身体部位构成的世界,其中还有洛尔迦扮着鬼脸的脑袋。

不久之后,达利和洛尔迦就清晰地认识到,他们已经不能无视彼此的艺术立场在本质上的截然不同了。达利在一封信中向洛尔迦指出,他的诗歌创作必须要面对并承认这样一个事实,即格拉纳达的街上穿梭着 20 世纪的电车,空中有飞机呼啸而过,人们听的是爵士乐而非行吟诗人轻弹的曼陀林。在另外一封信里,达利还附上了自己的一张照片。照片中的他正兴奋地跳着查尔斯顿舞——据称,

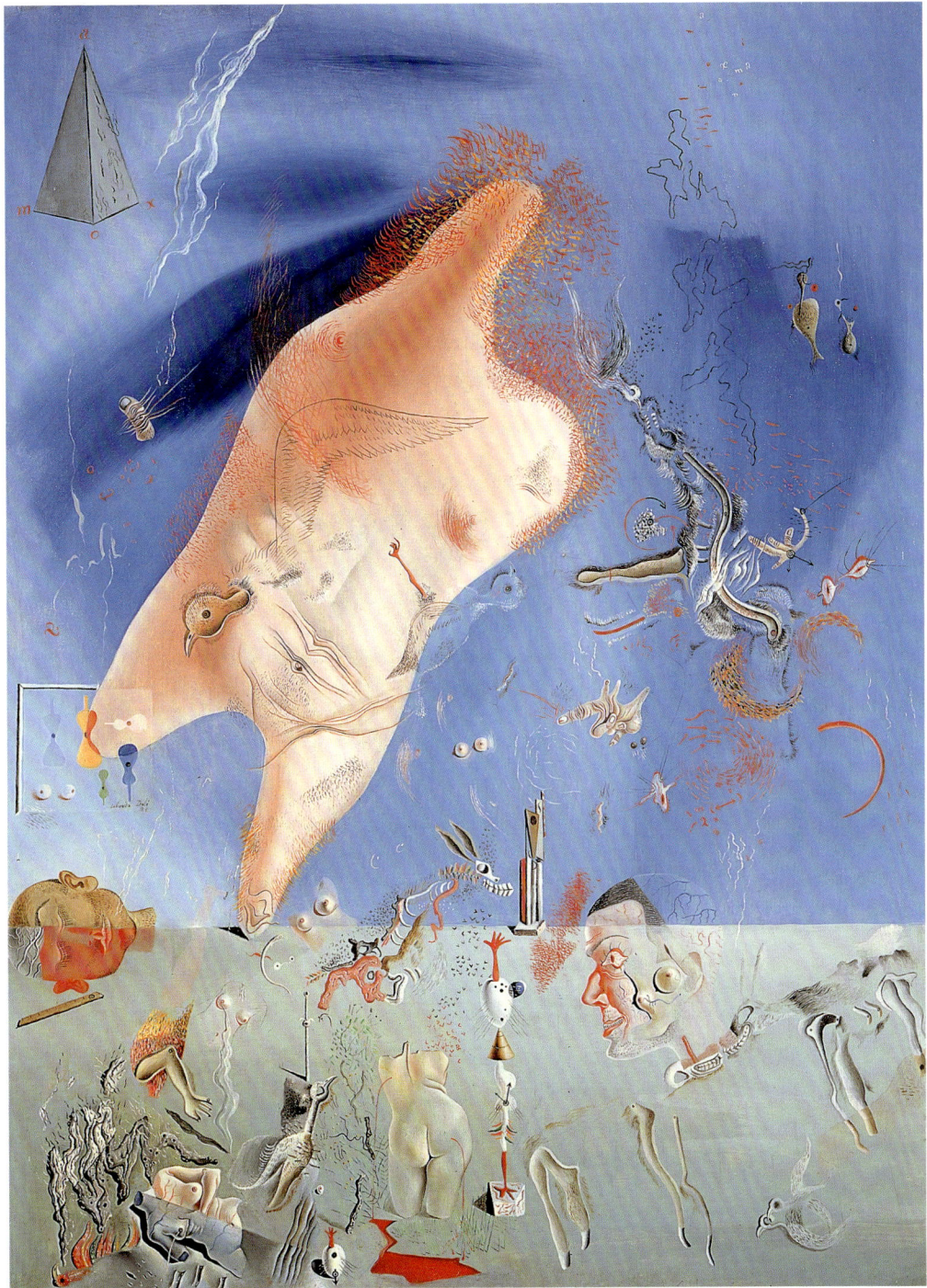

达利是跳这种舞的高手。1928 年，在洛尔迦《吉卜赛谣曲集》一书出版并引起热烈的反响之后，达利就不再掩饰自己，表达了自己特别不喜欢这种在他看来多愁善感的"弗拉明戈戏剧"。

20 世纪 20 年代初识达利的人，无一例外都会说达利是个头脑清晰、判断准确的人。很长一段时间里，达利所表现出的滑稽且爱表现的形象让人们忽视了他在这段时期批判性、试验性的写作中所表现出的生命力和原创性。随着他的作品逐渐地被翻译成英文，这一情况也逐渐得到了改善。他在文学艺术方面所做出的杰出贡献首先表现在 1926—1929 年间为加泰罗尼亚出版物《艺术之友》所写的一系列文章中。这些文章让我们看到，在转向超现实主义的过程中，他的思想发生了多么激烈的转变；同时也让我们看到，尽管只是一个来自西班牙的尚未大红大紫的年轻艺术家，达利在当时的巴黎和欧洲其他地区的语境中已经有了怎样的知名度。

《圣塞巴斯蒂安》一文提及了形而上艺术家、作家阿尔贝托·萨维尼奥，并肯定了他的创作。这篇文章还描绘了达利所想象的物品或绘画的样子，似乎是因为受到了德·基里科一个人形模特的启发。这篇文章的语言是试验性的，且颇具煽动性，似乎是为了佐证达利自己的一条宣言，即"今天，诗歌属于画家"。形而上的圣塞巴斯蒂安具备"衡量纯粹美学价值间绝对区别"的功能，且追求"神圣的客观性"。达利要讨论的是费尔南德·莱热所说的机械美学，一种盛行于现代社会，积极拥护速度与效率的精神。这种美学和精神孕育了年青的一代，也标志着年青的一代。《圣塞巴斯蒂安》一文读起来似乎是透过现代古典主义者"圣塞巴斯蒂安"的视角，为一幅尚未成形的画作勾勒背景："一艘白色邮轮的甲板上，一个平胸女孩正在教长途航行的水手们跳黑人扭臀舞……从飞机上望下去，一辆蓝色的布加迪正在波特兰的跑道上以水螅螺旋沉到鱼缸底部的极慢速度前进。"当圣塞巴斯蒂安（在另外一些情况中，他是达利与洛尔迦的结合体）将视线投向另外一个方向时，他看到的是"腐物"，以及"啜泣、超验的艺术家，混乱不堪"。

图51. 上页
《灰尘》
1927年
板上油画
64 cm×48 cm
西班牙马德里索菲亚王妃艺术中心

但是，和达利分歧最大的还是唯美主义者、神秘主义者和感伤主义者——也就是那些拥护学院理论和趣味承传的"艺术爱好者"。但是，新的艺术是人人都可以欣赏和品位的，包括儿童和那些从未受过教育的人——达利以自己一件为卡达奎斯的渔民所展示过的作品为例，说明了那件作品再明显不过的意义。《艺术的去人性化》这篇著名的文章写于 1925 年，其作者——西班牙哲学家、艺术史家奥尔特加·伊·加塞特——同样强调了客观性的问题："所有现代艺术都体现了一个重要的特点：它们毋庸置疑去除了精神层面的东西。"但是，和达利不同的是，加塞特并不认为大众最终能够接受从本质上去人性化了的现代艺术。

达利在理论层面上对纯粹客观性的渴求自然而然地使得他开始考量摄影的前途，并撰写了《摄影：精神的纯粹创造》一文。这篇文章似乎受到了由拉兹洛·莫霍利·纳吉制作，德国试验性的设计学校包豪斯出版的《绘画、摄影和电影》一书的启发。后来，达利还声称他的理想是画出"手绘的彩色照片"。他的那篇文章还解释说明了摄影何以对超现实主义者来说是再好不过的媒介。达利认为，画家必须选择可见的物，并且赋予物特殊的、有限的象征意义；而镜头则"和想象一同在新事物的上空滑过"。摄影并不强加自己的视角和选择，而是交由观众创造性地发现意义。最重要的一点是，观众可以在照片中发现一种意义，再转向另外一种意义，而无须考虑意义之间的逻辑问题——达利不久之后就将这样一种如同梦境的方式运用到了自己的绘画创作当中。如在《欲望的居所》（图 80）这件作品中，达利就清晰地描绘了这样一系列事件："一朵惟妙惟肖的兰花和一张拍摄老虎口腔内部的照片交织在一起，太阳透过老虎喉咙的生理构造投下了万千束光影。"

在论述电影的文章中，达利将他"摄影是超现实主义者的最好媒介"的理论进一步深入了下去。（毋庸置疑，他接下来的重要挑战——和布努埃尔一起拍摄一部电影——在他创作理念发展的道路上来得恰是时候。）在《艺术电影与反艺术电影》一文中，达利批判了那些偏爱艺术性的电影导演，认为他们把传统抒情或文艺式文化中的矫揉造作带到了电影当中来，而忽略了电影本身的技术内涵。达利认为，哪怕是莱热和曼·雷这样的现代艺术家都并未正确地理解电影，错误地在作品里创造了一个由发明出来的图像所构成的世界，直接抛到观众的面前。然而，正是那些"反艺术"的好莱坞电影导演——他们工作起来像是"无知的"艺术家——反思了潜藏在大众想象背后的潜意识幻想："他以一种纯粹的方式进行拍摄，仅根据设备的技术需求和运动生理学幼稚却极其欢欣的本能行事。"达利所看到的是一种全新的文化正在浮现，尤其是在电影的领域。这一文化以一套通用的集体制作体系为基础，直接面对大众。观看古希腊悲剧的观众需要的是典型的故事情节，但这些电影却以出乎意料的方式演绎了这些情节，观众同样能感到身心愉悦。

从达利在 1928 年创作的很多刻意进行挑衅的绘画、艺术品及文章中，我们就可以看出他"反艺术"的内在欲望。达利在 20 世纪 20 年代末期的一组绘画作品把沙子作为一种反美学绘画的材料用到了创作当中。《鸟》（图 52）中既有沙子，也有石头。这段时期里，米罗所有的作品都几乎专门地采取了达达主义的创作方式，通过粗糙、难看的材料来"暗杀"绘画。达利用软木鱼漂制作了一些东西，创作了《人形海滩》（图 53）这件作品，回应了米罗的创作范式。同时，这件作品也呼应了汉斯·阿尔普的作品中模棱两可的形式。毫无疑问，这个时期的达利将视线更多地投向了超现实主义画家，如伊夫·唐居伊（图 54）或是马克斯·恩斯特。他关注最多的是米罗，并在《灰尘》（图 51）《机器与手》（图 50）等作品中学习米罗在画面中所勾勒的亮蓝色背景。和达利一样，米罗也出生在加泰罗尼亚，比达利大 11 岁左右，自 1920 年起定居巴黎。他 1927 年的时候和自己的巴黎画商皮埃尔·勒布一起去了菲格雷斯，也特别喜欢达利的这些画作。尽管米罗和达利尚未正式地认识，但他给达利和达利的父亲写信，鼓励并建议达

图52.上图
《鸟》
1928年
板上油画、沙子和石头
49 cm × 60 cm
私人收藏

图53.下图
《人形海滩》（第一个版本的碎片）
1928年
布面油画、软木鱼漂、石头、红色海绵、雕刻装饰品、木制手指
47.5 cm × 27.7 cm
美国佛罗里达州圣彼得斯堡市萨尔瓦多·达利博物馆

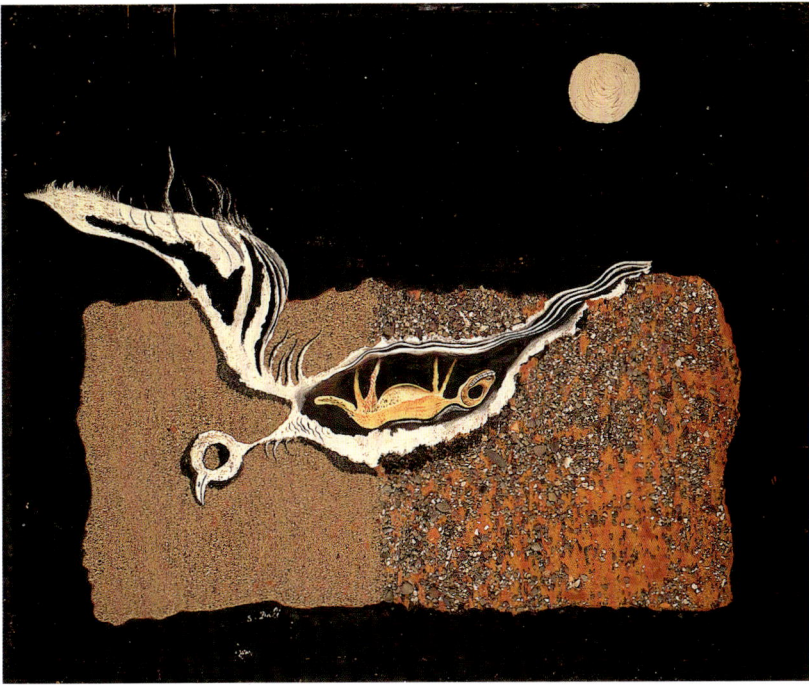

利来巴黎这样的重要城市发展。这些都让人们注意到了达利的作品——创作于他二三十岁的时候，其时虽结束了马德里的学习生涯但尚未步入巴黎的超现实主义圈——饱含精神活力，迫切地使用、试验或尝试20世纪20年代在前卫艺术圈所流行的图像及理论观念。

据说，批评家们很喜欢达利那些画面更为传统的作品。而这些新近创作的，受梦境启发的作品——实际上是超现实主义的作品——并未得到同样的礼遇。当地的批评家深感迷惑和不悦。1927年，达利写了一篇名为《我在秋季沙龙上的作品》的文章，并借机回应了这些"腐人"，坚持他作品的"反艺术和直接"感。在文章的结尾，达利陈述了自己的创作理念以及他对获得大众青睐的自信。下面这段话可以很好地回击他在艺术生涯各个阶段所遭受到的批评："再明显不过的是，人们停留在我的画作前久久不愿离去，就好像苍蝇粘在了粘纸上。尽管画面里的东西可笑又愚蠢，但是观众就是控制不住地想要去看。这是为什么呢？因为尽管他们所处的文化和社会中的知识分子进行各种暴力压制，但是画面中的诗意现实还是抓住了他们的眼球，在潜意识的层面打动了他们。"

达利越来越喜欢煽动。他觉得自己在巴塞罗那和马德里取得的初期成功来得太容易了，所以迫切地想要去巴黎。他认识到加泰罗尼亚人对当地的文化抱有一种情感上的自豪。因此，他甚至在一次公开演讲中呼吁清理加泰罗尼亚的哥特历史区，禁止萨达纳这种民族舞蹈。后来，他和通过《艺术之友》而结识的2个朋友——塞巴斯蒂亚·加什和路易斯·蒙塔亚——一起发表了《黄色宣言》，声讨了安逸、懒散的加泰罗尼亚文化。这则宣言实际上从头至尾都很温和，符合当时现代主义、乐观主义及莱热与纯粹主义观念的普遍腔调。最根本的一点在于，这篇宣言表达了年青一代对前辈所确立的文化范式的反抗，以及他们内心的讥讽与沮丧：

我们声讨决心与胆识的全然丧失

图54
伊夫·唐居伊
《阴影之国》
1927年
布面油画
99 cm × 80.3 cm
美国底特律艺术学院

我们声讨对新事件、新说法、无厘头冒险的恐惧

我们声讨艺术所携带的千年不变的败坏的圈子气与陈腐的自负感

我们声讨批评家对当下及过去艺术的全然无知

　　他们认可的当代艺术家包括毕加索、德·基里科、米罗和格里斯、纯粹主义者及大多数的超现实主义者。超现实主义运动给达利及与其共同撰写《黄色宣言》的 2 位同道中人在创作上带来了极大的希望。

3

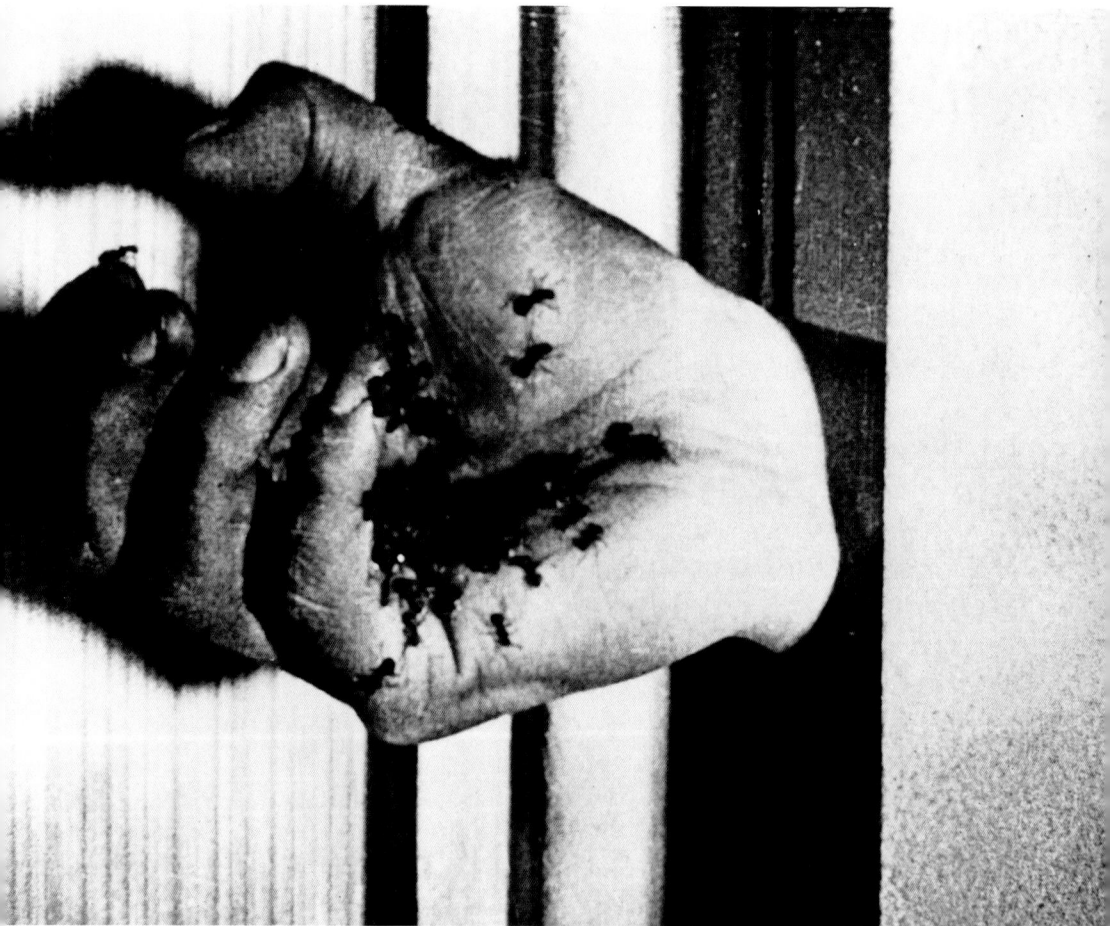

图55
爬出蚂蚁的手
《一条安达鲁狗》剧照
由达利与布努埃尔制作
1929年

　　1929 年年初，达利和路易斯·布努埃尔开始撰写电影剧本。布努埃尔是达利在巴塞罗那上学时就结识的朋友。最终，达利因为电影的拍摄来到了巴黎，并做好了充分的准备，要在超现实主义运动的腹地开启新的人生篇章。

　　超现实主义是在现代主义运动中兴起的最后一个主要潮流。这一潮流证实了现代主义最为持久的观念之一持续地影响着当代艺术的各个领域，进入了人们的日常话语，并打破了艺术的界限，蔓延至人们日常生活中想象不到的各个角落，如广告和产品设计。然而，对于最初的倡导者来说，这场"悄无声息的革命"或许会令他们感到悲凉和失望——因为，对这些倡导者们来说，超现实主义最终的目标是"改变生活"（用诗人亚瑟·兰波的话来说）和"改变世界"（用马克思的话来说）。

　　早期的超现实主义成员（图 56）都和达达主义有着或多或少的联系。而且，事实上，超现实主义也传承了达达主义运动自负、断裂和讽刺的精神。但这两者之间也有着显而易见的不同。达达主义主张虚无主义和无政府主义，对任何未来的社会组织机制都不抱信仰，偏爱的媒介是行为表演，不采取任何哲学立场。超现实主义主张理想主义，对革命的未来抱有信仰；其最初的表现形式主要是文学，热衷于把弗洛伊德的精神分析理论作为他们创作的基础。除此之外，超现实主义承认传承的历史，追寻欧洲浪漫主义的传统、德

图56
飞机上的超现实主义者
摄于约1930年

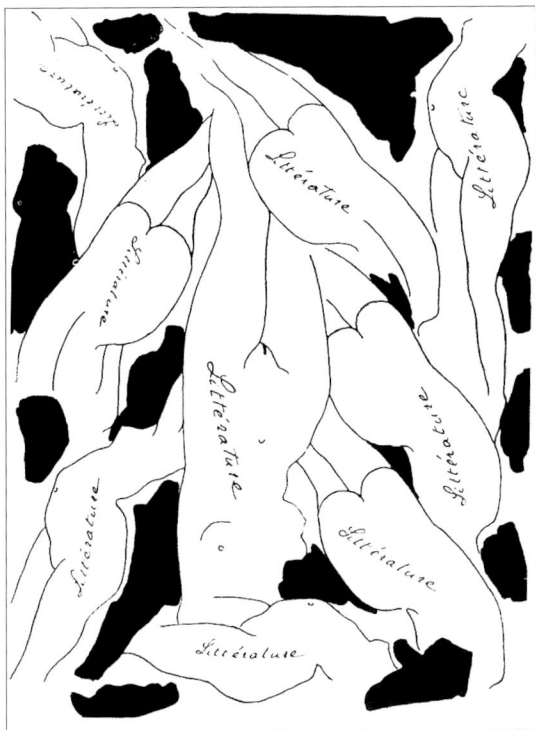

图57
弗朗西斯·皮卡比亚
《文学》杂志的封面
1922年

国浪漫主义文学以及英国的哥特小说——特别是 19 世纪打破想象力表达极限的法国诗人们，如夏尔·波德莱尔、兰波和史蒂芬·马拉美。他们还对洛特雷阿蒙（伊齐多尔·迪卡斯的笔名）爱戴有加。洛特雷阿蒙的名句"美得像一架缝纫机和一把雨伞在解剖台上的偶然相遇"被超现实主义者们奉为至理名言。这句话描绘了一幅在他们看来难忘且诗意的理想画面。这样一个理想的画面能够通过将物体以几乎不可思议、非理性的方式并置在一起来说明物体之间错综复杂的象征性关联。

那么，什么是超现实主义？对达利来说，它是为摧毁"我们有限视野的桎梏"而设计的"对混乱的系统化"；对演员及剧作家安东尼·阿尔托来说，它则是"一种思维状态"；但是，更喜好哲学的安德烈·布勒东则给超现实主义提供了一个让人印象深刻的字典式释义:"纯粹的精神自动主义,企图运用这种自动主义,以口语、文字或其他的任何方式去表达真正的思想过程。它是思想的笔录,不受理性的任何控制,不依赖于任何美学或道德的偏见"。一群年轻人一起开创了超现实主义,如菲利普·苏波、路易斯·阿拉贡和布勒东,他们在 1919—1923 年是巴黎杂志《文学》的撰稿人。1922 年,布勒东接受了杂志的编辑职位。尽管他在封面设计上仍然合理地运用未曾有过革新的达达主义者皮卡比亚在绘图上的想法(图 57),但却明确地引导杂志远离了之前的达达主义。人们通常把苏波和布勒东合著的《磁场》看作是第一本超现实主义的著作。但是,超现实主义运动的正式开端或许是《超现实主义宣言》在 1924 年的出版。

在宣言中,布勒东分析了对当代人的普遍不满(而且这篇宣言的口吻是绝对男性主义的),究其原因是当代人与由梦境和幻想构成的想象世界已分隔太久。布勒东提醒人们存在着这样一种思想自由的特殊状态,就好像"无忧无虑开始每一天的新生活"的孩子一样;他也提醒人们看看疯子,这些人"对来自社会的评价毫不在意,甚至对遭受的刑罚也不闻不问——这让我们思忖,想象给予了这些人多少慰藉和安宁"。问题在于,"我们受逻辑的支配",而理性主义却无法满足我们实际生活经验的需求。而如今,按照西格蒙德·弗洛伊德的理论,"想象力或许正要重证自己,重申自己的权利。如果我们思想的深处内含一股奇异的能量能够将这种深邃推至表面,或是发起一场必胜之战,那我们就应该千方百计地抓住它们"。和大多数人的观念相反,布勒东认为,我们应该把梦境的状态看作是真正的现实,而我们醒着的时候就是对这一现实的干扰。他继续解释了超现实主义作家们的创造性活动,他们通过一些技巧来加速,"尽可能快地写出一段话,不受理性思维的惊扰……类似于说话的思维"——布勒东将这个过程称作"自动主义"。

达利和布努埃尔都热衷于通过电影这一媒介来探索超现实主义。他们认为，和其他旧有的表达媒介相同，电影并未因为多年的传统及美学上的主张而"腐化"。就技术的成熟度与叙事语言的形式而言，商业的压力在很大程度上塑造了电影的发展。而且，电影是一种大众艺术形式，在高雅的文化阶层看来，电影的趣味实在堪忧。因此，要构造一则当代观众潜意识情感的现代神话，采用电影这一形式就再适合不过了。

布努埃尔自 1925 年起就生活在巴黎，立志要成为一名电影导演。之后，他在《厄舍古屋的倒塌》的拍摄中给让·爱普斯坦当助手，同时也给《艺术之书》撰写影评。他和达利一直保持联系。达利 1926 年来巴黎时，2 人还见了面。布努埃尔带着达利在巴黎各处逛了逛。达利发现自己已经无法忍受他和洛尔迦在艺术上的分歧，布努埃尔对达利的影响便逐渐地替代了这位诗人（见第 2 章）。

达利和布努埃尔制作的电影是史无前例的。布努埃尔在 1929 年的 1 月带着自己的一份剧本前往菲格雷斯看望达利，然而不久之后，2 人却否决了这份剧本。取而代之的是，他们在各自梦境的基础上发展出了一部新的剧本，造就了这部电影诸多令人难以忘怀的片段：布努埃尔的梦里有一朵漂浮着的云，将月亮切成了 2 半，就好像一个刀片划过了眼球。达利的梦里有一只手，大群的蚂蚁从手里爬出。在自传《我的最后叹息》中，布努埃尔描述了接下来和超现实主义进行密集且有效互动的一个星期：

不久，我们便发现我们热衷于写剧本，在不到一周的时间里就完成了一个剧本。我们写剧本的准则仅有一条，且十分简单：不采用任何可进行理性解释的想法或图像。我们对所有非理性保持开放，且保留那些不知为何就让我们为之一惊的图像。最奇怪的是，我们完全合拍，毫无分歧，度过了十分默契的一周。

作为史上最难忘且最具创造性的电影之一，《一条安达鲁狗》载入了电影的史册。此前也有一些超现实主义作家试图写作电影脚本，但却没有像布努埃尔与达利这样合拍的组合，也没有足够的资金，自然也无法有成功的作品诞生。布努埃尔将一笔可观的家庭资金投入到了这个电影项目当中（他吹嘘说其中的一半都花在了夜店里）。他还在巴黎租到了比扬古工作室，雇了一名摄影师和2位专业演员，他们分别是西蒙娜·马瑞尔和皮埃尔·班切夫。达利仅在巴黎待了2个星期以协助电影的拍摄。但是，据布努埃尔所说，大部分的时间里，达利都沉迷于准备2只驴子的尸体——用蜜糖把尸体敷好，并挖出眼珠、露出牙齿，以增加特效（图58）。

正如布努埃尔所说，这部电影拒绝任何程式化的解读。尽管电影有一条故事发生的时间线索，但这是所有电影的普遍特征。从本质上来说，这部电影是由一系列场景构成的，场景中是高度醒目、相互分离又具体入微，且快速切换的图像。这些图像的唯一逻辑类似梦境里的体验：特殊的电影编辑剪切技巧以及蒙太奇手段和速度的调整，使得电影这一媒介完全符合超现实主义者的目的，即唤起梦境中的精神状态。因为没有配乐，所有这些图像都饱含情感且扣人心扉——尽管当时仍然是无声电影的时代，但是在前几场放映中，布努埃尔在后台为电影进行了配乐。他弹奏的曲目把瓦格纳的《王者之心》与阿根廷探戈舞曲奇异地交织在了一起。

达利无疑被布努埃尔进行瞬间转换的才能所吸引。他所负责的必然是场景间的图像在视觉上快速且无痕的切换：当一个女孩涂口红时，男人的嘴巴消失了，作为替代的则是一撮头发。女孩抬起胳膊，露出光洁的腋窝，屏幕上随即出现的是浑身竖刺的海胆。布努埃尔强调，"这部电影中的任何东西都不做象征。"但是，他所说的不做象征是指在诗意或寓言的层面，因为显而易见的是，这部电影在精神分析的层面上满是象征——我们只要想想电影中老人

图58-60
《一条安达鲁狗》剧照
由达利与布努埃尔制作
1929年

左页
腐烂的驴子与巨型钢琴

92-95页
被割开的眼睛

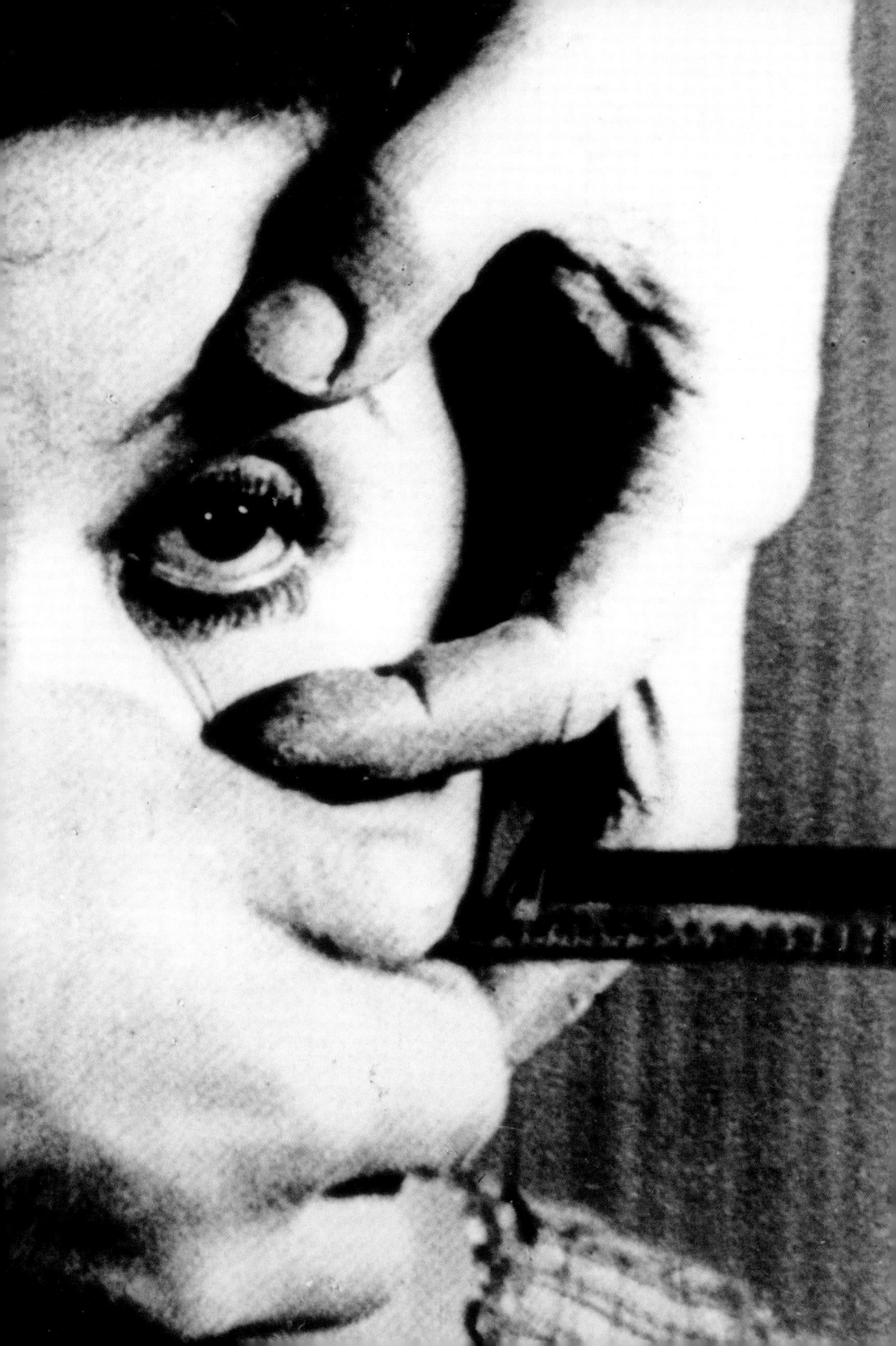

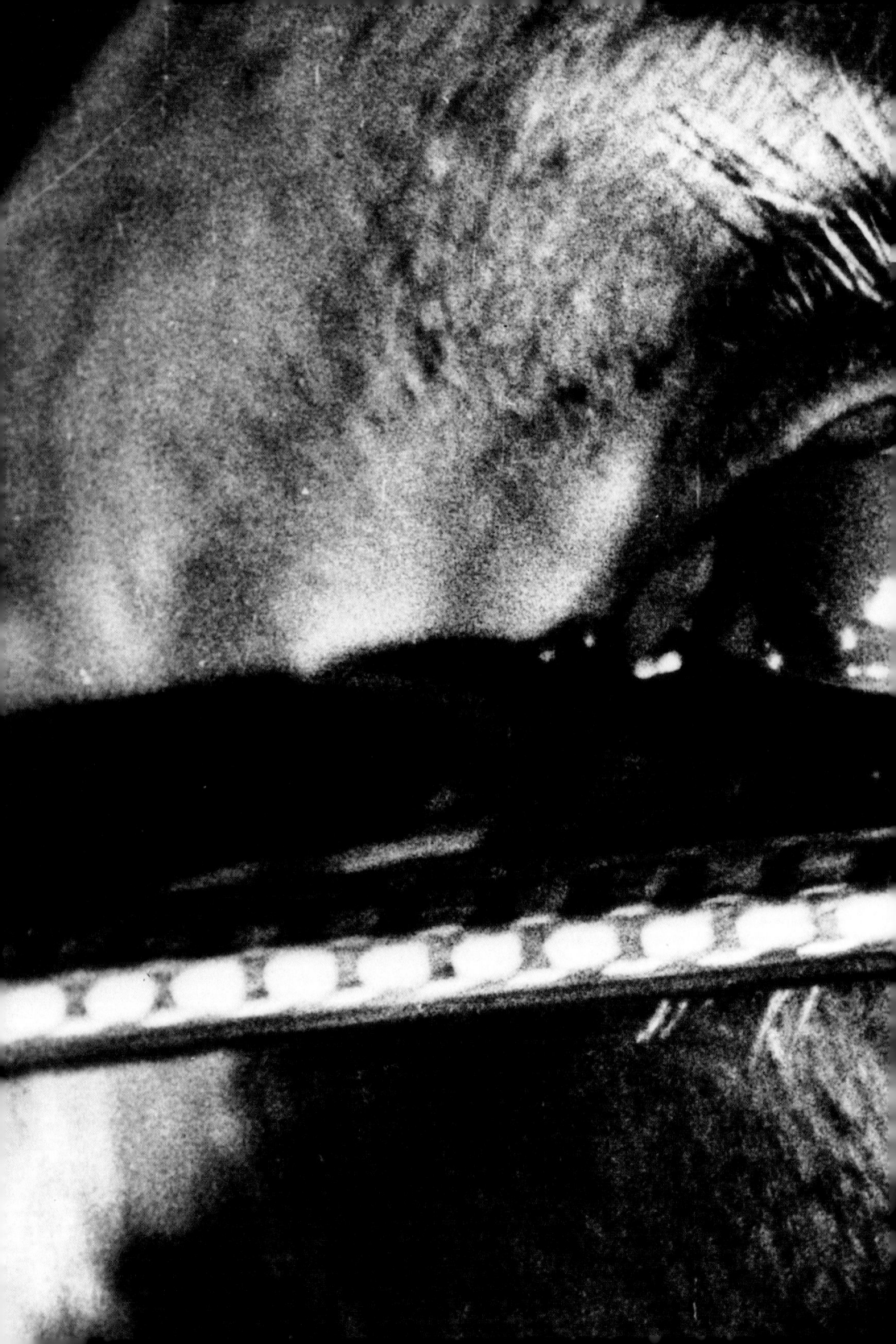

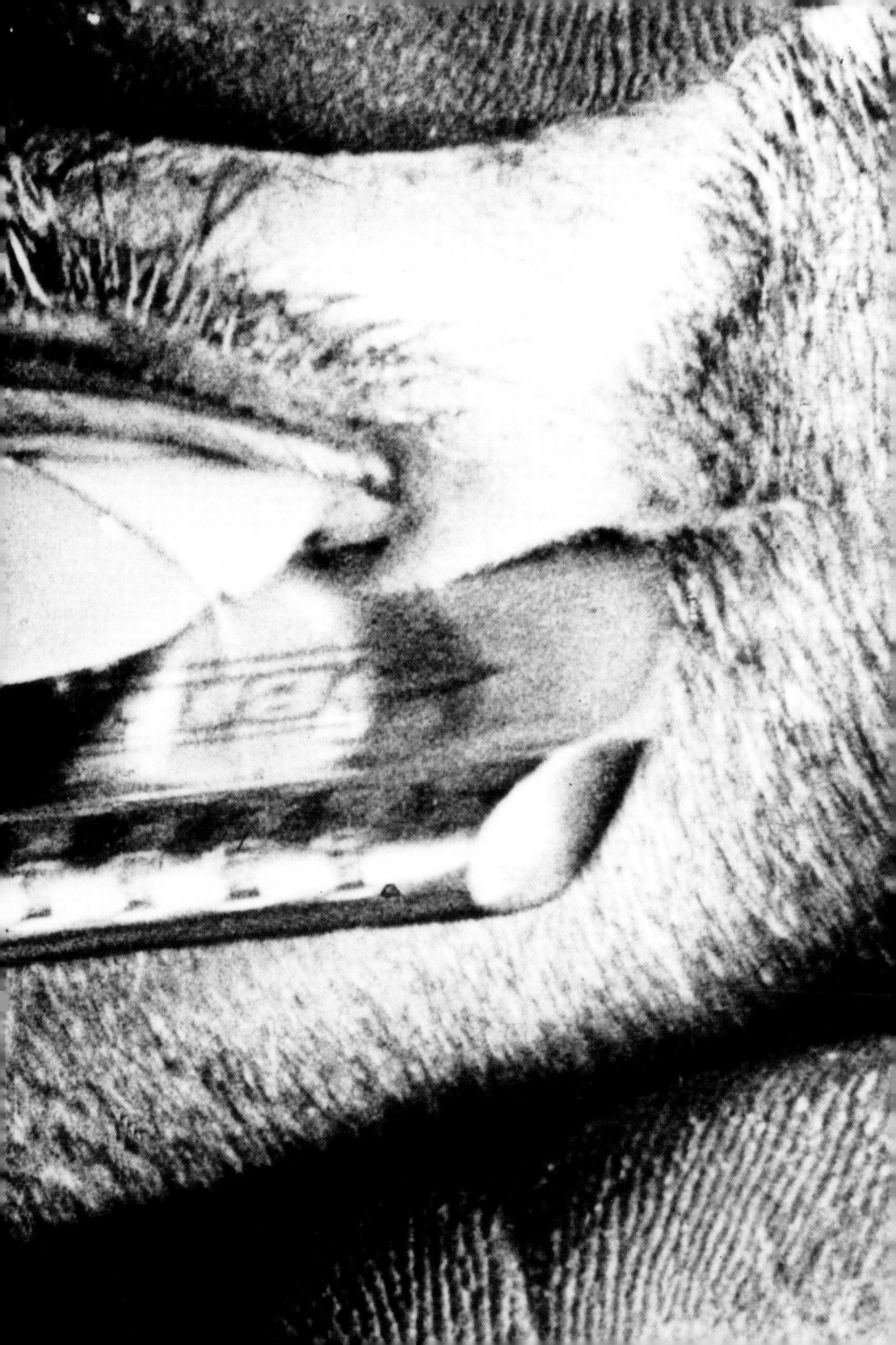

杀死另一个年轻的自己的镜头就能够明白了。接下来的故事援引了一开始的场景（达利作为牧师中的一员在这一场景中出现），令人大松一口气。然而，我们仍然可以清晰地感受到，这些画面在潜意识的层面上象征着中产阶级的体面所掩盖的罪恶感、压抑感及伪善：

男人开始朝她走去，拽着绳子，用尽全力要拽出绳子上拴着的东西。

一开始，我们看到一个瓶盖，接着是一颗柠檬，然后是 2 个天主教牧师，最后是 2 架驮着 2 具驴子尸体的巨大钢琴。驴子的蹄子、尾巴、后臀及排泄物从钢琴盖里溢了出来。镜头从一架钢琴前扫过，一只巨大的驴脑袋悬挂在琴键上。

当然，该部电影之所以是一部超现实主义作品，还有一个更为深刻的因素，即它对观众所抱有的敌意。这部电影的表达旨在激发观众的愤怒与反感。这种敌意从"莫名其妙"的片头开始。就是在今天来看，片头的画面仍然极度暴力—— 一把刮胡刀将一个女人的眼球切割成 2 半（图 59、图 60）。

在邀请有影响力的艺术爱好者及重要的现代艺术家如毕加索、让·科克托和勒·柯布西耶观影之前，艺术影院乌尔苏拉斯工作室举行了《一条安达鲁狗》的首映。布努埃尔十分担心观众无法接受这部电影，因此在口袋里装满了防卫用的石头。但事实上，这部电影得到了盛赞。布努埃尔也因此受邀进入了超现实主义者的内部圈子，电影剧本也发表在了《超现实主义革命》上。不久之后，布努埃尔还被委以通过电影推进超现实主义进程的重任。诺瓦耶公爵夫妇——超现实主义的慷慨赞助者，同时也资助了达利与布努埃尔合作拍摄的第 2 部电影《黄金时代》并组织了《一条安达鲁狗》的私人性质放映会，这也是这部电影的第 2 次放映。《一条安达鲁狗》

图61-63
《黄金时代》剧照
由达利与布努埃尔制作
1930年

上图
骷髅头

下图
女演员莱雅·赖斯亲吻
雕像的脚趾

98-99页
床上的奶牛

并不仅限于艺术行业内部。这部电影后来卖给了一位商人，他为
《一条安达鲁狗》做了为时 8 个月的巡回放映。但是，布努埃尔完
全没有意识到此举在获取利益的同时也违反了超现实主义成员的基
本信条，即布勒东希望大家能够明确于心的："你究竟是我们的战友
还是警察的走狗？"

　　《黄金时代》是一部更具野心的电影，全长 63 分钟。和时长
17 分钟的《一条安达鲁狗》不同，《黄金时代》是法国早期的有
声电影之一。然而，这部电影的剧本并非布努埃尔与达利 2 人所
作。布努埃尔在 1929 年 12 月去了卡达奎斯，而达利当时却全身
心地扑在未来的伴侣嘉拉·艾吕雅身上，且被逐出家门，因而无法
专心创作剧本。尽管达利后来写信给巴黎的布努埃尔传达了自己的
想法——也或许是整本剧本——但电影的叙事结构及意识形态立场
肯定大部分都由布努埃尔完成。当然了，在写作《我的秘密生活》
时，达利否认与《黄金时代》的最终成片有任何关系。他否定的是
电影所传达的在政治上更为反教权且更具讽刺意味的信息，这和他
"纯粹亵渎"的本意相去甚远。长时间以来，这 2 人在说起自己时
都添油加醋，在说起对方时却横加指责。因此，究竟各自为这部电
影做出了怎样的贡献，我们如今就不得而知了。然而，电影中的大
多数场景——2 人称之为"插科打诨"，是对巴斯特·基顿和马克
斯兄弟经典喜剧片的致敬——比如女人吮吸雕像的脚趾（图 62），
燃烧的长颈鹿，过街时摔倒的盲人，父亲枪杀儿子，都表现出了达
利特殊癖好的蛛丝马迹。

　　电影首映式上发布的一条说明也清楚地表达了超现实主义的主
张，且流露出政治反叛的意味。这条说明上署有达利的名字，也指
出了《黄金时代》十分巧合地呈现了资本主义崩塌的主要标志——
纽约证交所的崩盘，同时还指出：

　　警察每天把普通百姓推来搡去，资本主义社会每天都有不幸发

生。然而，人们却不以为然。这些不幸（必须要指出的是，布努埃尔的电影并未矫饰这些不幸）进一步加剧了这个业已腐败的社会的衰亡，尽管警察和牧师的走马上任试图延长这个过程。悲观主义披上了否定的价值，并迅速地转化为反教权主义，且最终演变为一场革命——因为，反抗宗教就意味着反抗这个世界本身。

一系列由法西斯主义者和保皇主义者掀起的恶意挑衅行为证明了这部电影的成功。他们往屏幕上洒墨水，在影院里放烟幕弹，肆意破坏剧场门廊里摆放的超现实主义画作——其中就有达利的作品。随之而来的还有一家右翼出版社的控诉，他们因为电影中有一个长相类似耶稣的人物出现在纵欲场景而深感不满，审查局随后下达了针对这部电影的禁播令。

终其一生，达利都对电影抱有极大的热情。在他现存的 20 多部片子中，其中有一部宣传短片通俗易懂地阐释了超现实主义的旨归。电影中设有一个解答的场景，象征着潜意识的理论。场景中有一群超现实主义者撑伞走进地铁的入口，和他们一起的还有一个机器人和一个半裸的女人。在有声电影面世之后，达利还指出，对于影迷而言，下一阶段的电影显而易见是可触电影。他还为此设想了摄制此种电影必要的设备和器材。

尽管达利后来在毫无疑问"反艺术"的好莱坞世界进行了一些电影创作，但是，他主要的超现实主义实践还是集中在自己最得心应手的领域——绘画。《超现实主义宣言》的 19 位签署者没有一位是画家。但是，超现实主义视觉艺术在一开始就已经存在——尽管在理论的层面上，超现实主义艺术仍有很多问题。一张画作要想成为真正意义上的超现实主义，必须要满足这样一个不可或缺的观念，即其在创作之初的某些重要阶段要表现出自动主义的创作过程。正如布勒东所说的，"除非艺术家竭力进入完全的精神世界，意识在其中的影响微乎其微，否则一件作品就不是超现实主义的。"

图64
安德烈·马松
《骑士》
1926—1927年
布面油画及沙子
233.7 cm × 127.3 cm
私人收藏

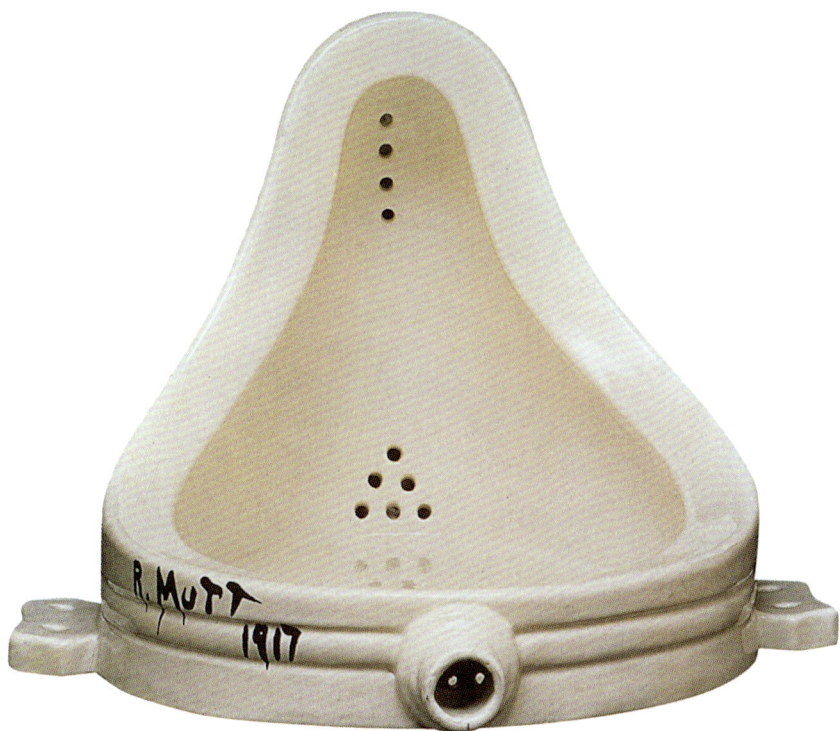

图65
马塞尔·杜尚
《泉》
1950年根据1917年的
原作（已遗失）制作的
复制品
瓷器
高33.5 cm
美国布鲁明顿印第安纳
大学艺术博物馆

画家还可以通过其他的渠道获取图像——直接从梦境取材——但是人们对这种方法存疑，因为艺术家的自身意识会造成过多干扰且"纠正"的风险始终存在。

我们可以看看这样一些艺术家：其中一些包括了马塞尔·杜尚、德·基里科和毕加索——这些艺术家备受超现实主义者的推崇，但是却和超现实主义运动保持距离；还有一些包括了恩斯特、安德烈·马松、米罗、勒内·马格里特和唐居伊——他们在 20 世纪 20 年代非常多地参与了超现实主义运动，如参加会议、签署宣言、为杂志撰稿。然而，尽管这些艺术家参与了超现实主义运动，他们却并未投身于按照一套严格的超现实主义理论方法进行创作的实践。举例来说，恩斯特的拼贴等效于洛特雷阿蒙在其写作中所推崇的方法，即通过不合逻辑的巧合来制造"奇迹"效应。而马松则通过吸毒来进行自动绘画的创作（图 64），米罗宣称自己通过饥饿及其他方式来进入幻视的状态。

我们现在把杜尚看作是对现代主义有着重大影响的艺术家之一。尽管作为一个明显不怎么活跃的艺术家，杜尚在很长一段时间里并没有太大的影响，但是，他的实践却为自 20 世纪 60 年

图66·
马塞尔·杜尚
《Tu m'》
1918年
布面综合媒介
69.8 cm×315 cm
美国纽黑文耶鲁大学艺术博物馆

图67.右页
乔治·德·基里科
《一日之谜》
1914年
布面油画
185.5 cm×139.7 cm
美国纽约现代艺术博物馆

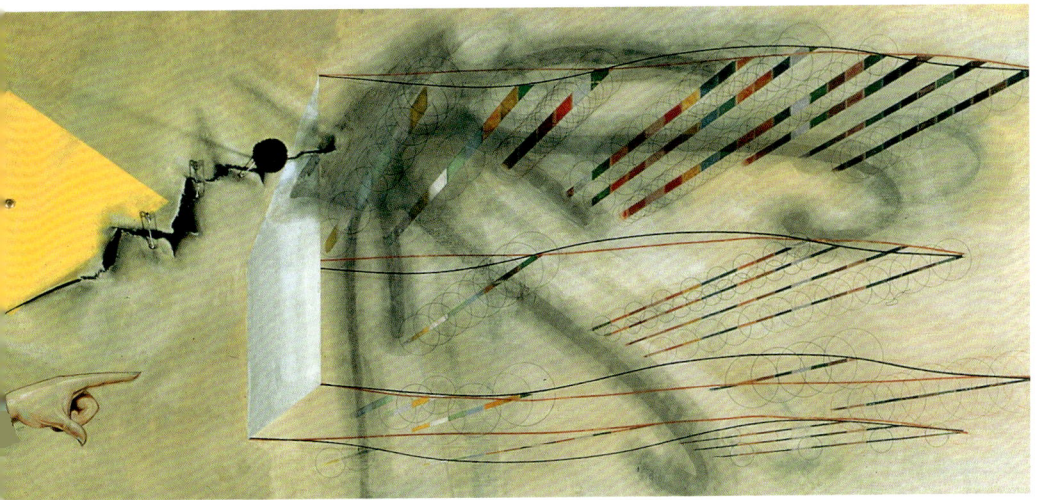

代以来日趋兴盛的观念艺术创作奠定了方法基础。他的姿态定义了何为新的艺术家，并吸引着超现实主义者。作为一个前卫艺术家，他在巴黎尽管得到的评价褒贬不一，却大获成功。而后，他的立体未来主义画作《下楼梯的裸女》又在军械库展上震惊了纽约。1917 年，同样是在纽约，他以化名 R. 穆特展出了作品《泉》（图 65）—— 一个小便池——从此蜚声国际。在展出的同时，杜尚还声明这是一件完全合法的艺术作品。原因很简单，艺术家选择了它，并宣称这是艺术。杜尚从未停止嘲笑那些更为传统的艺术家，讽刺他们的浪漫主张——他问道，雷诺阿为什么要再画一个裸女呢？难道是因为他喜欢颜料的味道？ 1918 年，他创作了一件作品，对油画提出了终极质疑。这件作品名为《Tu m'》（图 66），指的是绘画的动作本身，意为"你让我感到无聊"。这件作品不留余地地嘲笑了绘画的方法和功用——画里有装饰工人的色彩样本，还以错视画的方式呈现了一张撕破的画布，又用一个真实的安全别针把画布接在了一起。此外，杜尚还雇了一位广告牌画工画了一个指向手的标志。20 世纪 20 年代前期，杜尚一直在进行现成品的创作。这些作品在名称和视觉上有一种双关性，比如他把一个由法国窗户模型构成的作品命名为《新鲜的寡妇》。然而，在 20 世纪末期之前，杜尚给世人留下的印象似乎是他大部分时间都痴迷于国际象棋且棋艺过人，并代表法国参加了世界巡回赛。

　　超现实主义者崇尚杜尚的地方在于，他无视道德和哲学，遵循偶然的规则，用语言进行游戏，反对艺术的美学追求；而作为一个个体，杜尚让超现实主义者们佩服的一点是，他公然地拒绝成为一名商业艺术家，从而得以保持了思考上的独立性。杜尚虽然并未参与超现实主义运动的辩论与活动，但是他在 1938 年为巴黎的超现实主义展览做了展陈设计，并且和布勒东私交甚好。他也是那代艺术家中为数不多能让达利肃然起敬的一位。后来，他搬去了卡达奎斯，和达利成了近邻。

德·基里科的绘画对超现实主义运动产生了巨大的影响。他的绘画似乎已经预言了超现实主义绘画可能的样貌。但事实上，这些画作都诞生于超现实主义运动之前，创作于1912—1922年之间，吸引了布勒东和保尔·艾吕雅，影响了唐居伊、马格里特和达利等画家。德·基里科研究了19世纪德国哲学家叔本华和尼采的著作，且构建起了他自己的诗学。在尼采的著作中，基里科发现了"一种诡谲的暗黑诗学，无穷的神秘感和孤独感……充溢着秋日下午的气息，天高气爽，太阳低低地挂在天边，树荫拉得很长，远超过夏天投下的阴影……在意大利的都灵看这样的风景最美不过"。

在德·基里科典型的城镇景观绘画中就渲染着同样的阴郁气息：古典的拱门、工厂的烟囱，以及火车站或港口的告别场景。举例来说，在其1914年的画作《一日之谜》（图67）中，这些场景就投射了心神的恍惚，描绘了一个笼罩着恐惧不安但却永恒静止的瞬间。在这幅画作中，人并未出现，作为替代的是雕像。但是，在远处有2个侧身的人投下了长长的影子。视线的不连贯进一步加剧了我们内心的不安；在过去，透视的"规则"保证观众处于一个可知、可预测的世界。但是，由于现代科学已然剥离了宗教信仰带给我们的确信感，在爱因斯坦的时代，牛顿确定的空间和时间学说已经成为遥远的过去。超现实主义者在他们的一个"游戏"中用到了德·基里科1914年的作品《街道的神秘与忧郁》。这件作品描绘了一个在大街上玩铁环的女孩。而超现实主义者的游戏则意在激发人们的想象力，向他们的成员提出了这样一些问题："街边停着的火车里装着什么东西？"或是"小女孩将会发生什么事情？"

后来，德·基里科画中的人物都以人形模特或人体模型（画画时用到的人造模特）作为替代。这一方式被诸多艺术家广泛使用，象征现代生活的去人性化境况。1916—1917年，德·基里科的艺术创作进入了"玄学"时期。他在创作中赋予了如绘画工具、橱窗

Une Anatomie

Dessins de PICASSO

图68-69
巴勃罗·毕加索
《解剖》中的女人
载于《弥诺斯》
1933年2月27日

图70.右页
马克斯·恩斯特
《光轮》
1925年
纸上铅笔及擦印
25 cm × 42 cm
私人收藏

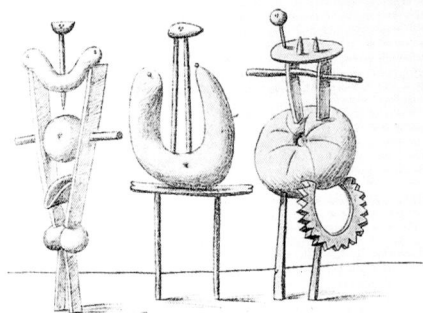

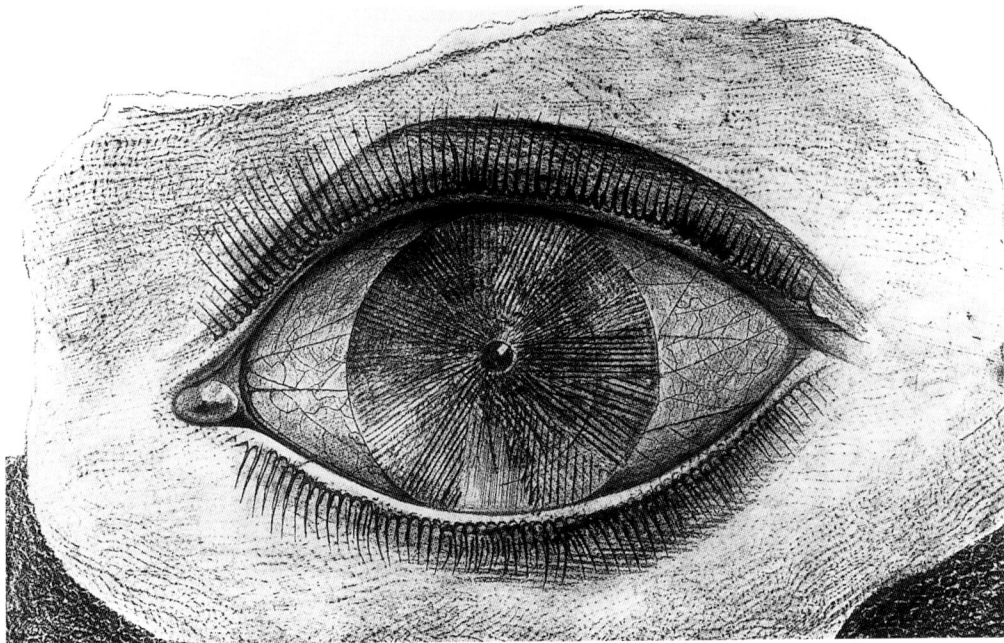

中的饼干，以及镶了框的画作等物品以谜一般的感觉，看起来怀旧且让人迷惑，有如梦境中的物品。

20 世纪 30 年代，达利就已经把扭曲视角、明暗强烈对比等多种技巧运用到了他经典的超现实主义作品当中。德·基里科还预示了达利对现代绘画的摒弃。1922 年，基里科写信给布勒东，表达了他有关"手艺问题"的个人困惑：他越来越沉迷于文艺复兴及巴洛克艺术的"伟大传统"。1926 年，基里科开始热衷于库尔贝的"浪漫主义"。因此，他的创作风格不可避免地披上了这些色彩。尽管基里科的这些兴趣和他的同时代艺术家同样追随了"回归秩序"的潮流，但是，对那些全然反对他创作及艺术人格的超现实主义者来说，他对前卫艺术的摒弃是不可容忍的。而且，这些超现实主义者的批判非常有效且具权威性，以致直至 20 世纪 70 年代艺术界才开始回过头来重观基里科后期的艺术生涯。

毕加索的重要地位以及他一直以来的艺术创作确保他免受类似

图71
胡安·米罗
《小丑的狂欢》
大约作于1924—
1925年
布面油画
66 cm×93 cm
美国布法罗诺克斯
美术馆

基里科的命运。超现实主义并未重新评判他的重要性。布勒东坚持认为，没有毕加索所引领的立体主义在形式及观念上的空前革命，超现实主义艺术家就不可能获得艺术探索上的自由。1927 年，毕加索和超现实主义艺术家一起参加展览，他的作品也不断出现在出版物上。但是始终未有定论的是，他当时的作品在多大程度上体现出了超现实主义的要素。毋庸置疑，这些作品追随新古典主义及晚期立体主义的静止感及秩序感，呈现出了新的情感强度，还有些许的暴力与威吓。这些风格在《格尔尼卡》的视觉语言中登峰造极。《吉他》也体现出尽情释放美学快感的欲望。这件作品是从一片麻布得到的灵感，这片麻布用钉子钉在画布上，然后又用绳子串联起来。但是我们很难看出这件作品是自动创作——或许自动创作只出现在他 1933 年的"解剖学"绘画（图68、图69）中，当然还有他在 20 世纪 30 年代写就的诗歌中。

　　毕加索非常喜欢年轻时的达利。1926 年在巴塞罗那看一场展览的时候，他就注意到了达利的作品。在达利初到巴黎定居时，他还提供了诸多的帮助，如把达利介绍给斯坦因兄妹等有名望的收藏家，还介绍了一些算是超现实主义者的艺术家给达利认识，如摄影师布拉塞——毕加索和他共同为杂志《米诺陶》撰写文章。毕加索还为达利 1934 年的初次美国之旅赞助了路费。然而，他们的关系却最终未能向好的方向发展。一开始是因为 2 人在西班牙内战时期产生了政治立场上的分歧，后来则是因为达利舍弃了现代主义。他们此后的关系就再也未能如从前那样亲密。

在所有的画家中，恩斯特与超现实主义艺术家之间的关系维持得最为久远，也最少争议。在科隆的一次达达主义运动招募中，恩斯特带来了德国浪漫主义、大自然的神秘力量、巨型的鸟类以及深不可测的森林等元素，并通过偶然的发现来激发图像创作的灵感。他的实践多种多样。举例来说，他在作品《光轮》（图 70）中运用擦印画的技巧，在铺于凹凸表面的纸上用粉笔或铅笔进行擦印；他还运用刷除术，用装饰工的木纹在物体表面涂抹颜料或墨水。他的拼贴取材于观众的童年记忆，图像选自流行的百科全书及冒险故事书的插图。他通常都将这些拼贴画装订成书，如《女性百头图》就是一本带着弗洛伊德式幽默的怪异集子。

米罗早期受立体主义的影响，但在自己的图像创作中仍保留着他在绘画及设计方面的精确度。他的画作如《小丑的狂欢》（图71），就游离于具象与抽象之间。米罗的画里有一种孩童般的丰富与单纯，体现了他通过精神的高度集中来冲击心灵原始及本能一面的意图。除了最终所传递的秩序感与控制感，米罗很多画作的创作过程都是随意的泼洒与滴溅，试图激发想象力的创造。米罗非常喜欢超现实主义的诗歌，并将其带入到了他对"好的"绘画美学理论的反对中——"我唯一明确的一点就是，我想要破坏，破坏绘画。"然而，他却坚决抵制超现实主义在意识形态原则方面所施加的压力。

在巴塞罗那的展览上，米罗和毕加索都从达利的作品中看到了这位艺术家的天赋和才能。在经历了诸多波折之后，米罗去达利的

ANDRÉ BRETON

QU'EST-CE QUE LE
SURRÉALISME?

Magritte

RENÉ HENRIQUEZ, Editeur
Rue d'Edimbourg, 13, BRUXELLES

图72
勒内·马格里特
为安德烈·布勒东的
《何为超现实主义》所
作的封面
1934年

图73.右页右上
勒内·马格里特
《错误的镜子》
1928年
布面油画
54 cm×81 cm
美国纽约现代艺术博
物馆

图74.右页右下
勒内·马格里特
《形象的叛逆》
1929年
布面油画
60 cm×81 cm
美国洛杉矶艺术博物馆

Ceci n'est pas une pipe.

工作室拜访了达利，并鼓励达利在巴黎开始职业生涯。在达利最终于1929年来巴黎进行《一条安达鲁狗》的拍摄时，米罗迎接了他，还给他传授了一些在巴黎发展艺术事业的生存之道——买件晚礼服，在受邀参加活动时不要太多话，要培养坚强的气质，要锻炼身体（达利恐怕不会听进去这条建议）。在巴黎逗留期间，达利还见了专做超现实主义画作生意的画商卡米尔·戈曼。在戈曼的帮助下，达利于同年11月举办了自己在巴黎的首场个展。此外，戈曼还介绍达利同保尔·艾吕雅认识。夏天的时候，达利邀请了保尔同他的妻子嘉拉前往卡达奎斯度假。这对达利来说是他人生的重要转折点。

同来度假的还有戈曼在布鲁塞尔的超现实主义艺术家朋友——勒内·马格里特和乔吉特·马格里特夫妇2人。勒内对达利也有着十分重要的影响，他和达利分享了超现实主义的幻觉绘法，区别于其他超现实主义艺术家那种明显要更为直接、更为自动主义的绘法。德·基里科同象征主义艺术家费尔南德·赫诺普夫、威廉·德古夫·德·朗克斯——他们2人和马格里特都是比利时人——显然对马格里特极度真实的梦境画创作产生了影响。在辞去壁纸加工厂设计师的工作之后，马格里特于1927—1930年定居巴黎，并成为超现实主义艺术家中的一员。马格里特为超现实主义做出的特殊贡献在于，他通过相互矛盾的幻象深刻反思了再现的传统。举例来说，在其1928年的作品《错误的镜子》（图73）中，我们就坠入了一个无穷的追问，思索"真正的"云朵究竟存在于何种层面：它是观众／艺术家眼中／镜中的折射，还是存在于眼睛背后思维层面的图像？在1934年的宣传册《何为超现实主义》（图72）中，马格里特把这个问题用油画的方式绘制了出来，并命名为《侵占》，和这个问题构成了发人深思的视觉对应。此外，马格里特还在《形象的叛逆》（图74）等著名作品中促使我们思考一个物体同其图像、名称之间是否绝对分离的问题。

图75
法国和平游行队伍中的
雷蒙·普恩加莱（中间，
穿制服）
摄于1919年

　　超现实主义者的活动和喜好都刊登在《超现实主义革命》上。这本杂志创刊于 1924 年，封面看起来像是一本难懂的科学期刊。超现实主义研究所也在同年成立，标志着超现实主义者想要成为客观的调查者和评论者的目标。他们的工作或许仅会偶尔在艺术行业发生，因为他们肩负着更为重要的使命——通过煽动和流言来实现"改变世界"的理想。《超现实主义革命》褒奖谋杀了一位保皇主义者的无政府主义者杰曼·伯顿；刊登了报纸上的自杀者名单，并向读者发问自杀是否合法；登载了一个被免职的牧师关于他与一位女演员风流韵事的回忆；报道了"高雅"诗歌朗诵及剧场表演的终结；还刊登一些如"打开监狱，解放军队"一类的文章。1925 年的一份超现实主义"宣言"坚持如下纲领：

1. 我们和文学没有任何关系。但是，如果有需要的话，我们也能和其他人一样创作出很好的作品。

2. 超现实主义并非一种新的表达方式，也不是简单一些的表达方式，更不是诗歌的哲学理论，而是一种全面解放心灵及精神之物的方法。

3. 我们决定发起一场革命……

通过这份宣言的语气，我们可以显而易见地感受到，超现实主义者准备开始和有更为正式机制的政治机构紧密地联合起来——他们和法国共产党复杂且偶有摩擦的冒险旅程即将开始了。起初，他们试图接触有悠久历史的出版物《光明》杂志圈的人，其中包括里昂·托洛茨基的追随者及被开除共产党籍的人。由于雷蒙·普恩加莱执掌的右翼政权重新执政（图 75），另有摩洛哥暴乱者发动的反殖民战争，以及巴黎禁止上街游行示威，一些超现实主义者——布勒东、阿拉贡、艾吕雅、本杰明·佩里特和皮埃尔·乌尼克——决定加入共产党。超现实主义者最大的愿望就是两大派别能够携手合作，抛开彼此在方法论和意识形态上的分歧，为共同的革命理想而努力奋斗。

尽管达利和超现实主义者在政治议题上有很多的分歧，但是他们却都学习并热衷于西格蒙德·弗洛伊德的精神分析学。精神分析学对超现实主义运动有着十分重要的影响。1922 年，弗洛伊德的著作《梦的解析》被首次翻译成西班牙语。达利回忆说他在驻留中心时曾熟读这本书，这大概和他的性焦虑有关。但是，这本书对他创作的影响直到 1927 年之后才显现了出来。布勒东在精神分析学方面有着相当渊博的知识。这些知识都是他参军时在治疗病人的心理创伤当中学到的。他对弗洛伊德提出的潜意识创作深为折服，于是在 1921 年赴维也纳拜访弗洛伊德。达利也在 1938 年和弗洛伊德见了一面。当时的达利居住在伦敦，因为法西斯的缘故而踏上了逃亡的旅途。他还为此次会面绘制了一些素描草图（图76）。

尽管弗洛伊德预见到他的理论会在将来被拓展到想象性写作、神话以及对民间传说的研究，但他还是在《梦的解析》中深为痛苦地提出，我们应当科学地对待梦的主题，或者说潜意识思考。希腊人认为梦是由神灵控制的，他们可以通过梦来给人类传达忠告或预言。在现代社会，人们仍然普遍会觉得梦境有着隐晦的寓意。弗洛伊德还提及并颂扬了威廉·詹森的故事，这些故事证明了梦境的重要性（其中一则故事的主人公——格拉迪沃——后来不断地被超现实主义者运用到他们的创作当中）。

显然，弗洛伊德著书立说的初衷是想要救助病人，而非成为文豪。然而他却发现，深受癔症和强迫症困扰的病人可以通过回忆梦境揭示出自身的症状，从而得到治疗。弗洛伊德认为，梦境绝不是纯粹或无用的。尽管梦境中的细节或许只是直接反映了日常生活的经历，但是，我们可以通过细节分析来揭示这些梦境真实但却隐晦不明的意义。我们之所以会做梦，原因在于我们内心的焦虑，或是想要完成那些在现实生活中无法完成的事情。由于通常情况下我们都羞于讲述这些欲望——一般都和性有关，而且或许还是施虐或受虐的想法——所以我们会压抑这些欲望，使得欲望仅能以一种扭曲或"其他"的形式得以呈现。我们还必须要明确这样一点，《梦的解析》这本书写于19世纪90年代。当时，性在通常情况下都等同于罪恶。而到了超现实主义的时代，这一观念也并未得到根本的改变。举例来说，布努埃尔就坦承：

图77
《忧郁的游戏（悲哀的游戏）》
1929年
纸板油画及拼贴
44.4 cm×30.3 cm
私人收藏

> 我们这一代人——特别是西班牙人——都羞于谈论和性或女人相关的话题。我们的性欲是几百年来让人倍感压抑且备受伤害的天主教的产物。天主教有诸多禁忌，如婚前不得发生性关系（更不要提已婚之后了）、禁止和性有关的文字或画面（不管有多么隐晦）。这些禁忌使得人的正常欲望成了一种特别暴力的行为。

弗洛伊德指出，梦境并非唯一能找到这些潜在的、"羞耻的"意义的地方。它们还出现在我们的口误当中（著名的弗洛伊德口误）。或者如他在《笑话及其与无意识之间的关系》一书中所做的研究，俚语和笑话也会有所表现。它们也出现在另外一个重要的领域当中，那就是神话。举例来说，关于俄狄浦斯的希腊神话不仅仅是一出关于命运及意志的古代神话，这则神话在今天仍然能够产生共鸣。原因在于，每个家庭都面临相似的压抑环境、家族纷争及近亲乱伦。 、

弗洛伊德关于梦境解析的案例研究，对导致焦虑的最初（压抑性）原因的探索，通常都有条分缕析的解析，极具开创性，但却说服力不足。然而，他的理论似乎的确提供了一种"方法"，并深深地吸引了达利。达利也通过自己"偏执批判"的方法深入地探索了弗洛伊德的理论，这在他讨论米勒《晚祷》这件作品的文章中就可见一斑（见第4章）。达利肯定还对弗洛伊德的一些阐释投以了特别的关注，如"在一个见不得鲜血或生肉，或是看到鸡蛋或通心粉就觉得恶心的孩子的敏感神经背后，隐藏着强烈的性色彩。"

在结论的部分弗洛伊德指出，他对梦境的探索仅仅是他更为宏大的研究主题的一个部分。而这个研究主题则是所有超现实主义都拥护和支持的："潜意识是真正的精神现实；我们对于它的内在实质，与对外部世界的现实同样地不理解；通过意识资料去表现潜意识与我们通过感官去和外部世界相交往同样是不完全的。"

达利对精神分析学研究的吸收不仅仅局限于弗洛伊德。他还通过《性变态》一书阅读19世纪德国神经病学家克拉夫特·艾宾的案例研究。这些案例让他了解到了变态性瘾和恋物癖的相关知识。他还特意准备将这些东西运用到他自1929年起创作的一系列画作当中。这些作品让他迅速得到了关注。

达利回到了卡达奎斯为戈曼的展览做准备。在展出的 11 件作品当中，其中有 9 件就是在 1929 年完成的。虽然，达利曾经说过一句大家耳熟能详的话——"我和疯子之间唯一的区别就是我不是疯子"——但是，不论是在内容上还是在创作方法上，这组绘画都呼应了他在《我的秘密生活》中对自己歇斯底里症的描述，表明他在那几个月里都处于接近深度焦虑的精神状态。另一方面，这组绘画也恰好证实了他的说法的有效性，即他的特殊天赋在于能够对这些极限的精神体验进行绝对的理性控制。他对自己这一时期创作方法的描述与超现实主义理论的自动主义相一致，开启了如媒介一样工作的观念：

　　我从早到晚地坐在我的画架前，目不转睛地凝视着画布。我的眼睛尝试着像一个媒介那样去"观看"，图像会在我的脑海中涌现。通常，我看到的这些图像都恰如其分地铺在画布上。然后，在把自己托付给这些图像之后，我便开始借着脑海中尚存的画面开始画画。

　　1929 年，超现实主义群体经历了一场对他们来说并不陌生的意识形态危机。这场危机导致许多成员脱离了超现实主义，转而聚集到了乔治·巴塔耶的周围。巴塔耶和米歇尔·雷里斯共同创办了一本名为《文献》的杂志。这本杂志的主要内容是"理论、考古学、美学及人种学"。巴塔耶还特别痴迷于探索僭越行为、恋物癖、魔法、献祭礼仪等领域。巴塔耶特别喜欢达利的作品也就在意料之中了。时年 9 月，达利参加了巴塔耶在苏黎世组织的一个抽象及超现实主义艺术展。《文献》也登载了达利的画作。后来，达利认为和布勒东搞好关系对他有更多的好处，因此就拒绝在《文献》上登载《悲哀的游戏》这件作品——又名《忧郁的游戏》（图 77）。但是巴塔耶换了一种方式，在杂志上刊出了这件作品的草图，并配上了一

段精神分析学的阐释，用弗洛伊德的阉割情结理论分析了这件作品中的"矛盾"元素。在相应的一篇文章里，他谈到他在这件作品中所看到的"恐怖的丑恶"，充分地表达了当时的文化圈想要在暴力与愤怒中寻找出路的绝望感。这让读者联想到被囚禁在巴士底狱的萨德，他通过"下水管进行疯狂的布道"，吸引了一大群外面的人。巴塔耶在文章的末尾处这样写道，"很明显，残酷总是残酷得让人倍感滑稽，我别无选择，只能把这恼人的狂欢进行到极致——但是，我愿意把我的一切交给达利，在他的画布前像猪一样哼哼"。

　　谈到萨德并非只是恰巧需要如此，而是这件作品为诺瓦耶公爵夫妇所购买收藏，他们声称自己是萨德的后裔，且在一个盒子里保存了一份《索多玛的120天》的原始手稿。很长一段时间里，萨德都是18世纪最著名的作家之一。然而，他的作品却绝少面世，主

图78
《欲望之谜——母亲、母亲、母亲》
1929年
布面油画
110 cm × 150.7 cm
德国慕尼黑现代艺术馆

图79.右页
《欲望之谜》局部

要原因在于大多数都遭到了毁坏或被禁止发行。有很多人致力于重新刊印萨德的著作，巴塔耶是其中最积极的一位。而且，对超现实主义者来说，巴塔耶就是一个神一样的存在。他们崇尚巴塔耶对国家、对法律不可控权力、对教会恶行及伪善的强烈谴责。萨德开启了一道光，指明了走向思想与行动的绝对个人自由的道路。他比弗洛伊德更早地把梦境看作是精神的本能活动，完全不受传统道德的约束。对布勒东来说，这正是萨德对超现实主义革命而言的重要性所在。

图80
《欲望的居所》
1929年
板上油画
22 cm × 35 cm
私人收藏

由于我们今天对达利的作品已经再熟悉不过，因此就容易面临这样一个危险，即忽视他在对违禁领域的描绘和刻画上进行了怎样的探索。《忧郁的游戏》就呈现了肮脏的内裤。这在 20 世纪 30 年代是极度令人震惊的。而且，甚至连超现实主义群体都开始就达利的动机提出了严重的质疑。对达利来说，他唯一允许自己尝试的性体验就是幻想。他去了巴黎当时有名的妓院，但只是享受那里的氛围所营造的视觉快感。而且，从他所描述的他与嘉拉的邂逅可以看出，他对和女人做爱这件事满心焦虑。我们只需想想这个时期书籍出版的过剩——"给年轻人的忠言"——都和性幻想的问题相关，就能发现促使达利创作出这些作品的罪恶源头。

《欲望之谜——母亲、母亲、母亲》（图 78）里保留了诸多这些特点：人物的脑袋更像是婴儿的脑袋，从翅膀状的岩石里生长了出来；岩石上还有很多凹陷，让人联想到芝士片。在这些凹陷的部位，都写有相同的词语："母亲"（ma mère）。头部上方的图案是各种形象的混合：一个咧着嘴狂笑的脑袋、一对拥抱的男女、一个滴血的鸡蛋／脑袋、一只睨视着的狮子——所有这些都相互融合在一起，仿佛梦境里的情景一幕连着一幕（图 79）。这件作品的意象和标题都让我们联想到弗洛伊德所提出的俄狄浦斯情结，再现了母子之间的情感关系。这是诺瓦耶公爵所购买的作品之一，后来则被一个瑞士精神分析师收藏，并挂在他的诊室中。

　　这些作品值得一提的地方在于，它们在创作上都使用了微图画法的技巧：用小尺寸制成，如《欲望的居所》（仅有 22 cm x 35 cm，图 80），给人留下更为深刻的印象。在《欲望的居所》这件作品中，传统的构图空间是不存在的——除了画布上沿的地平线。相反，7 块鹅卵石形状的图案分布在画布各处，上面绘有不同的图像——这是达利一个观念的延伸，即当人们处于一种高度集中的感知状态时，可以在凝视如云彩、石头这样的抽象自然表面时进入幻觉中的场景。《欲望之谜》中用同样的图像群搭建起了作品的主题。面对一对相拥的男女，年轻的小伙子害羞地低下了头；满脸胡须的父亲轻咬着爱人的手指。在弗洛伊德看来象征着力和性冲动的狮子头以各种形式和大小出现在《欲望的居所》这件作品中。达利玩耍着行家里的技术把戏，留给观众去辨别到底哪些是真正的拼贴，哪些是画出来的拼贴。

　　另外一件用微型图画法创作的作品是《点燃快感》（图 81）。

图81. 左页
《点燃快感》
1929年
板上油画及拼贴
23.8 cm × 34.7 cm
美国纽约现代艺术博
物馆

图82
《妇孺帝国纪念碑》
1929年
布面油画
140 cm × 80 cm
西班牙马德里索菲亚王
妃艺术中心

这件作品学习了德·基里科的画中画技巧，用到了多个图片盒。中间的盒子里是常见的俯卧的头部自画像，旁边是特别达利式的意象：蚱蜢。右边的盒子里是不断重复的骑自行车的人，他们脑袋上顶着东西——达利说是甜杏仁。左边的盒子里是一幅让人联想到恩斯特的图像：父亲开枪射向一块坚硬的岩石，这块岩石同时也是一颗脆弱的脑袋。这幅图像的背景则是教会建筑的拼贴图像。

《妇孺帝国纪念碑》（图 82）延续了这段时期集中的微型图创作。要充分观赏和理解这件作品，观众必须走近画布仔细观看，在画面上不断寻找和浏览，发现并重构这些随机排列的图像：比如左下方角落里放在蜷曲的虾上面的小熨斗（图 83）。这样一个观看的过程要求观众投入时间与注意力，而这样一种观看方式本身就会引起幻觉。达利的所有主题也将自然而然地浮现：拿破仑、达·芬奇的蒙娜丽莎、弗洛伊德的理论，以及在米勒的《晚祷》中第一次出现的男女。

图83
《妇孺帝国纪念碑》
局部

4

图84
嘉拉和达利
约1930年摄于西班牙
卡达奎斯

"爱啊，你是我唯一的爱，情欲之爱，我的爱。我从未停止过爱慕你的肌肤，你的身体。终有一天，男人会视你为他唯一的主人，尊敬你，甚至生活在挥之不去的关于你的神秘幻想里。"这是布勒东在他《疯狂的爱》一书中所描述的爱情。但是这段话却传递出这样的观念，即对于男性超现实主义者来说，他们更希望自己的妻子和情人是他们的缪斯。这段话同时也让我们清晰地了解到了达利所希望的理想化的爱情以及他所想要的幻想——而嘉拉·艾吕雅在他们这段维持了一生的伴侣关系中所提供的正是这样的爱情和幻想（图84）。

嘉拉是第一位超现实主义缪斯的化身，同时也是最传神的一位。这在恩斯特关于超现实主义者的群体肖像中就看得出来。嘉拉是《朋友聚会》（图85）这件作品中唯一的一位女性。她身上的异国风情，她难以捉摸、变幻无常的情绪，她散发的吸引力以及她双眸的力量，无不使她成为缪斯的象征。使男性不经意地坠入对一个女人全心全意的爱慕，这是摆脱理性与常识的禁锢，进入幻想与自由的精神世界的最终路径。当然，这并非超现实主义者的特有发明。他们只是把19世纪浪漫主义一种特别法国式的情趣和念想提升到了一个新的层次，赋予了其重要性，并巧妙地将其移植到了革命的思想当中。

嘉拉出生于俄罗斯的卡赞，原名为赫莲娜·德鲁维纳·迪亚克

图85
马克斯·恩斯特
《朋友聚会》
1922年
布面油画
130 cm × 193 cm
德国科隆路德维希
博物馆
（按画上数字，依次如
下：勒内·克雷韦、菲
利普·苏波、让·阿尔
普、马克斯·恩斯特、
马克斯·摩瑞斯、费
奥多尔·陀思妥耶夫斯
基、拉斐尔·桑乔、
西奥多·法恩克、保
尔·艾吕雅、让·鲍尔
汉、本杰明·佩里特、
路易·阿拉贡、安德
烈·布勒东、J.T.巴戈
尔德、乔治·德·基里
科、嘉拉·艾吕雅、罗
伯特·德斯诺）

诺夫。关于她的出身，达利和她一起编撰了很多谜团。所以，我们对她的早年生活知之甚少。甚至连她的出生年月都无法确定——虽说通常认为是 1894 年。年轻的时候，她被送往瑞士的一家疗养院进行治疗。正是在这里，她遇到了保尔·艾吕雅。没过多久，她就搬去了巴黎，并和保尔于 1917 年结婚。5 年后，恩斯特离开了妻儿，和艾吕雅夫妇居住在一起，组成了一个 3 人伴侣家庭。1929 年的夏天，嘉拉、保尔和他们 12 岁的女儿，以及自巴黎远道而来的马格里特夫妇、画商卡米尔·戈曼一同在卡达奎斯举办了一场派对。当时达利的歇斯底里症好像正在发作，一开始无法和嘉拉进行正常的交流。但是，嘉拉慢慢地让达利放松了下来，并被达利真正的超现实和变幻莫测的荒诞行为所吸引。不用多想，随着夜幕的降临，嘉拉望着这位狂热帅气、比自己小 10 多岁的男子，就知道了他将会在她接下来的人生中扮演重要的角色。在大家都返回巴黎之后，嘉拉仍然留在了卡达奎斯。而对达利来说，他终于找到了一位让他不再深感恐惧的女性。他还宣称，嘉拉医好了他的疯癫，他已经逐渐摆脱了神经质性焦虑的折磨，开始慢慢恢复了。达利毫无保留地坠入了一场超现实主义的疯狂之爱——这段时间里，他写了一些更为传统和连贯的诗歌，其中一首名为《爱情与记忆》(1931 年)：

嘉拉

我的深情爱意让我看到

我缺少关于你的记忆

我既不曾记得你

你便不曾改变

记忆已装不下你

你是我的生命⋯⋯

图86
《看不见的男人》
1929年
布面油画
140 cm×80 cm
西班牙马德里索菲亚王
妃艺术中心

嘉拉

你脸上的表情

不带丝毫情感

你不屑于任何

启示性的观点……

自此开始，达利就在自己的作品里绘制出各种各样的图案，代表他和嘉拉 2 人的名称，以颂扬嘉拉的个性和她的存在如何塑造了他的创作。尽管达利接下来的创作都表现出多重图像的复杂性和幻觉上的模糊性，但是，自嘉拉走进了他的生活之后，他的图像语言就摆脱了强烈的恐惧感。这些恐惧感通常都源于性焦虑的问题，出现在他 1927—1930 年的大多数作品中。毫无疑问，达利与一位有夫之妇的情事并不能为其父母所接受。他的父亲十分生气，尤其在读了一份西班牙报纸对由戈曼组织的那场展览的评论之后，更是火冒三丈。其中一件展出的作品是一幅素描，源于一张大家都很熟悉的祷告图:《神圣之心》。在这张图上，达利写了这么一段话，"有的时候，我在我母亲的肖像照上吐痰，就是因为觉得这样做很开心"。在他的父亲质问他为何要如此冒犯自己已逝的母亲时，达利既没有道歉，也没有做出任何解释，因而被逐出了家门。接下来的一些年里，这件事被写入了达利的个人神话。他的父亲则被塑造成愤怒之神的形象，将达利驱逐出了天堂般的卡达奎斯。达利回到了巴黎继续进行《黄金时代》的创作，和决心离开丈夫与孩子的嘉拉重聚。1930 年的 1 月，他们 2 人搬到了马赛附近的一家酒店里。达利在这里继续进行未完成的画作《看不见的男人》(图 86) 的创作，而嘉拉则帮助他构建起了他的理论观点。《看得见的女人》以图书的形式出版，封面是嘉拉的双眸。这件作品是达利偏执批判创作法的首次体现。

在回到巴黎之后，达利大受超现实主义群体的欢迎。他因而积

LE SURRÉALISME
AU SERVICE DE LA RÉVOLUTION

Directeur :
André BRETON

42, Rue Fontaine, PARIS (9ᵉ)   Téléphone : Trinité 38-18

Il a été tiré de ce numéro 15 exemplaires numérotés sur Hollande van Gelder, dont 5 hors commerce.

Les numéros 5 et 6 de cette revue paraissent simultanément le 15 mai 1933.

ABONNEMENT
les 6 numéros :
France. . . . 45 francs
Étranger . . . 55 francs

DÉPOSITAIRE GÉNÉRAL :
ÉDITIONS DES CAHIERS LIBRES
25, passage d'Enfer
PARIS (XIVᵉ)

LE NUMÉRO :
France. . . . 8 francs
Étranger . . . 10 francs

极地参与了超现实主义的会议、活动及出版物的工作。在接下来的 3 年里，他都是超现实主义的典范代表。和超现实主义群体中的大多数成员相较而言，达利还是个年轻人。这从当时的合影中就能明显地看出来（图 56）。达利既没有直接参与第一次世界大战，也未卷入知识分子派系之间的长期斗争——正是这些斗争给 20 世纪 20 年代的巴黎艺术圈带来了些许生气。达利为《第二次超现实主义宣言》创作了卷首插图。他还为法国共产党成立 10 周年构思了海报设计。在这段时间里，布勒东别无念想，只是热切地盼望达利这股新鲜的血液能够为超现实主义运动带来些新的东西："达利的艺术，迄今为止众所周知最具幻觉的艺术，构成了一个真正的威胁。"

达利为超现实主义运动所带来的新鲜活力并不仅限于他的图像所表现出的"幻觉性"，还在于他为超现实主义理论所做出的重要贡献。通过许多发表在《为革命而服务的超现实主义》（图 87）和《弥诺斯》上的文章，以及如《看得见的女人》之类的独立出版物，达利的超现实主义观点形成并发展了起来。尽管"偏执批判法"这一术语无疑因为其科学权威的光环而吸引了达利，但事实上，这一术语也的确恰如其分地定义了达利的观念立场。必须要强调的一点是，这一立场似乎是从达利当时的创作经验中直接发展而来的，而非人为强加的一种理论概念。

在他的文章《讨厌的驴子》中，达利阐述了他意图找到一种新的创作方式的想法："我相信时机已到。因为我的精神状态偏执且激进，有这个优势，我就有可能（同时通过自动主义及其他被动状态）把混乱系统化，并因此彻底地怀疑现实世界。"医学术语"偏执"在达利这里指代的是一种心理失常的状态。在此状态下，人能够创造出一种属于自己的现实世界模型。不管这个模型和我们通常所说的现实世界相差多大或者听来多么可笑，它都拥有完美运作的内在逻辑与结构。显然，处于这种心理状态，就意味着这个人无法

图87
《为革命而服务的超现实主义》内页
1933年5月15日
5月、6月合刊

理解社会的主流道德与规则，且会必然地导向一种受迫害的极端意识。所有这些都不可避免地会被视为对社会稳定的威胁，需要国家来管控相关个体的行为活动。当然，达利所提倡的并非是一种自主的疯狂状态（这在任何情况下都是不可能的）。与此不同，他所欣赏的是一种思维的敏捷性，是偏执的想象性创造。他尤其推崇的是一种才能的培养。作为一笔积极的精神财富，这种才能能够就图像进行双重甚至多重的解读，使得更为复杂的意义模式得以存在："双重图像意味着一个图像是对此物的再现，同时在不做任何事实或结构的改动下，它同时也是对另外一个全然不同之物的再现。第2种再现同样没有任何的变形或是结构上的改变。"在1930年创作的《看不见的睡着的女人、马和狮子》这件作品中，达利就很好地说明了何为对图像的多重解读。这件作品的题目本身就指涉了对画面的3种可能性解读（图88）。

达利感兴趣的并非一些纯粹为玩而玩的视觉小把戏，而是找到一些揭示和探索超现实主义主要认知的方式方法。在超现实主义者的认知中，相对于对现实的纯物质解读，精神的内在层面会带给人更多无尽的满足，也更为"真实"。视觉图像的强烈情感和创伤感能够直接地指向更为深刻、"诗意"的精神状态。仅在这种精神状态下，基于个体经验和过往经历而非外界现实的联系才能够建立起来，回忆和观念也才能够牵引进来。这也正是达利术语中"批判"这一面向的入口所在，因为这样一个过程是对思维程式、常规及自我规训的挑战："超现实主义的理想图像将服务于迫切的意识危机；它们将服务于革命。"

达利想要通过和当时还很年轻的雅克·拉康进行讨论，从而证实这些观点和理念。拉康后来为精神分析理论的发展做出了重要的贡献。在发表于《弥诺斯》上的一篇文章中——这篇文章本身就受到了达利的影响——拉康就指出，偏执主体的发狂经历与民间传说及神话中的想象性内容十分相似。而且，就想象力与复杂性而言，这些主体同伟大的艺术家相比不相上下。同时，他们的暴力行为及主张还切实地反映了当代社会紧张的现实境况。所以，这些主体所提供的是一种改善，或者毋宁说是更新了超现实主义者自动主义原则的一种方法。自动主义在此时已经显得太过被动，过多地和"纯粹经验"相关，而且已不足以在 20 世纪 30 年代构成抨击性——在这个时代，超现实主义杂志更名为"为革命而服务"，这本身就反映了超现实主义运动的政治紧迫性。如此一来，尽管并非一直都得到认可，但是，达利的偏执批判法的确是这个时代超现实主义运动的主要方法。

在通过视觉的形式来表达自己的观点这方面，达利在创作中证明了自己的过人之处。在展现他思想观点上最令人难忘的作品之一便是他为《为革命而服务的超现实主义》所绘制的插图《偏执狂的面孔》。关于这件作品，他描述了这样一个故事：在他面对毕加索的几张画作冥思苦想了一番之后，他开始在一堆报纸里寻找一个地址。然后，他突然发现了一张明信片。他觉得明信片上的图案应该是一个毕加索式的人头，背景是空白的布面。然而，把明信片翻转过来，他发现上面印的其实是一间非洲乡村小屋的照片。他把这张明信片带给布勒东，以进一步验证自己的理论。布勒东当时正全身心地阅读萨德的著作，他一拿到明信片，立马看到的却是 18 世纪面施粉黛、头戴假发的贵族的面庞。

另外一项在很大程度上来说由达利所引领的活动是让超现实主义的成员创作超现实主义的实物作品。这自然就绝非制作"雕塑"，也和这一术语所携带的任何美学或程式化的再现要素无关。用当时和达利私交甚笃的毕加索的话来说，达利就像"快艇的发动机"一般，在完成对自己思想激流的描绘及与超现实主义者的对话中，他为超现实主义实践提出了一系列的建议。1932 年发表的《超现实主义者的实验之物》一文罗列出了这些建议，其中包括：

图89
《由烟火制造厂而起的疯狂关联》
1930—1931年
压花锡板油画
40 cm×65 cm
私人收藏

对一些行动进行检验；由于这些行动的非理性本质，其易于引起道德严重败坏的趋势，在阐释和实践中也会导致严重的冲突。比如，（1）导致某个老太太在哪里出现，然后拔掉自己的一颗牙齿；（2）在某日清晨烤一块巨大的面包（15 m长），并丢在广场上，在冲突结束之前记录所有的公众反应及相关事件。

然而，就超现实主义艺术的创作而言，特别重要的一点在于作品对于观众来说是可触、可控的。作品是由多个群体成员创作的，其中包括了嘉拉、布勒东以及阿尔佩托·贾科梅蒂。但是，作品最富诗意的部分或许在于瓦伦蒂诺·雨果所添加的靠在轮盘板旁的1红1白2副手套。达利的作品于1974年进行了重新制作。他在《为革命而服务的超现实主义》中描述了这件作品：

> 一只女人的鞋子，里面是一杯热牛奶。热牛奶放在一块粪便色的软蛋糕上。机械的装置部分是把一块糖投入到牛奶当中。糖的上面印有一个鞋的图案，以观察糖在牛奶中的溶化以及鞋的最终消失。

1930年，达利看到了一家烟火制造厂的招牌。他很快地在上面画上了图案和刻上了字，创作了一件用杜尚的话来说是"现成品上再添加"的作品：《由烟火制造厂而起的疯狂关联》（图89）。

20世纪30年代初期是达利全身心投入超现实主义的一些年，也是他人生中仅有的一段经济困难期。人们到处说着他作品的风言风语，流言四起。因为名声太臭，达利便无缘大多数的画商（诺瓦耶公爵还因为赞助《黄金时代》而差点被逐出教会，还被赛马俱乐部除名）——尽管嘉拉苦苦哀求巴黎的画商能够让达利的画作有一个好的销路。达利仍然需要和卡达奎斯的风景与文化发生些交集，因为这些在很大程度上塑造了他在图像方面的经验。然而，这却困难重重。他的父亲不单单是把他逐出了家门——作为当地一位有着

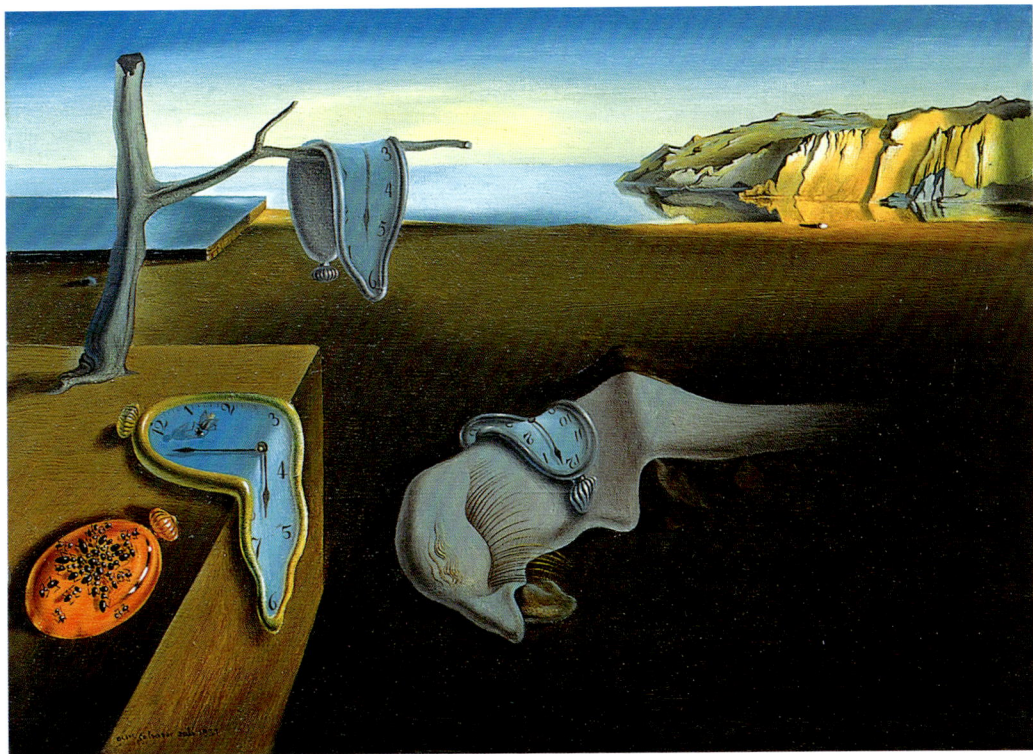

图90
《记忆的永恒》
1931年
布面油画
24.1 cm × 33 cm
美国纽约现代艺术博
物馆

一定影响力的人物，他还通知了整个村庄，不让达利回到家乡。所以，在达利坚持要回去时，他在街上受到的待遇便是冷落和漠视。达利决定在卡达奎斯海岬上的一个小渔村避难，那里名为利加特港。在这里，他可以用在戈曼展览上所得来的钱买下一座捕鱼棚，并把这里改造成他和嘉拉的爱巢。过了几年，他们又进行了扩建，把捕鱼棚改造成了内部相通的房间。但是在这段时间里，他们不得不忍受潮湿的墙壁和寒冷的山风，也就是在冬天侵袭卡达奎斯地区的"屈拉蒙塔那风"。

这一地区的自然地形对达利经典的超现实主义创作阶段带来了多大的影响，这一问题还尚存争议。说起这段时间的创作，典型的作品必然是1931年的《记忆的永恒》。实际上，"软塌塌的表"几乎已经成了达利的标志（图90）。的确，画面中有着悬崖光秃且粗犷的轮廓，也有着天空晶莹剔透的光亮。然而，画面中空旷、如荒漠一般延伸的平面更接近精神层面的地形学，近似于梦境。随着观众的视线准确地穿过无法丈量的距离、可辨认的地标、白日、温度——这里可以如一座未知的星球那般冷或热——他们内心的焦虑感也开始积聚起来。我们身处一座寂静的舞台，一个可怕的梦魇，万物静止，无声无息。这些作品无边无际的地平线唤醒了观众内心一种近似广场恐惧症的无限感。幻觉，如同某些时候生病的体验，或是失去感知时的体验，是一种特别逼真的精神迷幻状态，哪怕是通过其他的方法进行验证或观看都不会消失。如果达利的超现实主义画作能产生作用，那它们必然会引发类似的幻觉。由《记忆的永恒》里的表联想到时光隧道的观念，以及真实时间与回忆时间之间的联系，这再合理不过了。但是，达利最大的兴趣在于把坚硬、机械的物体转化为柔软、凋零的物体时所诞生的矛盾——甚至连树在此时都变得软塌塌的。

1932年的画作《液体欲望的诞生》延续了这样一种奶酪般软化的过程。我们应当用"溶解（deliquescence）"这一术语来描绘这

图91. 上图
《人形面包》
1932年
布面油画
16.2 cm×22 cm
美国佛罗里达州圣彼得斯堡市萨尔瓦多·达利博物馆

图92. 下图
《晚年的威廉·退尔》
1931年
布面油画
201.5 cm×346 cm
私人收藏

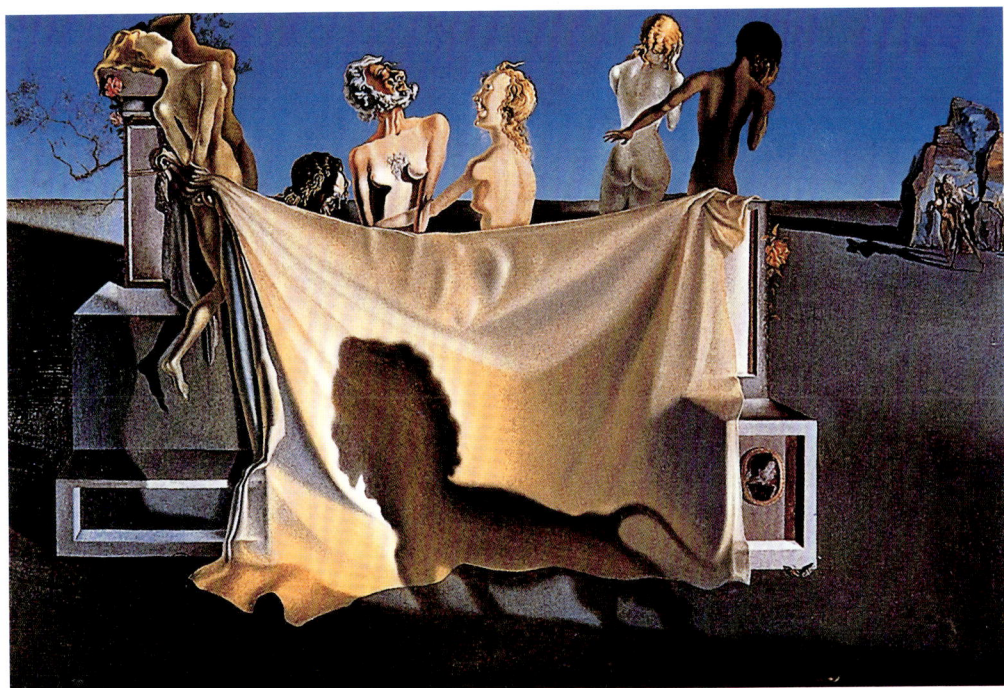

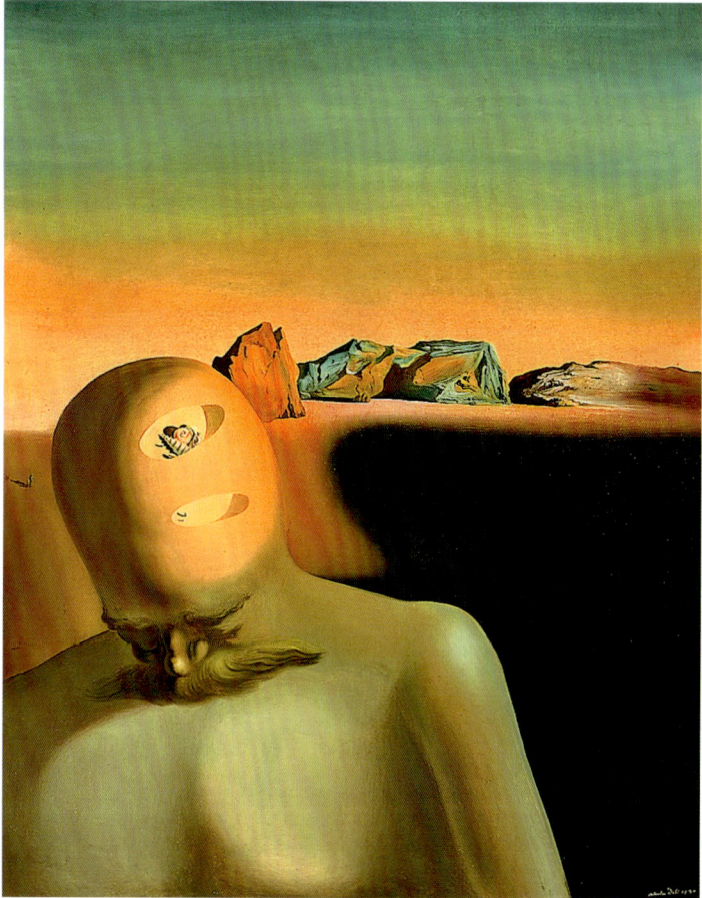

一过程。达利在这段时间里沉迷于这样一种物理状态。在一篇刊载在《弥诺斯》上极为幽默且夸张地命名为《"物质存在"的流线型幻影》的文章中，达利谈到了高迪的建筑在形式上及其外立面的黑洞所表现出的"柔软的质感……现代风格的压缩所具有的完全流线型、无棱角的丰富感"。

法棍是达利的画作中反复出现的另外一个主题。他在 1932 年创作了《人形面包》（图 91）这件作品，毫无保留地表达了法棍潜在的拜物教。最重要的是，在这件作品中，物质以极为精巧的方式在软与硬之间，在生面团、面包皮及咀嚼之间来回穿梭。

达利对他父亲的复杂情感——其中既有爱也有崇拜，但此时更多的则是愤怒与怨恨——还远未化解。在其 1930 年的作品《普通官员》（图 93）中，高耸于卡达奎斯的山头笼罩着不祥的阴云。画里那个耷拉着浮肿脑袋的人是达利的父亲吗？尽管胡须暗示父权普遍带有威胁性，但官僚主义的至高定义必然是要发挥公正的作用。达利创作的一系列以威廉·退尔为主题的绘画似乎就意在表达他与父亲之间的关系。达利对父亲的怨恨体现在 2 个方面：一方面，父亲将他逐出家门，断绝了他们之间的父子关系——按照弗洛伊德的理论，这一情节反映了两代人间无法避免的无休止斗争，以及儿子想要反抗父亲，且象征性地"杀死"父亲的意愿；另一方面，达利还将自己此前的性焦虑归因于父亲的专横（以及父亲为教育达利而交给他的一本讲述性病影响的书）。达利把威廉·退尔的神话运用到了自己的创作当中——父亲被迫射击放在儿子头上的一个苹果。达利还在其中添加了圣经故事的元素，如亚伯拉罕献祭以撒，从而创作了他自己极具象征性的图像作品。

《威廉·退尔》是这一系列作品的第一张画作，于 1930 年绘制完成。在《晚年的威廉·退尔》（图 92）中，雌雄同体的演员露出歇斯底里的表情，他们的身体在用来表演皮影戏的帘子后面。帘子上的影子让人联想到弗洛伊德代表兽欲的狮子。

图93
《普通官员》
1930年
布面油画
81 cm × 64.8 cm
美国佛罗里达州圣彼得斯堡市萨尔瓦多·达利博物馆

1933 年法国主导性的政治氛围开始转向现实主义，这也影响到了超现实主义群体。达利还被正式传唤到一次小组会议中，要其就各项指控做出回应。达利上演了一出喜剧，以其特有的风格回应了布勒东、阿拉贡及其他超现实主义成员严肃且愤怒的指控。在听证会上，他说自己感觉快要感冒了，不断地脱衣服、测体温。达利坚持认为，作为一名超现实主义者，他有着绝对的责任和义务对自己和审查无关的梦境及幻想做出回应，从而推翻对他盲目崇拜希特勒的这项指控。他还说了一段话，大大地刺激了布勒东："如果我今晚做梦梦见咱俩做爱，第 2 天一大早我就会把咱俩最美的性爱体式画下来。"

我们今天听闻这场纠纷，或许会很轻松地自然而然选择站在达利这一边。但是，我们应当考虑考虑当时的政治环境，以及超现实主义者们和整个时代正在面临的道德困境。2 年前，达利就已经激怒了阿拉贡。当时，达利正说着自己要创作一件超现实主义实物作品的想法——在一把摇椅上放上一些盛着热牛奶的高脚杯——阿拉贡指责了达利，让他不要再继续说这些废话了，热牛奶应该给失业家庭的孩子们喝。当时，甚至连布勒东都被阿拉贡这种迂腐的否定理由震惊了。但是，到了 1934 年，随着法西斯主义给整个欧洲带来的威胁日益严重，大家的政治立场也逐渐开始两极分化。

图94
巴黎协和广场上的暴乱
摄于1934年2月6日

第一次世界大战之后的欧洲充斥着尚未化解的紧张和冲突。有一些国家承受着战败的耻辱；而不管是战胜国还是战败国，却都要面对经济混乱和民生萧条的局面。在阿道夫·希特勒作为纳粹党的首领于 1933 年出任德国总理时，墨索里尼已经在意大利执政 10 年。他禁止自由发表意见，判定现代艺术家的作品都是"堕落的"，不得在任何展览中展出。在法国，右翼团体已经破坏了一场超现实主义展览（其中包含达利的作品）。更重要的是，在 1934 年一场巴黎的街头暴乱之后，他们还推翻了政府（图94）。法国各种各样的右

翼团体——如青年互助社、保皇队、火十字团、法国人民党——均服务于不同的政治利益集团及社会组织。作为回应，左翼党派、社会主义者、共产主义者及工会达成了共识，摒弃彼此的分歧，统一站在人民阵线上，共举反法西斯主义的大旗。1936年，在一片高涨（但却短暂）的国家乐观主义情绪下，法国通过全国选举组织了一个由里昂·布鲁姆领导的人民阵线政府。

一点都不奇怪的是，超现实主义群体紧接着要求其成员履行更多的政治责任。然而，达利始终都坚定地跟随本能就政治和哲学观念做出回应。哪怕是被强求就范，达利也不会假模假样地做出意识形态上的承诺。1935年的时候，在人民阵线组织对抗法西斯主义侵略的精神鼓舞下，曾经的反对者巴塔耶和布勒东也以"反击"为名组织了一个新的活动小组。他们希望能够获得达利的支持。然而，达利十分礼貌地回绝了他们，表示自己不会采取任何激进手段，或者哪怕是积极地参与行动。

这使得达利自1934年起便逐渐地远离了作为一个正式组织的超现实主义群体——尽管他仍然被看作是一名超现实主义者，而且这对他和超现实主义群体来说都有利无害。他和超现实主义群体分道扬镳，这不仅仅是因为他们在政治观念上的立场不同，也不只是因为他强大的艺术野心，而是他和超现实主义群体之间在艺术认知上的差距与日俱增——达利开始逐渐地倾心于传统的艺术创作方法和内容，而正是这一立场导致德·基里科从超现实主义的神坛上跌落了下来。

在创作于1933年的作品《幽灵车》（图95）中，在达利以前看来最为理想的画面效果——十分清晰的"梦的彩色照片"——不见了。相反，画面上是一种极其柔和的氛围，更多地让人联想到19世纪的风景画传统。更重要的是，这些画面完全没有失真，反而呈现出一种单一、朴素的幻觉效果——2个人坐在车上，他们在某个点上变成了远处小镇的建筑元素。这件作品似乎承载着某种

图95
《幽灵车》
1933年
板上油画
19 cm × 24.1 cm
私人收藏

个人意义，让人联想到达利的个人回忆：童年时乘着马车穿过平原
去皮乔特家，正是在那里，他幻想中的精神世界第一次得到了极致
的释放，在一场夏日暴风雨中探索了自己观看双重影像的能力——
"所以，我成了魔法学院的大师，永远能够随时随地看到更多的
东西。"

　　在 1934 年的作品《家具与补给的分离》（图 96）中，达利也
展现了他对绘画的敏感。利加特港群山连绵，船来船往，风景如画，
栩栩如生。同样的细节还表现在护士白色的制服上填上了不同的色
彩。此外，在这件作品中也并无荒诞的元素。护士的身体有一部分
被掏空，转变成了卧室的橱柜。同样的，这个橱柜又切割出来一个
部分，做成了一个小一点的橱柜。柜子上面放着一个瓶子，留给大

橱柜一个塔式建筑的阴影。达利在这件作品中纪念了以前照顾自己的护士。

在 1935 年的画作《嘉拉的晚祷》（图 97）中，达利表达了自己对 17 世纪荷兰魔幻现实主义及其绘画技巧的喜爱。他在这张画作中运用了现实主义的风格和方法，但绝不只是为了展示自己的绘画技巧。还为了给观众展示常在马格里特的画作中出现的视觉悖论——达利清楚地知道——只有用绘画中最让人信服的幻觉创作方式才能做到这一点。在这张绘画所呈现的嘉拉的双重影像中，我们看到的似乎是一面镜子——当然了，一面并不存在或者说消失了的镜子——因为，只有从画中人的角度去看的时候，这面镜子才存在。因而，这件作品也就未留有多少理性的空间给我们站在观众

图96
《家具与补给的分离》
1934年
板上油画
18 cm × 24 cm
美国佛罗里达州圣彼得
斯堡市萨尔瓦多·达利
博物馆

的角度来思考。问题在于，尽管在我们看着这件作品的时候，画面诱导我们把达利看作是位现实主义画家，然而我们仍会很快就意识到他其实更是一位超现实主义者。因为，嘉拉的"镜像"正不偏不倚地坐在一个手推车上。她身后的墙上挂着一张被严重篡改过的米勒的画作《晚祷》。这样的挂画法经常出现在维米尔的作品中，而这张被严重篡改过的米勒的画作则是对达利这件作品的说明。

《晚祷》（图98）这件作品是米勒在1859年创作的，现在由奥赛博物馆收藏。随后几十年里，大量的复制使得成千上万的欧洲人看到了这件作品。就拿达利来说，他的教室里就挂着一张这件作品的复制品。这件作品对达利的想象力起到了很大的作用，不断地出现在他当时的很多作品中。最著名的就是为洛特雷阿蒙的《马尔多罗之歌》所创作的版画系列（图100）。达利的这一系列作品呈现了他对米勒作品的病态解读。其他相关内容的作品还包括《米勒建筑式的晚祷》（图101）《圆锥变形前的嘉拉与米勒的"晚祷"》（图99）《妇孺帝国纪念碑》（图82），以及后来的《佩皮尼昂火车站》（图175）。这些图像同时也是他最早就偏执批判法进行探索的作品。尽管《米勒"晚祷"的逻辑神话》直至1963年才真正以书的形式得以出版，但其中大部分都写于1932—1935年。

基于人类学及民间的观点，即农民往往会将他们的劳动工具色情化，达利开始根据弗洛伊德的概念，对这件描绘乡间礼俗的阴郁作品进行了无条无理、复杂异常的解读。他认定，这件作品真实但却隐晦的主题——即他为什么特别喜欢这件作品，这件作品为什么广受欢迎——是被阉割的丈夫以及被杀害的儿子。所以，达利十分激动地在一张这件作品的X光片中发现，如今2个人物中间放篮子的地方有覆盖了其他物体的迹象。达利自己确信，这个物体的形状看起来是一个孩子的棺材（尽管这种解释毫无说服力）。但是，全面展示偏执批判法精髓（达利指出，没有嘉拉他就不会发现

图97. 左页
《嘉拉的晚祷》
1935年
板上油画
32.4 cm×26.7 cm
美国纽约现代艺术博
物馆

图98
让 - 弗朗索瓦·米勒
《晚祷》
1857—1859年
布面油画
55.5 cm×66 cm
法国巴黎奥赛博物馆

偏执批判法）之所在的是下面这段评论："如果这能成为论据，那就太好了；如果这整本书是一种完整的思维构造，那我就别无所求了。"

　　所以，达利超越了理性的思维，毫不在意地抛开了历史学家找寻证据的学究式问题，带着观众踏上了让人倍感兴奋的精神之旅。途中有古石林立，有拉迪亚德·吉卜林的《丛林故事》，还有弗洛伊德从达·芬奇的《圣母子与圣安妮》（约 1508—1510 年）中所看到的背后的真谛。这样一条旅途并未带我们去找寻任何确定的真理，而是更为尊重游戏（偏执批判法）的规则。而且，也正是在这一点上，达利显然采取了和杜尚更为相近的策略。达利还恰到好处地把源自流行文化的图片——漫画、茶艺中的装饰性图案，特别是第一次世界大战以前的明信片——运用到了自己的创作当中，让我们看到备受尊崇的"高雅"艺术如何压制或升华了大众进行色情表达的普遍愿望。的确，在写作这篇文章时，达利引用

图99. 左页
《圆锥变形前的嘉拉与
米勒的"晚祷"》
1933年
板上油画
24 cm × 18.8 cm
加拿大渥太华加拿大国
家美术馆

图100. 上图
《马尔多罗之歌》的
插图
1934年
蚀刻版画
美国佛罗里达州圣彼得
斯堡市萨尔瓦多·达利
博物馆

图101. 下图
《米勒建筑式的晚祷》
1933年
布面油画
73 cm × 61 cm
西班牙马德里索菲亚王
妃艺术中心

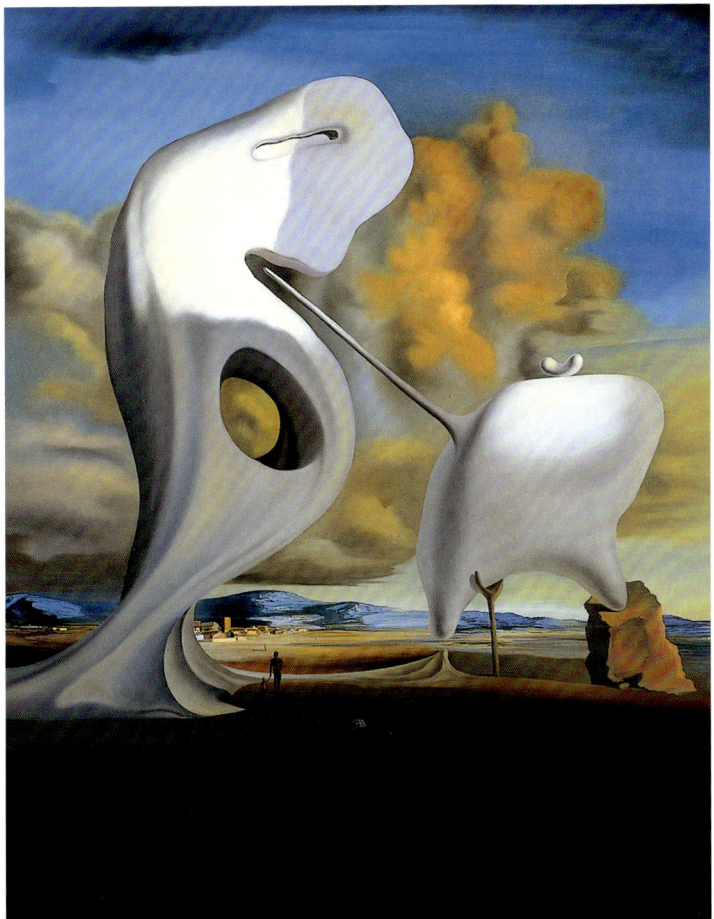

了一张《晚祷》的明信片制品，仿佛是为了将图像的解放从物质的实体转移到个体现实的主体领域当中来。值得一提的是，保尔·艾吕雅也收集第一次世界大战之前的明信片，并在《弥诺斯》上进行重印，还在自己的拼贴作品中用到了这些明信片。但是他解释这些明信片的文化功能："剥削者委托制作这些明信片以取悦被剥削者。然而，它们并不能算是大众艺术。相反，它们体现了艺术和诗歌正在发生的微弱变化。而这些微弱变化有的时候却是点睛之笔。"

虽然达利逐渐地背离了超现实主义群体的成员所制定的政治纪律要求，但是他在艺术上所表现出的才能仍然让他和超现实主义运动之间的关系得以维持——尽管并不那么尽如人意。20 世纪 30 年代中期，超现实主义不仅仅是巴黎最为组织有序、影响深远的艺术家团体，而且，随着这一运动在比利时、西班牙、捷克斯洛伐克、南斯拉夫、日本和英国等国逐渐兴起，它也开始具备了一种国际的视野。超现实主义运动的声势浩大从 3 个重要的展览就可见一斑。这 3 个展览分别在伦敦和纽约（1936 年）以及巴黎（1938 年）举办。而在这 3 个展览上，达利都给观众留下了难忘的记忆——不仅仅是展品，还包括他的个人"表现"。

伦敦新伯灵顿画廊举办的超现实主义国际展的意义在于，这个展览很大程度上标志着英国超现实主义艺术家群体首次宣告了成立，而且也让公众对这一运动有了更为广泛的认知和了解（图 102）。这场展览的 2 位发起人——罗兰·彭罗斯和大卫·盖斯科因，第一本研究超现实主义运动的英文著作《超现实主义简史》的作者——对巴黎的艺术圈十分了解。批评家赫伯特·里德为此次展览的画册撰写了前言。里德坚持在文章中使用他更为偏爱的"Superrealism"一词来描述超现实主义，甚至将这一词语的外延扩展至"浪漫主义"。因此，在他看来，威廉·布莱克和刘易斯·卡罗尔也是超现实主义的一员。毫无疑问，里德还预料到了这场展览在时尚界会取

图102
英国伦敦首次超现实主
义展
摄于1936年
（后排从左至右：鲁伯
特·李、鲁斯伦·陶
德、萨尔瓦多·达
利、保尔·艾吕雅、
罗兰·彭罗斯、赫伯
特·里德、爱德华·里
昂·西奥多·梅森斯、
乔治·瑞维、休·塞克
斯 - 戴维斯；前排从左
至右：黛安·李、纳
什·艾吕雅、艾琳·艾
加、希拉·莱格及其
朋友）

图103. 左页
《晚装》
约1936年
男士便衣、酒杯、衬
衫、胸衣、衣架
77 cm × 57 cm
已损毁

图104
伦敦首届超现实主义国
际展上穿着潜水服的
达利（旁边分别是保
尔·艾吕雅、嘉拉及赫
伯特·里德）
摄于1936年6月

得的成功以及在评论界会引起的轻浮论调。他因而提出了这样的警
告："不要温和地评论这场运动。这不仅仅是另外一场有趣的表演。
这是一次挑衅———是那些深信我们的文明已腐朽不堪，且希冀能够
保留其最后一丝体面的人所采取的绝地反击。"

　　这场展览于西班牙内战爆发前一个月举办。在画册的前言中，
布勒东难以以轻松的态度来面对超现实主义的使命。（不得不说，他
在文章中据理力争，为超现实主义正名。然而在英国，仅有极其
专业的观众才能够理解和接受他的观点。）但是，媒体和大多数观
众肯定都会看到以希拉·莱格为原型的人物形象作品。她穿着白色
丝缎做成的裙子，头上戴着粉色的玫瑰花蕾。这身装扮是达利设计
的，名为《性感幽灵》，将他1935年创作的《头戴玫瑰的女人》中

的形象带到了现实。人们也会看到达利的《晚装》（图 103）。这件作品以酒杯作为装饰物，酒杯里装满了薄荷酒，酒里漂浮着苍蝇。但是，这件作品第一眼让人们联想到的是达利穿着一身潜水服做的一次讲座（图 104）。他拖着沉重的脚步，靴子里仿佛注了铅一般，慢吞吞地走进又闷又热的美术馆。他在腰上别了 2 把装饰性的短剑，还牵了 2 只巨大的猎狼犬。达利步履艰难地走到了放着麦克风的台前，打开头盔上的玻璃护罩。他想要说话，但是却显然已经快要晕过去了。现场的艺术家和观众想要帮他把头盔拿下来。他们想尽了各种办法，甚至连台球棍都用上了。最后，一个人用扳手脱掉了他的这身装束。在脱了这身装束之后，达利坚定地站在台前，用他带着加泰罗尼亚口音的法语开始了他题为"童年记忆"的演讲。

1936 年 12 月—1937 年 1 月，在"立体主义与抽象艺术"展结束之后，纽约现代艺术博物馆举办了一场名为"荒诞艺术、达达、超现实主义"的展览。达利之前在巴黎就已经认识了博物馆的馆长阿尔弗雷德·H. 巴尔。他觉得，和欧洲现代艺术藏馆的馆长们比起来，阿尔弗雷德的"学识"简直"渊博得可怕"。这位馆长想要为现代艺术的发展建立一个统一的模式，并赋予其和之前所有艺术形式同样的权威。展览的"荒诞"部分既囊括了朱塞佩·阿尔钦博托、希罗尼穆斯·博斯和阿尔布雷特·丢勒的作品，又涵盖了布莱克和让－伊尼亚斯－伊西多尔·杰拉德的创作。这进一步增强了阿尔弗雷德的理念。在阿尔弗雷德的领导下，现代艺术博物馆所收藏的藏品、作品的排列、分类及文献库都深刻地影响了后人对现代艺术的评价。然而，超现实主义艺术家最不愿意看到的就是人们把他们的作品供奉在博物馆的一隅。达利认识到，在超现实主义运动中，传统分类法的阴魂即将散去。他因此跟布勒东抱怨，乔治·于涅不应该在画册的前言中提及达达主义——在超现实主义当下的勃勃生机中，达达显然已经是个过去时了。巴尔为超现实主义"正常化"所做出的贡献无疑是不可抹杀的。他为观众呈现了一场艺术性更强的运动。这样一种认为超现实主义的娱乐性大于威胁性的观点在美国风靡一时。

1938年1月，巴黎又举办了一场超现实主义国际展。这场展览见证了超现实主义最后一次重要宣言在第二次世界大战爆发前的发表。一开始，布勒东拒绝让违背超现实主义要求的达利参加。但是，达利最终以"特邀顾问"的身份参与了进来——因为不容忽视的是，在观众的认知中，达利是超现实主义运动中不得不提的一位艺术家。尽管此次展览展出了多达300件油画、素描及实物作品，但是，展览最出色的地方却在于其展陈方式。方正且庄严的艺术博物馆被彻底改造成了一个迷宫。观众一进入大厅，就能看到达利的作品《下雨的出租车》——由水管构成的机械装置不断地给坐在车里的人体模特洒水。司机长着一个鲨鱼的脑袋，乘客则是一位迷人的金发美女，她的身上爬满了大只的活蜗牛。接下来，在进入主展厅之前，观众需要穿过一条"超现实主义街"。街道的两旁全是女性人体模特，每个模特都由不同的艺术家进行装饰（达利的模特戴着一个面具，身上挂着一些小勺子）。杜尚把主展厅改造得如洞穴一般——凹凸不平的地面上撒满了落叶和细枝，一个池塘里长满了百合，一个火盆火光闪耀，每个角落都放着一张奢华的大床，天花板上还悬挂着1200个煤袋子。每个观众都可以在展厅各处自愿领取火把，以备观看展览时的照明之需。由布勒东和艾吕雅编撰的《简明超现实主义词典》随展览一同出版。关于达利的词条以法国人的讽刺口吻这样描述了这位艺术家："加泰罗尼亚知识界的王子，巨富。"

这次展览对艺术崇高性的亵渎依然在法国激起了一些涟漪。媒体普遍对此次展览抱有敌意，表示愤怒。然而，在美国这样一个艺术相对而言尚处于国民文化生活边缘地位的国家，媒体则更加乐意欢迎这些超现实主义的小丑们给大家带来点乐子。事实上，这场运动在巴黎已经不可避免地受到了社会有钱有空闲阶层的轻视和排挤。因为超现实主义成员对他们的意识形态造成了破坏，他们更多地把超现实主义的创作看作是娱乐和消遣。和超现实主义成员相比，达利唯一的不同之处在于，他坦然地承认了超现实主义者所处境地的讽刺之处。而且，作为一个只听从自己内心的人，达利还竭力把这一境地转变成了自己的优势所在。在《我的秘密生活》关于这一时期的回忆中，达利表达了自己对财富的复杂情感，言语中流露出幻想、忌妒和蔑视：

> 我利用自己的美貌在巴黎进行社交。我常常清楚地记得非常有钱的人，也清楚地记得利加特港非常贫穷的人，对普通人则完全没有印象。在真正的超现实主义者周围开始聚集起一些普通人，一大群话不投机且无知的小资产阶级。我像躲避瘟疫一样躲避着他们。我会和安德烈·布勒东 1 个月见 3 次面，和毕加索、艾吕雅一周见 2 次面。但我从不同他们的门客见面。但我几乎时时刻刻都会见到上流社会的人……他们中的大多数都愚蠢无知，可是他们的妻子却都佩戴着和我的内心一样冰冷坚硬的珠宝首饰，身上散发出浓郁的香水味儿，听着我所讨厌的音乐。我始终都是个来自加泰罗尼亚的乡下人，天真又狡黠。我的内心住着一个国王，自命不凡。

上流社会圈——"耽于无聊透顶的自我完善"的法国贵族余裔、被流放的俄罗斯王子、在巴黎的美国人、印度的公主以及时尚场所的经营者们——很乐意邀请达利和嘉拉参加他们的舞会和家庭派对。达利知道这一点。他利用自己出众的容貌、聪明的才智、出人意料的态度和行为，在他们面前进行着表演和娱乐。对他来说，他从中想要得到的除了让自己也感到快乐，还有作品销售的提高及委托创作的增加。

正是在考察资助超现实主义者创作的那些社会人时，需要面对

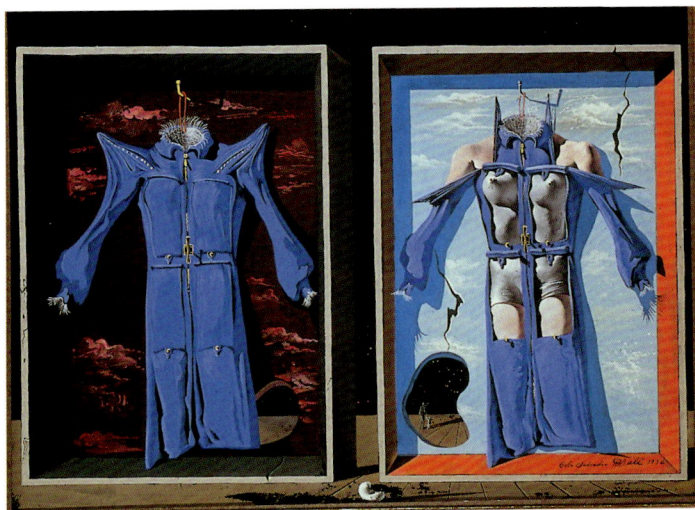

图106. 左页
伊尔莎·夏帕瑞利
裂口花纹的丝绸
受达利启发
1938年
英国伦敦V & A博物馆

图107
《日服和晚装》
1936年
纸上水粉
30 cm × 40 cm
私人收藏

艺术与时尚之间模糊的界限，以及这一界限在现代艺术中所引发的棘手问题——因为这些资助者同时也是追求刺激，崇尚新奇，购买顶级巴黎时装的顾客。时尚一直都深深地吸引着达利：这个圈子和他自己的艺术创作一样源于幻想，且蔑视理性和规则。他在时尚界发现了一个和自己志趣相投的人——设计师伊尔莎·夏帕瑞利。伊尔莎能够将达利的想法转变为现实。达利各种各样插着抽屉的裸体躯干造就了伊尔莎的作品《套装》（图 105）。这件作品上面挂满了真真假假的口袋，口袋上还绣有把手模样的开关。她还在一条裙子的布料上印上了达利的设计，使得衣服看起来像是有很多裂口（图106）。她在另外一种布料上印上了龙虾、蛋黄酱和香芹的图案，并在达利的启发下创作了《鞋帽》这件作品。达利于 1936 年创作的水粉画《日服和晚装》（图 107）诠释了同样奇妙，但难以转译的理念。

在一次由诺瓦耶组织的社交活动上，达利认识了英国的百万富翁爱德华·詹姆斯。2 人之间有了私交以及经济上的来往，这给达利带来了不可忽视的影响。尽管詹姆斯更倾向于认为自己传袭自文艺复兴和巴洛克宫廷的伟大资助传统，因而是名诗人和有创造力的

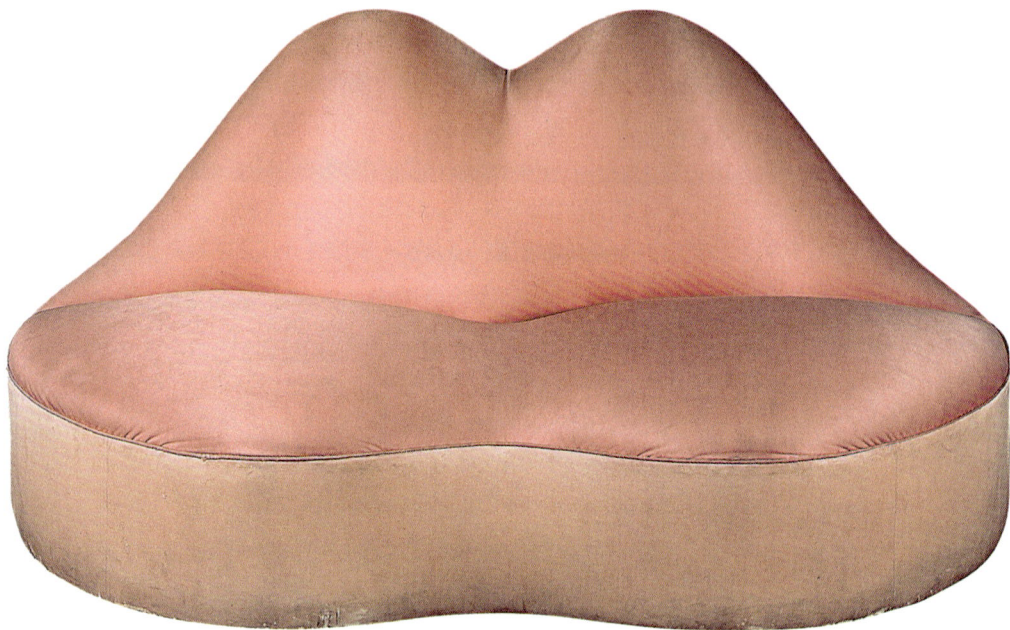

图108
梅·韦斯特唇形的沙发
1936—1937年
木框、粉红色绸布
高86 cm
私人收藏
暂借给英国伦敦V & A
博物馆

图109
《虾形电话》
1936年
电话、虾形石膏上涂漆
15 cm × 30 cm × 17 cm
英国伦敦泰特美术馆

资助人，而非仅仅是个收藏家，然而，到了 20 世纪 30 年代末，他已然成了世界上拥有最多超现实主义作品的个体收藏家。他资助了马格里特和达利。达利 2 件最为著名的超现实"家具"作品就是为詹姆斯在伦敦及苏塞克斯威斯丁的房屋装饰所作，它们分别是按照梅·韦斯特的唇形而做的沙发（图 108）以及《虾形电话》（图 109）。他为詹姆斯设计的名气稍低的作品还包括一把长着双手的椅子（图 110）。詹姆斯给了达利一个巨大的填充北极熊。这只北极熊是一次家庭狩猎的战利品。它的肚子上有一个抽屉，而且染上了夏帕瑞利的"惊艳鲜粉色"，保留了利加特港家具的独特风格。詹姆斯为达利第一次征战芭蕾设计界的作品《疯狂的特里斯坦》掏了腰包，还资助了《弥诺斯》的重新出版。但最重要的是，他保证达利每个月都有一份固定收入，从而得到了达利全部绘画和素描的独家版权。在 1936—1939 年的合同有效期间，达利终于摆脱了和商业画廊一直以来的收入纠纷及不稳定问题，而詹姆斯则获得了达利超现实主义晚期最著名的作品。达利还受邀和詹姆斯一同游访意大利，旅居罗马，住在詹姆斯位于阿马尔菲的别墅，从而开启了他的意大利之旅——一个在传统意义上对艺术家的教育来说不可或缺的地方。

1937 年，达利为詹姆斯创作了最为著名的超现实主义画作之一，《睡眠》（图 111）。这件作品把梦境、幻想和潜意识的解放交织在了一起，引起了超现实主义者们很大的兴趣。后来，达利在《我的秘密生活》中这样写道："在我的想象和再现中，睡魔通常有一颗巨大而沉重的脑袋，挂着一根现实的拐杖支撑自己纤细的身体。在拐杖断裂时，我们就会产生'跌落'的感觉。"达利指出，这种常见的感觉源于我们出生时从子宫里被驱逐出去的记忆。他还指出，《睡眠》这件作品表达了"因空荡荡的空间而引发的极大紧张与焦虑"。达利在作品的背景中加入了他所说的"出现在皮耶罗·德拉·弗朗西斯科无聊梦境中的著名夏日小镇"——即位于阿雷佐旧金山教堂

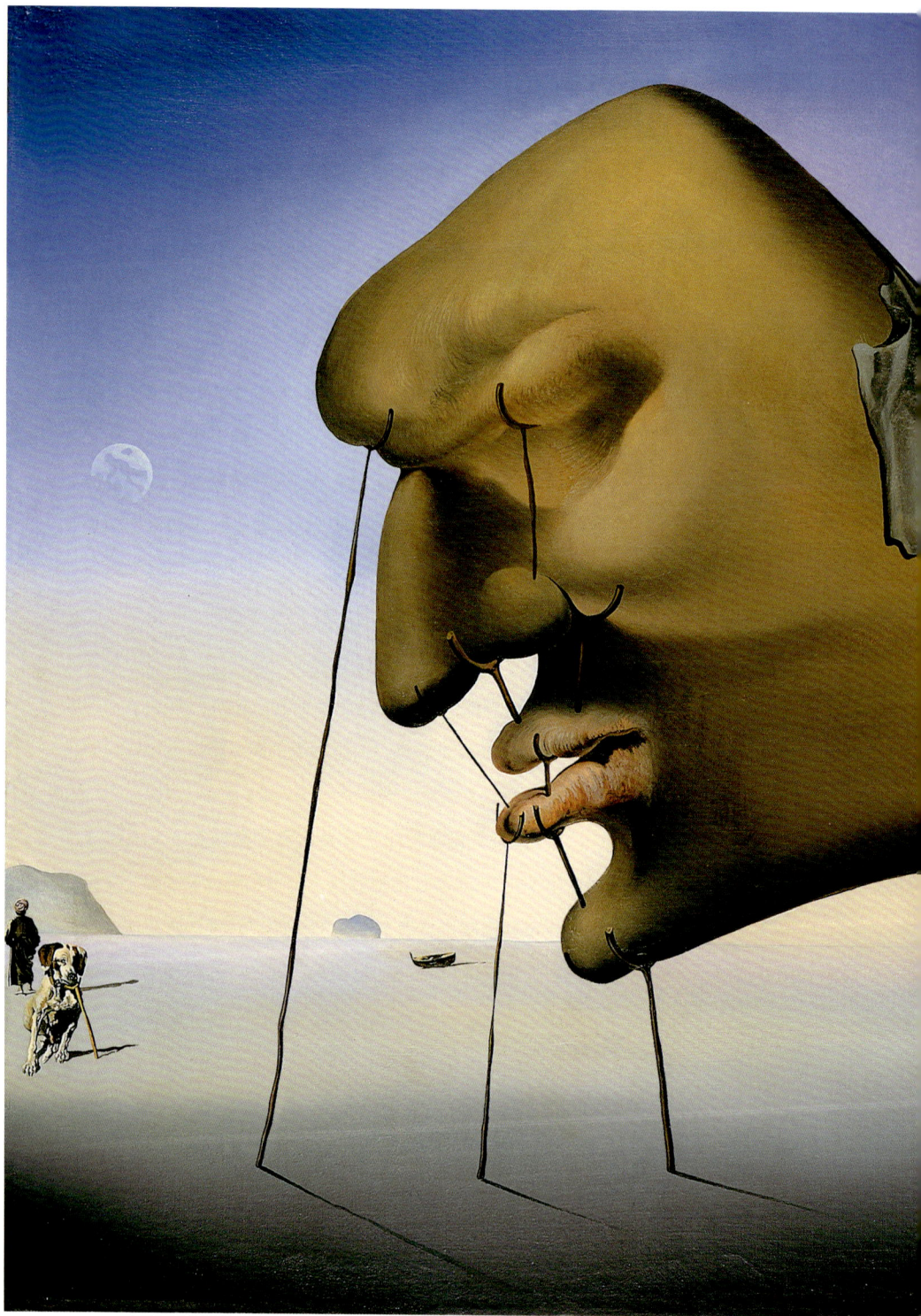

中的由皮耶罗创作的"真十字架传奇"系列中的《君士坦丁之梦》（约 1452—1466 年）。

达利去意大利旅游时，适值他的哲学理念和艺术理念正受到意大利文艺复兴文化的影响。这在《帕拉弟奥的塔利亚走廊》（图 113）和《那喀索斯的变形》（图 112）中就能很明显地看出来。这 2 件作品均创作于 1937 年，前者运用了 17 世纪建筑的对称视角，为达利想象出来的人物提供了剧场式的空间。

在后来的绘画创作中，或许是因为受到了卡拉瓦乔某件作品的启发，达利为自己树立了一个远大的目标。他要找到一种图像的模式，将传统与现代主义的创作手法融合在一起。一方面，他要处理的是经典主题，以传统的寓言形式对其进行再现，使用的元素源于文艺复兴时期的各种风格，如将人物放在画布的正中央，使用大量笔墨刻画主要人物；但是另一方面，他又将画作的主题同弗洛伊德对神话的精神分析阐释结合在一起，并在其中添加属于他个人的意义模式。

即便是罗马诗人奥维德对神话通俗化的简单总结，达利都能从中看出许多关联之处。那喀索斯拒绝了仙女厄科对他的爱恋，这让厄科悲伤到难以释怀。而那喀索斯也因此受到了惩罚——他被诅咒永远爱上自己印在水中的倒影。他的影子自然不会对他的热烈追求有任何回应。因而，绝望的那喀索斯选择了自杀，迸溅的血液中绽放出印着他名字的花朵。达利对双重图像的创造性运用，再加上水中倒影的效果、人物视角的变换、手与岩石形状的切换，巧妙地回应了原诗中的变形。变形的图像或者说物态的转变也使得观众能够从炼金术的角度来解读这件作品。作为一种思维体系，炼金术以其对生命不同于常理、魔幻性质的解读而吸引着超现实主义者。这一思维方式的核心在于转变的观念，即物质从基本形态转变为更加纯粹的状态。在修辞学的意义上，我们可以把这个过程看作是通往知识更为纯粹的状态的通道。

图112. 174-175页
《那喀索斯的变形》
1937年
布面油画
50.8 cm × 78.3 cm
英国伦敦泰特美术馆

图113
《帕拉弟奥的塔利亚走廊》
1937年
布面油画
116 cm × 89.5 cm
私人收藏

同时达利还为这件作品写了一首诗。在最后一段，他这样写道：

当那具头颅裂开，

当那些头颅裂开，

当那具头颅裂开，

它会成为一朵鲜花，

成为新的那喀索斯，

嘉拉——

我的那喀索斯。

在正常的性欲萌发过程中，弗洛伊德发现存在一个特定的阶段。在这个阶段，主体首先会被自己的身体所吸引，然后才会去关注他者。弗洛伊德将这个阶段称作"那喀索斯阶段"。如果一个人困在这个阶段无法抽身，就会产生心理问题。但是，在达利说"嘉拉"成了"我的那喀索斯"时，他所指的或许是嘉拉、达利这2种人格融合在了一起，表现为一种人格的两面。

尽管达利特别不想面对他所身处的残酷的政治现实，然而到了1935年，镇压和冲突在欧洲四起，他已经无法继续对事态的发展袖手旁观了。《一个偏执批判小镇的郊外：欧洲史边缘的午后》（图114）就表达出了这样的情绪。尽管打着偏执批判的旗号，但是这件作品仍然透露出一些其他寓意。这从作品中文艺复兴时期的庙宇与卡达奎斯"栩栩如生"的街道这 2 种画面的对比就能看出来。这件作品的特别之处还在于它是从一串葡萄演变出来的多重图像——从马臀到动物骨架——通过为这件作品而画的多份草稿我们可以看出，达利采用了视觉关联的方法。

1930 年，西班牙的普里莫·德·里维拉政权覆灭。自由党人曼努埃尔·阿萨尼亚建立了共和国政权，开启了现代化的改革。然而，阿萨尼亚推行的改革侵犯了保守派、君主主义者及教会的利益，同时对革命派和无政府主义者也并无多少益处。因此，阿萨尼亚所领

图115
人们在西班牙内战期间守卫着巴塞罗那的街垒
摄于1936—1937年

导的政权在区区 3 年里就垮台了。之后一段时期就是各种冲突不断，甚至发生了阿斯图里亚斯矿工的武装起义，抵抗在阿萨尼亚政权之后建立起来的右翼政府。1936 年 2 月，人民阵线又获得了一次选举胜利，但是内乱仍然持续着，甚至因为长枪党运动中的新生法西斯势力而愈演愈烈。1936 年 7 月，其他希望复辟君主专制、拥护卡洛斯家族后裔为王的右翼军事力量连同长枪党发动了一场反叛，致使整个西班牙陷入了一场战争，并在接下来的 3 年里都处于血雨腥风之中（图 115、图 116）。西班牙内战对整个国际社会都产生了重要的影响。因为，尽管这场战争事关西班牙国内复杂的政治风云变幻，但是，从本质上来讲，这场战争也是法西斯与共产主义这两派意识形态之间力量的较量。

1934 年 10 月，达利南下巴塞罗那，要在那里做一场超现实主义的讲座。此时的他已不得不面对冲突频发让西班牙烽烟四起的现实。加泰罗尼亚的共产党人和无政府工团主义者加入了为当地的独立而斗争的队伍。尽管政府军队重又夺回了政权，但是，枪林弹雨、街垒路障在巴塞罗那的街道上和加泰罗尼亚的郊区随处可见。达利和嘉拉十分害怕，后来终于找到一位愿意把他们送回法国边境的出租车司机。在途中经过一个加油站的时候，当地人对嘉拉格外显眼的行李指手画脚、议论纷纷——达利承认自己当时真的被吓坏了。他们 2 人顺利脱逃，然而司机却没那么好运，在返回的途中惨遭狙击手的杀害。达利的著名作品《熟豆子的软结构：内战的预兆》（图 117）无疑就表现了他内心的恐惧，以及他因西班牙陷入这场内战而心生的愤懑（这无须才高八斗就能从标题中看出一二）。在这件作品中，一个巨大的人——让人不可避免地联想到弗朗西斯科·德·戈雅的《农神吞食其子》（约 1820—1823 年）——在一片干涸炎热的大地上站了起来。但是，这个人事实上却是一种不可能在现实中存在的身体组合——它既具备柔软的血肉之躯，又不乏坚硬的腐烂部位。

图117
《熟豆子的软结构：内战的预兆》
1936年
布面油画
100 cm × 99 cm
美国费城美术馆

图118
《秋日里的自相残杀》
1936年
布面油画
65 cm × 65.2 cm
英国伦敦泰特美术馆

图119
《西班牙》
1938年
布面油画
91.8 cm × 60.2 cm
荷兰鹿特丹博曼斯
美术馆

图120. 186-187页
《希特勒之谜》
约1939年
布面油画
51.2 cm × 79.3 cm
西班牙马德里索菲亚王
妃艺术中心

在创作于 1936 年的另外一件作品《秋日里的自相残杀》（图118）中，达利恰到好处地运用了食物和嗜血这 2 个意象来比喻一个正在自我消亡的国家。和其他作品比起来，这件作品中的风景更为极致——不毛之地，人迹罕至。在达利看来，这场战争是大自然力量的体现，带来了地质变化过程中会出现的所有无法逃避的后果，而不仅仅是某些政治事件所导致的结果。作品中看来勉强像人的图像是一对以相同姿势拥抱对方的男女，他们互相嵌入了彼此。他们的躯体十分的柔软，有一个勺子直接插了进去；还有一个极具施虐倾向的细节：一根钉子刺穿了一个在作品前景部位伸出来的舌头。在这件作品中，达利还采用了一种十分有效的方法将天空、地面及骨瘦如柴的人物的色调范围减弱至暗淡的秋棕色，仅保留唯一一块亮色的区域，在刀尖上发出磷光。

战争仍然在继续。1938 年，达利创作了《西班牙》（图 119）。灰暗的天空散发出末日的气息，地面上一片残迹和荒芜。"西班牙母亲"的身体饱受摧残，已找不到一丝昔日的痕迹。她成了一个幽灵，一个双重图像，由蚂蚁一样的正在战斗中的人物构成——而这一形象则源于达利对达·芬奇的素描的研究。

当时，达利的立场遭到了同时代艺术家的批判。甚至，在他们看来，达利是狡猾且不足为信的。没多久，达利与超现实主义者之间仅存的一点信任也消失不见。甚至，随着事态在西班牙的发展逐渐对法西斯主义有利，连他的朋友爱德华·詹姆斯都指责他抛弃了以前的激进政治立场。达利与毕加索、胡里奥·冈萨雷斯、米罗及其他逃至巴黎的西班牙艺术家截然不同，他永远都不可能理解他那一代人为什么就能为了一个理念而献身，同样无法理解的还有战争所带来的惊人浪费与徒劳。特别让他震惊的是，1936 年的 8 月，并非政治活动家的洛尔迦竟然被格拉纳达的佛朗哥的拥护者处死。这件事无外乎又一次佐证了他的观点，即内战仅仅是西班牙传统势力的再次复辟，其中有极端的狂热主义和苦修者的受虐主义，也有殉

道者的热情和审判官的无情。

然而，欧洲日益紧迫的政治威胁是所有人必须面对的现实。希特勒企图占领捷克斯洛伐克，而英国和法国的领导人——张伯伦和达拉第——则于 1938 年 9 月去了慕尼黑同希特勒和墨索里尼进行和谈。双方达成了共识，即彼此不会战场相见。然而，作为此项"绥靖政策"的交换条件，英法必须放弃捷克的掌控权，交由德国控制。达利创作于 1939 年的作品《希特勒之谜》似乎是为了回应这次慕尼黑危机事件。电话外交和张伯伦的雨伞出现在这幅作品的画面中（图 120）。电话在"滴水"，话筒则变成了一个虾钳。还有什么能比把这样一个电话放在耳边更令人心生不安的？撕裂的照片里，希特勒的图像已经褪去了原有的巨大吸引力。在这张画里，仅有这风起云涌的白日预示着一场大战的最终爆发。在战争爆发之后，达利和嘉拉辗转到了法国西南部的阿卡雄。这也是部分逃亡者的聚居地，他们中间还有莱昂诺尔·费尼和杜尚。达利在这段时间里创作颇丰，也在当地享受了诸多美味。但是，1940 年年中，巴黎也在德国军队的进攻中沦陷了。法国不再是安身之处，欧洲其他地方也都未能幸免于难。而达利一直以来都在美国有着颇高的美誉——他最近一次在纽约的展览也卖出了很多作品——因此，在回到菲格雷斯与家人匆匆相聚之后，他就去马德里办理了签证，开启了他人生的下一个伟大篇章——与美国的故事。

5

　　达利与美国的邂逅——合情合理的——是一次在彰显美国繁荣与现代性的魅力图景中进行的梦幻旅程。这些图片大多是他在翻阅诸如《城里城外》这样的插图杂志时所看到的。那时，达利和黑太阳出版社的老板克瑞斯·克洛斯比住在其位于巴黎郊外的家里共度周末。随着达利在 20 世纪 30 年代越来越多地去克洛斯比家中做客，后来又迫于第二次世界大战的爆发而旅美且在那里常居了 10 多年，他和美国之间的关系就变得极为亲密。但是，达利最喜欢的，并非美国独特的自然风光或城市美景，也并非其经济矛盾或种族冲突，甚至也不是美国艺术家与作家的创新活力。他喜欢的，是美国的观念、幻想——最重要的，是那里的金钱。在欧洲人眼中，尤其是在那些猜忌心极重的知识分子眼中，美国代表着大众传媒的新兴力量。小型报纸、插图杂志，当然还有流行的激情爵士乐，以及魅力四射的好莱坞电影，都传递着这样的力量。人们对这一新兴文化力量的反应——这些反应对此种力量能否跨越语言和文化的障碍来说有着重要的影响——各有不同。在信仰马克思主义、投身革命事业的作家和批评家看来，这一新兴的全球大众文化从本质上来讲是资本主义体系的工具，通过精妙的手段在不知不觉中进行殖民统治，通过兜售欲望、精神催眠的娱乐来缓和大众潜在的不满。而这一文化现象也给欧洲官方"资产阶级的"保守文化形式及体制带来了挑战，使得人们不得不直面随着美国新式文化的输出而传播开来的大众的表达。在为《时尚芭莎》撰写的好莱坞评论文章中，他指出，超现实主义的理想和美国电影行业的目标实际上在某种程度上是相同的——他们都回应了大众对想象力生活的渴求：

> 机器文明所带来的物质进步把人变成了废物。人们迫切地需要把他们自己超乎常理的疯狂欲望与梦境图像化。因此，今天的人们急切地希望超现实主义能够拯救他们……所以，我们不能让他们继续在这深不见底的海里沉沦，那里充斥着日常，充斥着所谓"现实世界"的俗鄙和愚蠢。

1934年，布勒东对达利进行了一次质问。他们2人彼此之间完全不同的立场也在此时清晰地表现了出来。后来，布勒东在战争前往纽约。他不加犹豫地拒绝学习英语，试图在那里延续超现实主义奥义与真谛的圣火。然而，达利却全盘接受了美国大众文化的方式方法。他毫无保留，很快便掌握了其中的要领。他展现给媒体的是一种新的艺术家"类型"，塑造了一个"疯狂"、无法预知、打破常规的艺术家形象。他对常规的艺术家形象——外国人、波西米亚风格、聪明——稍作改变，融合了最新潮的现代艺术运动超现实主义的时尚魅力，极尽所能地大肆讽刺民粹主义。他还在镜头前给人们留下了迷人且难以忘怀的形象。

1934年，怀揣着毕加索提供的资助，达利和嘉拉乘坐轮船三等舱踏上了前往纽约的航行。他们带着画作，准备在朱里恩·列维画廊举办达利的第2次个展。达利十分担心会发生沉船的惨剧，因此几乎全程都穿着救生衣。上岸的时候，他还用长绳把画作都捆在身上。这也是他人生第一次见到有那么多的社会新闻记者们在等待着他们的到来。记者们激动得在报纸上登载了嘉拉背着烤羊排作品的照片（但奇怪的是，他们却无视了达利在途中烤好并带到记者招待会上的法棍）。达利很快就尝到了自己的英语口语所导致的歧义和笑话能给他带来的好处——他承认，他的英语口语带着浓重的加泰罗尼亚口音。他到了美国之后所做的媒体声明就吐字不清，读来甚是有趣：

我害怕笑话（aye av ei horror uv joks）

超现实主义并非笑话（Surrealism is not ei jok）

超现实主义是一种奇怪的毒药（Surrealism is ai strange poizum）

就想象而言，超现实主义是艺术领域迄今为止发明出来的最暴力、最危险的毒药（Surrealism is zi most vaiolent and daingeros toxin for dis imagineichon zad has so far bin invented in dsi domein ouve art）

超现实主义是不可阻挡的，有着震撼人心的感染力（Surrealism is irresisteible and terifai-ingli conteichios）

Bieur！我带来了超现实主义（Ai bring ou Surrealism）

纽约已经有很多人被它的活力和奇特所感染（Aulredi meni pipoul in Nui York jave bin infectid bai zi laifquiving and marvelos sors of Surrealism）

这并不是说，在达利来美国之前作为一个真正的艺术家在美国没什么名气。1931年，他的作品《记忆的永恒》（图90）就在美国康涅狄格州哈特福德沃兹沃斯学会的第一次超现实主义展中展出。后来，这件作品又在纽约的朱里恩·列维画廊展出，而且著名的"软塌塌的表"这一形象也广为传播。而且，极为讽刺的是，这件作品当时甚至获得了大家的狂热追捧，后来还被纽约现代艺术博物馆收藏。达利还在纽约现代艺术博物馆做了一次演讲。据说，达利在这次演讲中指出，如果大家看不懂他的作品，那也没什么，因为身为艺术家，其实他自己也不知道自己要表达什么。

在达利和嘉拉返回巴黎之前，他们受邀参加了一场化装舞会。这场舞会也为达利与美国"社交圈"日后的关系奠定了基调：上流社会的头版头条人物。舞会要求宾客打扮成自己在梦中的样子。嘉拉头戴一条非常破旧的洋娃娃头巾，上面沾满了落叶和飞虫。出乎意料的是，这身装束让她一时间恶名远扬，因为在人们看来，这件衣服影射了飞行员查尔斯·林德伯格孩子的绑架案。这场舞会的相关消息甚至闻名远洋，传到了遥远的苏联——在那里或许是为了说明美国阶层的堕落。我们还必须要注意的是，当时的美国正处于经济大萧条最严重的时期。然而，达利所创作的关于这个国家想象性的图景却将这"另一个美国"的贫穷、失业等问题都刻意地去除掉了。

朱里恩·列维画廊是一家专门推广超现实主义的画廊。而且，在 20 世纪 30 年代，这家画廊的确是纽约当时唯一一家观众能看到现代艺术的地方。当时的美国社会整体缺乏对现代艺术的理解，也没有多少公开的批评辩论。因此，宣传就在其中发挥着极大的作用。因为受教于伯纳德·贝伦森和罗杰·弗莱这样的艺术史家和批评家，美国收藏家的口味（除了少数更为冒险的著名藏家，如斯坦因兄妹、约翰·奎恩和沃尔特·阿伦斯博格）仍然要么是偏好文艺复兴，要么是偏好印象派。因此，把曼·雷为达利拍摄的照片登上《时代周刊》的封面（图 122）以配合 1936 年的朱里恩·列维画廊个展与现代艺术博物馆的"荒诞艺术、达达、超现实主义"展，就不失为一种极为有效的策略和手段了。达利获得如此之多的关注，布勒东自然不会开心。在美国看展览时他才发现，达利已经成功地取代了他，成了美国人民眼中的超现实主义先驱。达利来到美国之后，还去好莱坞拜访了马克斯兄弟，并就一个电影项目的合作达成意向。他还被哈勃·马克斯的人格深深吸引，风趣地说哈勃带着"华托那种令人蠢蠢欲动的香气"。他还为哈勃画了一幅肖像，很像《微笑的骑士》。哈勃坐在一架受达利启发而制作的竖琴旁，竖琴以铁丝为弦，勺子为饰。

在 1939 年于朱里恩·列维画廊举办的第 3 次展览中，达利展出的重量级作品是《无尽之谜》（图 123）。这件作品将多重意象的技巧提升到了最高的水准。为了给观众解谜，展览的画册（图 124）由 6 层玻璃纸构成，依次覆盖了一艘船的素描、一个侧卧的人、

图122
曼·雷为《时代周刊》
拍摄的封面人物达利
摄于1936年

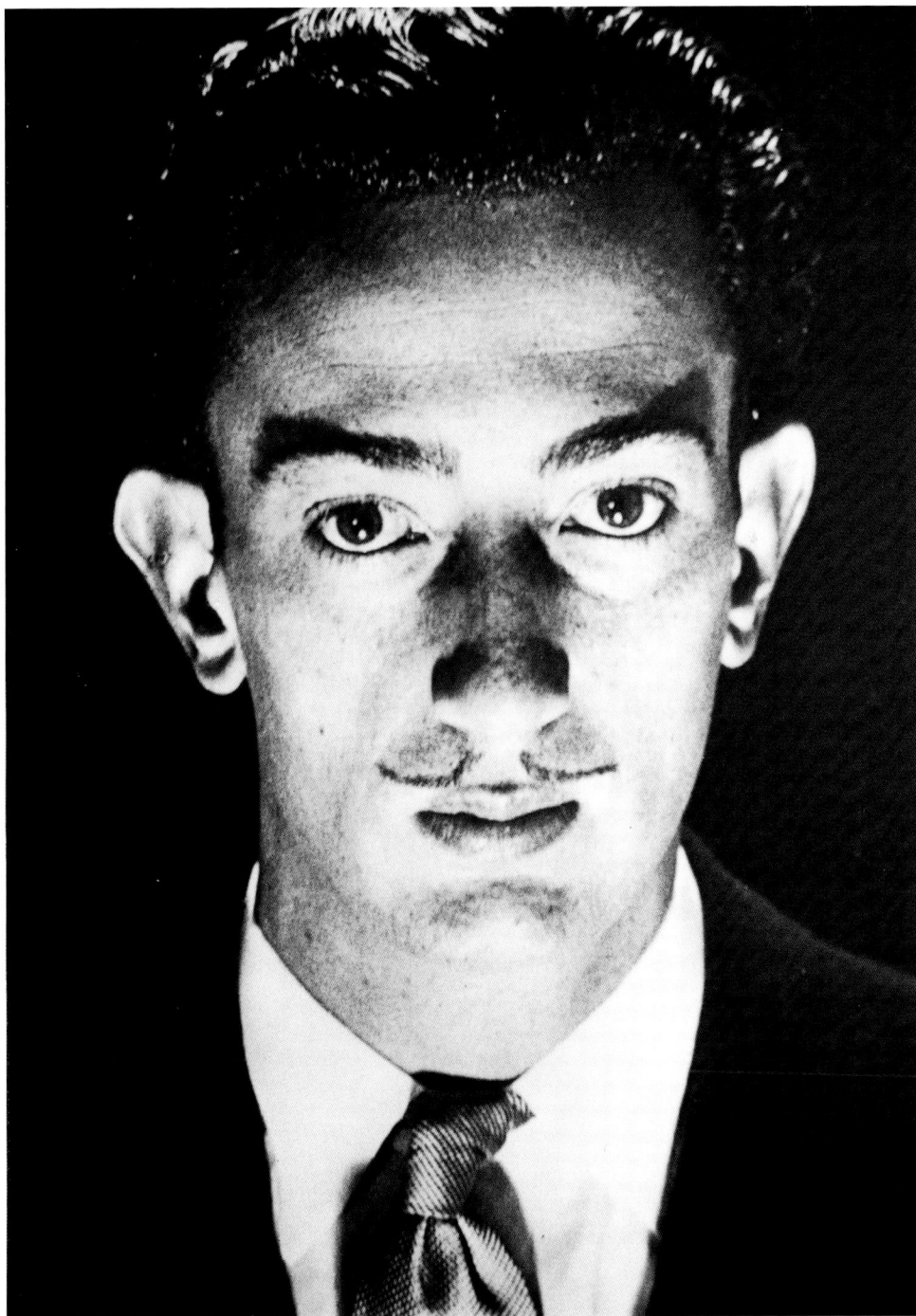

一颗脑袋和一些肩膀、一条狗、一个静物以及一匹马，从每个角度都只能看到其中的一个图像。当时已经和达利公开反目的布勒东言辞激烈地指责这件作品已沦为简单的拼字游戏。他还指控达利在作品中表现出了实为意大利法西斯主义者的种族主义立场。这一控告有些冤枉达利，而且，不管达利说了些什么，他或许只是想要故意激怒布勒东而已。没过多久，达利就非常骄傲地宣称自己其实是阿拉伯的后裔。而且，在《美国之歌——宇宙运动员》（图125）这件作品中，他似乎尝试着用绘画的语言，通过水滴状的非洲地图来控诉非洲人在美国所遭受的奴役。作为美国商业文化的象征，可口可乐瓶有史以来第一次出现在了一件艺术作品当中——尽管在这件作品中，可乐从瓶中倾泻而出，形成一摊黑色的血液。

图123
《无尽之谜》
1938年
布面油画
114.3 cm × 144 cm
西班牙马德里索菲亚王妃艺术中心

图124. 右页
达利在朱里恩·列维画廊第3次展览中的画册
美国纽约
1939年

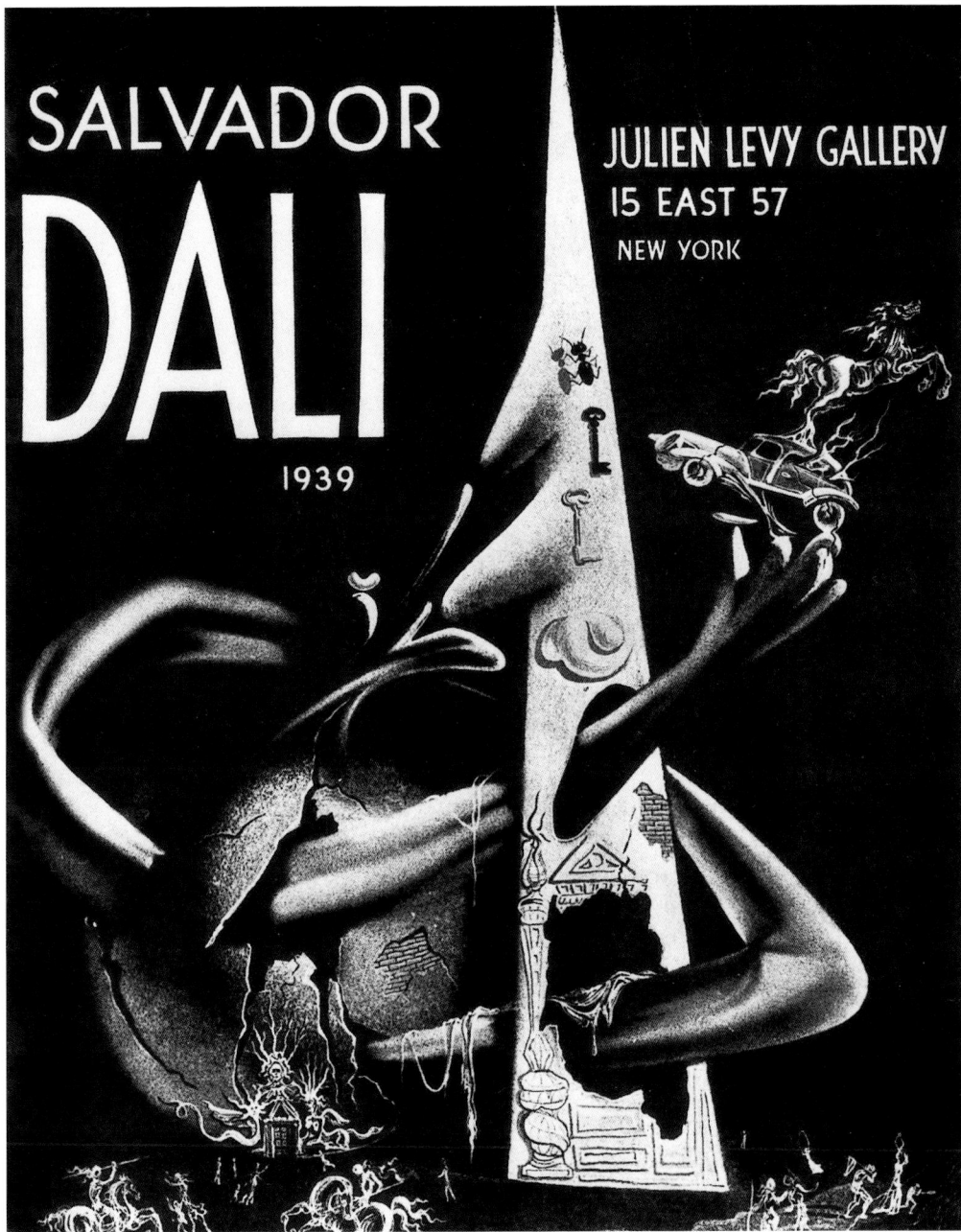

也是在 1939 年的这次美国之行中，达利制造了 2 起事件，引起了媒体极大的关注。这 2 起事件都将攻击转化成了更为大众，或者说至少更为商业的艺术活动。达利受委托为纽约的布维特·泰勒百货进行橱窗展示的设计。他将展示的主题定为"日"与"夜"。"日"包括一个装满水的浴缸，波斯羊在里面一字排开。浴缸中竖着 3 条捧着镜子的蜡制手臂。"夜"的场景则是一个人体模特躺在一张炭火燃烧的床上，上面悬挂着一个打猎得来的战利品，凝视着这一切。

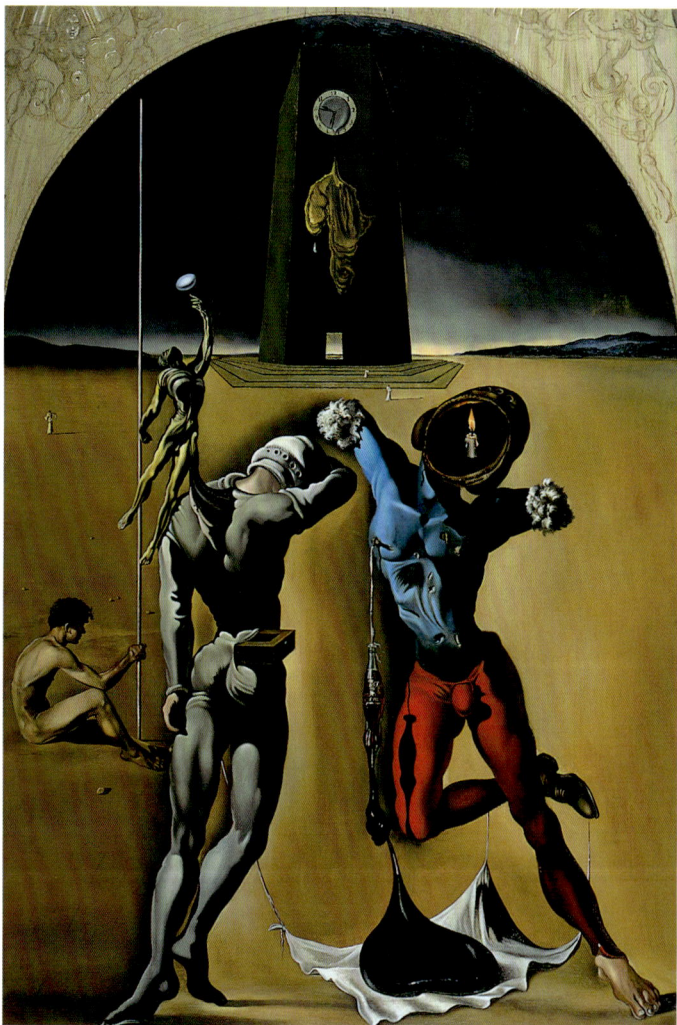

图125
《美国之歌——宇宙运动员》
1943年
布面油画
116.8 cm×78.7 cm
西班牙菲拉斯嘉拉 - 萨尔瓦多·达利基金会

图126. 右页
《维纳斯之梦》
美国纽约世博会场馆
1939—1940年

据达利说，这是"一头被砍掉了头颅和粗蹄子的患有梦游症的大水牛"。第2天早上，他回到百货公司想要看看自己的橱窗展示，却愤怒地发现所有展品都被撤了。橱窗里则是常规的服装展示。为了表达和宣泄自己的怒气，他冲进橱窗，想要掀翻浴缸。然而，浴缸却在他手中滑落，砸破玻璃窗，倒向了人行横道。随后，他就被法院传唤，被控蓄意损坏财物。但是，考虑到达利易怒的脾气和过激的行为，法院只对他处以拘留的处罚。后来，在被问及是否是故意

制造了此次"意外"时，达利言辞激烈地予以了否认，表示自己很幸运，未被碎玻璃的锋利边缘伤到。

　　在达利为纽约世博会进行场馆设计时，他或许真心实意地想要给广大的观众带来一次超现实的体验。在今天，我们或许会将他的这次创作称为临时性的公共艺术。然而，他与科尼岛真正的娱乐产业所进行的此次合作最终却成了一次并不愉快的妥协。他的《维纳斯之梦》（图126）安放在世博会的娱乐区域里，复制了达·芬奇《施洗者圣约翰》中暗示性的手势和桑德罗·波提切利的《维纳斯》，给人留下了深刻的印象。游客们在鱼形的售票处买票，入口是一双穿着吊带袜的腿。穿过之后，观众就进入了一块超现实主义的水域。这块水域由2个池塘构成，其中一个池塘里满是"游动的美人鱼，身上鳞光闪闪，长着很长的鳍"（图127、图128）。正是这些美人鱼引发了达利和主办方之间不可避免的争执。再加上他初稿中的其他一些问题，他的计划不断地遭到了阻挠，包括不可以给美人鱼安上一颗鱼头，颠倒原本为我们所熟知的美人鱼的身体构成。尽管这次令人不快但却难得的经历未能如他所愿，但是他至少有机会出版了一些宣传册，在纽约的上空进行空投。这些宣传册有一个特别夸张的名字——《想象力及人类疯狂权利的独立宣言》。他在这本宣传册中阐明了自己的观点："第1个想到要把鱼尾接在女人身上的人一定是位特别浪漫的诗人；然而……第2个想要这么做的人就只是个墨守成规者了。"（达利这些清高的抱怨显然是忘了马格里特早在1935年就已经在一张绘画作品中实现了颠倒美人鱼首尾的想法，那件作品名为《集体的发明》。）

　　20世纪30年代，达利能够自由地穿梭往来于2个截然不同的世界。一个是欧洲——这里的生活本身就是一分为二的，一边是巴黎时尚且复杂的知识分子圈，另一边是利加特港永恒不变的氛围；另外一个是美国——这里有着高亢的生命力，且热衷于乐观积极地去实现目标。而到了1940年，随着法国被敌军占领，达利便移居到了美国。但这次迁移更多的是迫于形势，而非他的自主选择。在

图127-128
《维纳斯之梦》
1939年

上图
霍斯特·P.霍斯特
朵拉·马尔穿着达利设计的服装

下图
乔治·普拉特·莱斯
达利与模特

接下来的9年里，他和嘉拉为了适应环境的改变，必须重建一种新的、适用于新处境的生活哲学。等待他们到来的是一个复杂、混乱的纽约。美国画家罗伯特·马瑟韦尔曾经这样描述纽约这座城市："一个奇特的混合体——科尔·波特与斯大林主义，移民和流亡者，生活富足又生无所依，生机勃勃又混乱不堪，纯朴无心又知人间疾苦——总之，掩映在一片战争的阴影之中。"

20世纪30年代的美国在经济大萧条下所面临的特殊境况，以及罗斯福政府为应对随之而来的大规模失业所采取的应对举措，就不会觉得奇怪了。公共事业振兴署（WPA）发起了一项由政府出资且庞大全面的就业项目，涵盖了所有行业和职位的需求。因此，艺术家有史以来第一次和其他劳动者面临相同的待遇。联邦艺术计划（FAP）下的一系列项目为资金短缺的艺术家提供工作。这项计划的主要工作内容是为公共建筑绘制壁画，但也允许艺术家创作可公开购买的版画及架上作品。在战后成名的大多数纽约画派艺术家也都不同程度地参与了WPA或FAP的计划与项目。艺术家如今的地位等同于领时薪的工厂工人，因此，他们的本能反应是要组织工会。艺术家工会以及更为专业的马克思主义艺术家代表大会也随着政治辩论和行动的论坛而兴盛起来。

职业艺术家广为传阅的《艺术文摘》编辑佩顿·波斯维尔在欧洲爆发战争之后不久就对当时的情势进行了分析。他的分析不只是理想主义的，还是极具启发意义的。他预测，随着欧洲艺术输出的中断，"我们本土的艺术家将会得到越来越多的关注"。他指出，这是美国艺术最终摆脱从属地位的绝佳机会，也标志着美国艺术时代的到来。他看到了本土艺术家成功的主要障碍所在。然而，因为社会领袖们的做派都很糟糕且势利，他于是以夸张的口吻建议读者："抛却社会意识，做到审时度势。你的妙笔生花还不如你的衣服款式有用——因为美国根本就是个不关心艺术的国家！"他还在1941年1月报道了欧洲流亡者正在疯狂地投资抢购艺术品。或许，他说的是马瑟韦尔提出来的不同于谦卑"移民"的"流亡者"。

此时的达利绝非是一人飞往美国，和他一起于1940年前往美国的是一群成名的巴黎艺术家，且颇具规模。1942年参加皮埃尔·马蒂斯画廊展览的流亡艺术家阵容十分强大，包括了唐居伊、恩斯特、马克·夏加尔、莱热、彼埃·蒙德里安、布勒东、马松和奥占芳。达利的名字因缺席而引起了人们的注意。这件事情让我们看到，事实上，达利不仅仅选择了要和美国的艺术家群体保持距离，同时也要和以前的巴黎同行们断绝关系。

大师级现代艺术家们的突然涌入在美国引发了复杂的情绪，即便是关注前卫艺术家的一小部分美国画家也是如此——那时的他们还只能通过进口艺术杂志上所登载的作品或是纽约现代艺术博物馆总结性的展览来了解欧洲艺术的发展状况。杰克逊·波洛克、李·克拉斯纳和威廉·德·库宁这一代艺术家深受 FAP 项目相对孤立主义方针的影响。他们意识到，现代主义的指挥棒已经交到了他们的手中。他们需要肩负起现代主义运动接下来的发展重任。而他们对超现实主义的态度，则是偏爱弗洛伊德和荣格的精神分析理论，并认可自动主义方法的价值。然而，他们通常都将自动主义的概念进行延伸，指代更为广义的"自发性"。简而言之，除了阿希尔·戈尔基和威廉·巴齐奥蒂斯这样的例外，美国艺术家都对超现实主义运动中的理论与文学层面有所抵触——美国正在崛起的艺术家群体所感兴趣的是超现实主义的抽象层面：达利制造幻觉的创作技巧被贬低为"插画"，这个词语在他们的话语当中是极具侮辱性的。

尽管达利自动地脱离了其他艺术家的圈子，远离了他们创造性的实践，但是，他注定是个不可忽视的人物。和在过去的所有场合一样，为避免遭受任何潜在的被替代的挫败感，达利让自己表现出一种自大狂的疯癫状态。在一篇名为《纽约向我致敬》的文章中，他将纽约无与伦比的建筑景观浓缩为一幅他个人的幻想图景：

在我看来，纽约只是一片巨大且静默的黄色石滩……多么深刻的孤独！……在这片石滩上，2座著名的古老雕像高高地矗立着，

图129. 204-205页
《奴隶市场和逐渐消失的伏尔泰半身像》
1940年
布面油画
46.5 cm×65.5 cm
美国佛罗里达州圣彼得斯堡市萨尔瓦多·达利博物馆

投下痛苦的影子，象征着米勒《晚祷》中那对无人不知的悲伤男女。那个男人就是我。我是个盲人，有着一张涂满粪便的金色嘴唇以及女性美妙的胸脯，手里提着一根鞭子，头上戴着玫瑰花环。萨克·马索克赋予这个女人以生命，她注视着我的双眼，满是无尽的悲伤……纽约：为什么？你为什么要在我尚未出世的多年以前就为我竖起一座雕像呢？

在到达美国的第一年，达利就在朱里恩·列维画廊安排了另外一场展览。1941年，现代艺术博物馆又举办了他的首个大型回顾展。这个展览除了他，还有米罗。很明显，他当时仍然在创作风格多样，且极具创造性的超现实主义画作。和《无尽之谜》（图123）比起来，他在1940年创作的《奴隶市场和逐渐消失的伏尔泰半身像》（图129）更为刻意地使用了多重图像的技巧。我们可以在画面上看到，嘉拉与伏尔泰的对峙背后隐藏着更深的寓意。嘉拉旺盛的生命力让身边这位奉行犬儒主义的不可知论哲学家黯然失色。而当我们把视线集中到达利新发明的身穿17世纪西班牙天主教服装的女性身上时，这位哲学家又在这一瞬间消失不见了。嘉拉的形象也使得达利不用在画布上呈现"奴隶市场"上民众遭受刑罚的现实。

《战争的面孔》（图131）的表达方式和明信片一样直接，同时也反映了整个美国所弥漫的紧张情绪——特别是在1941年12月日本袭击珍珠港之后（图130）。在长时间的军备和防守之后，珍珠港事件最终导致美国承诺站在欧洲和远东战线的一边，全面投入到这场战争之中来。

战争所引发的焦虑情绪也流露在达利1940年的另外一张画作中。这件作品名为《夕见蜘蛛喜》（图132）。英文翻译并不能完全地表达原法文俗语中的意思："Araignée du soir…Espoir!"就风格而言，这件作品表现出达利正处于转型期：阴郁且柔软的形式及一些典型的图案源自他在20世纪30年代的超现实主义创作，而清

图130
夏威夷珍珠港爆炸
摄于1941年12月7日

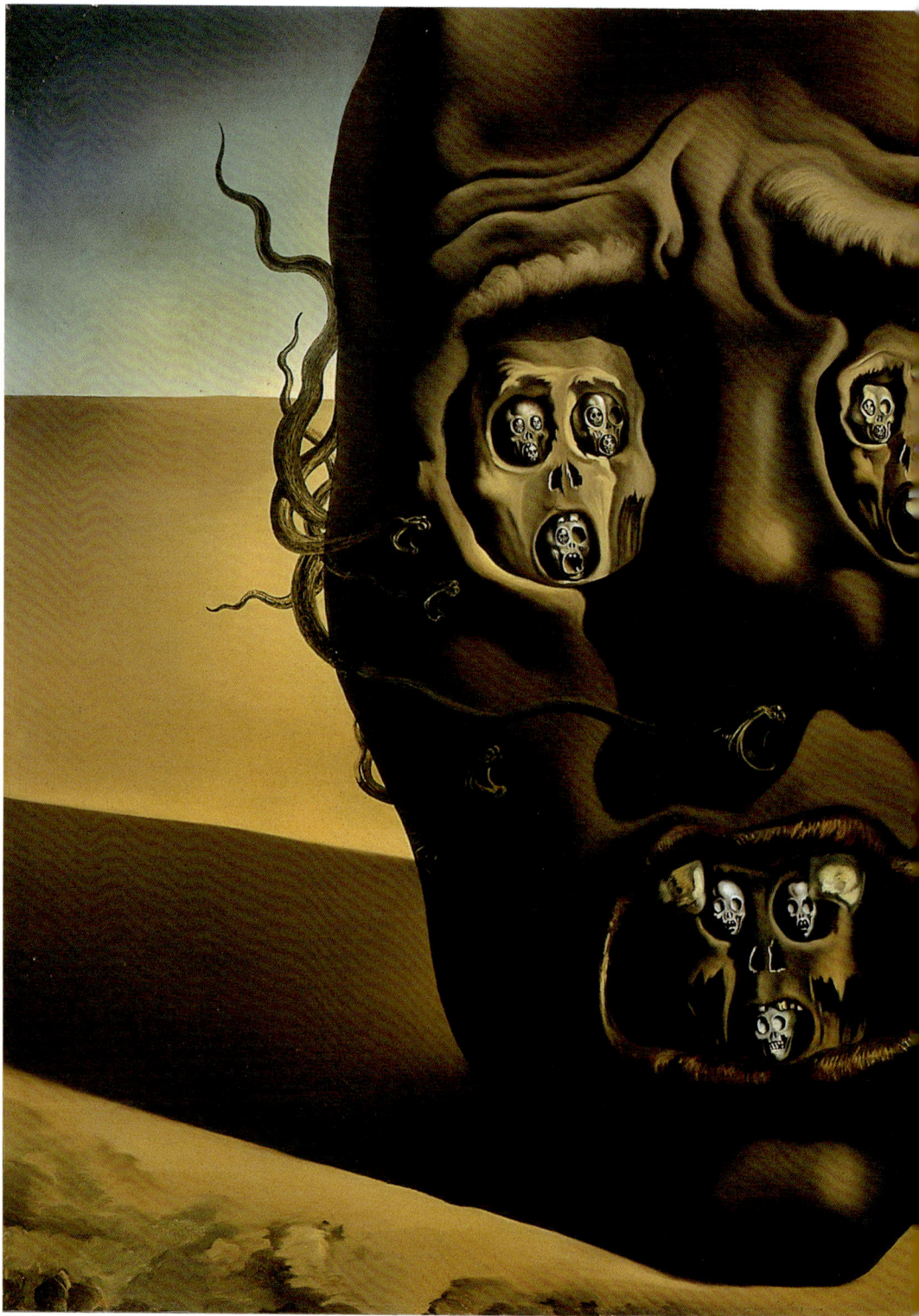

图131
《战争的面孔》
1940—1941年
布面油画
64 cm × 79 cm
荷兰鹿特丹博曼斯美
术馆

图132
《夕见蜘蛛喜》
1940年
布面油画
64 cm × 79 cm
美国佛罗里达州圣彼得
斯堡市萨尔瓦多·达利
博物馆

晰的轮廓与古典的图案则明显和意大利文艺复兴时期的艺术有更多关联。达利早在一个名为《萨尔瓦多·达利最后的丑闻》的小册子中就表达了自己要"成为经典"的意愿。这本小册子和朱里恩·列维的展览同期发行，以他的中间名"菲利普·哈辛托"作为笔名。在册子中，达利说自己尚未为摒弃超现实主义的理念做好准备，他仍将致力于"为非理性而斗争"。他将继续追求这一目标，为此他会延续拉斐尔、布拉曼特及马德里附近埃斯科里亚尔的建筑师胡安·德·埃德拉的传统，研究"神圣比例"或是数学中的黄金分割体系。自 20 世纪 20 年代末发表了理论声明，抛弃了浪漫主义的主观性转投古典主义的客观性之后，达利的立场一直都是从一而终的。

作为一件杰出的超现实主义作品，《夕见蜘蛛喜》的有趣之处还在于其对"意义"流动性的阐释。我们不应当把这件作品的意义视为艺术家在创作之初就赋予作品的一种固定的、本质上的东西。相反，我们应当将其看作是某种不断变幻之物，随着不同观众不同时间的观看而诞生。对收藏这件作品的雷诺兹·莫尔斯（他的一生都在收藏达利的作品，是达利作品的主要藏家之一，这是他收藏的达利的第一件作品）来说，跳跃的马、象征胜利的雕塑以及长腿蜘蛛等图像的组合象征性地预示了美国空军实力即将带来的战争的胜利。然而，达利本人却在 25 年之后解释说，这件作品和他一直以来的主题，即性羞耻相关。他指出，"长着天使翅膀的孩子……遮住了自己的双眼，如此一来就不会看到一门大炮（射出了）、一匹腐烂的马和一只软塌塌的大脚。和大脚连在一起的，是一个又长又松弛的乳房，正从大炮里流淌出来"。

在美国的第一年里，达利和嘉拉都是乐于助人的克瑞斯·克洛斯比的座上宾。他们住在克洛斯比远离喧嚣、历史悠久的汉普顿庄园里。这是一处由托马斯·杰斐逊设计的乡村居所，位于弗吉尼亚州的博林格林附近。尽管达利和嘉拉费尽心思想要克洛斯比只围着他们两个人转，然而，住在这里的还有其他的法国逃亡者如阿娜伊斯·宁和亨利·米勒。米勒当时正在创作《马洛斯巨像》。这样一

图133
达利、嘉拉和克瑞斯·克洛斯比在汉普顿庄园里
刊载于《〈生活〉走近萨尔瓦多·达利》一文中
《生活》
1941年4月7日刊
杂志的图片说明为："地上卧着一只纯种海福特公牛，达利邀请它在餐后共进咖啡。"

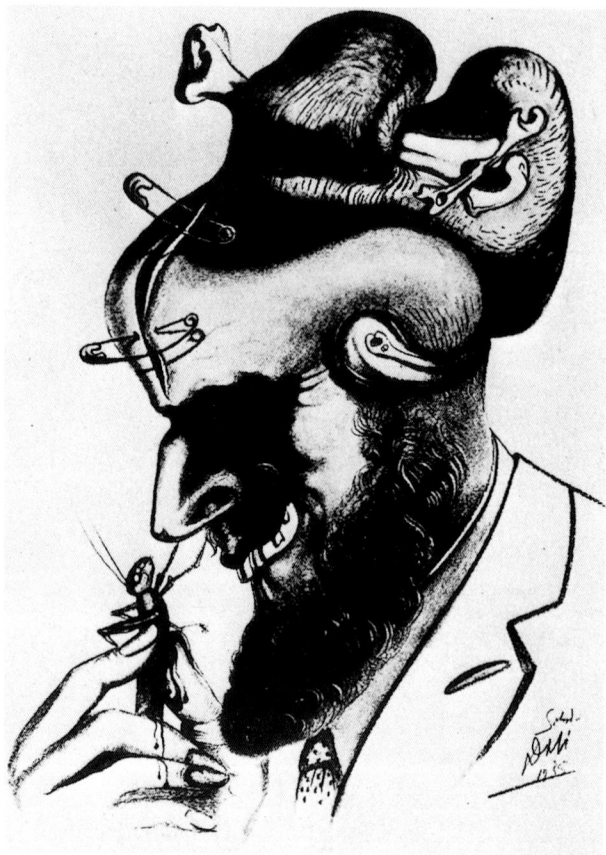

图134
为《美国周刊》绘制的
素描
1935年

种极具启发性的创作环境激发了达利对我们今天所说的装置及环境艺术的兴趣——这似乎是克瑞斯·克洛斯比早就准备好要进入的一个领域。吊车把绘画室里的钢琴以各种方式高高吊起，悬挂在一棵树的枝杈上。钢琴腿则浸泡在庄园里的水池中。此类事件的公众影响力不可小觑：百代·新闻做了一次视频采访，《生活》杂志也做了一篇图片故事报道，刊载了一只海福特公牛趴在壁炉前地毯上的照片（图 133），还原了《黄金时代》（图 63）中的一个场景。描述这一日常生活情景的是一句神秘但却有所指的图片说明："他总是往咖啡里放 3 块糖。他的妻子下象棋总是赢。"在另外一张照片中，达利为一次写生安排了一个严肃的场景：家里的黑人奴仆、钢琴以及 2 头黑猪在门廊外面，与白雪形成了鲜明的对比。他还精心准备了一个纯粹私底下的恶作剧。西西里公爵和佛杜拉受邀前往庄园，商讨达利所设计的珠宝的制作事宜。但是，提供给他们的地址并非这座庄严而富足的大庄园，而是附近一处年久失修的屋舍。这里一片狼藉，达利还进行了一番哥特式的布置，恐怖异常，到处都是吱吱作响的门和火光摇曳的蜡烛。

媒体很清楚，达利是个十分高明的舆论制造者。但是，既然他总是能够提供博人眼球的新闻，那媒体也就乐此不疲地配合。达利和嘉拉在另外一篇名为《达利疯狂的一天》的图片故事报道中上演了一场绝妙的双人秀。这篇报道登载在发行量极大的《美国周刊》上，达利此前也在这本杂志上发表过自己的素描作品（图 134）。达利躺在瑞吉酒店的床上做了这次采访。采访中，他戴着一个"讲究的面具"（一个废纸篓），回味自己的白日梦。他把早餐的煎鸡蛋和番茄酱摆成图案，在嘉拉的前额上印了一张美杜莎的脸，他自己则跨坐在一张放在 4 只乌龟背上的高凳上。在文章的结尾处，这篇报道这样写道：

一位超现实主义者的日常生活将会这样继续下去。钱也会源源不断地涌入他的口袋。和岸边的阁楼生活比起来，酒店所提供的生活要舒适得多。战争并未影响金币一个个地掉入达利的保险柜。他那张超现实主义的面孔和刚出炉的蛋糕一样炙手可热。

　　达利在美国所培养起来的独特市场营销能力保证了每次开展之前他都能给媒体及时提供一篇有卖点的故事。因为他的超现实主义作品卖得并不是特别好，于是这样的一篇报道就发挥着至关重要的作用。战时的纽约并没有那么多的买家，这导致朱里恩·列维不得不在 1944 年关掉了自己的画廊。因此，达利和嘉拉就需要寻找别的收入来源来维持现有的生活模式。达利新的生活来源之一就是肖像画。人们经常忘了达利在其一生中其实从未停止过肖像画的创作——哪怕是在典型的超现实主义时期，如达利在 1929 年就绘制了保尔·艾吕雅的肖像。当然了，达利的肖像画中从来都不乏嘉拉的面孔。然而，他接受当时有钱人的委托为他们绘制肖像这件事，却成了批评家诟病他的一个事实性理由，指责他缺乏一个现代主义艺术家应有的严肃性。现代主义这些不成文的规定就这样把肖像画这一传统且占很大比重的职业活动定义成了离经叛道的行为，原因在于这种活动背离了"实验性"和"本真性"的理念。当然，那时的达利更多的是师承拉斐尔而非毕加索的路子。因此，他并未被这些诟病吓到。在当时，为了拿到 5000 美元的佣金，他愿意承受这些非难。（5000 美元在当时是怎样一个概念？《艺术文摘》在 1939 年言辞愤怒地报道说，吉拉德·布洛克赫斯特这样一位从英国皇家学院出来的鲜为人知的艺术家，竟然从美国顾客身上赚了 1 万美元。）毋庸置疑，就水准而言，这些肖像作品是千差万别的。仅有当画面上的人物与人物的性格或由存在所启发的超现实主义背景完美地在画布上结合起来时，这才能算是一件好的肖像作品。而若是人物的面孔看起来只是拼贴到了一个背景上，然后点缀些"超现实"的图案，这样的肖像画就是极其糟糕的。达利创作于 1940 年的《路易斯·蒙巴顿勋爵夫人》（图 135）就很好地说明了怎样才算是一幅好的肖像画。这件作品充满了压迫感，人物像是来自神秘星球的阴郁

图135
《路易斯·蒙巴顿勋爵夫人》
1940年
布面油画
65 cm × 54 cm
私人收藏

灵魂。

　　可以说，达利的想象力在 20 世纪 40 年代的最佳产物是他的写作。这些年的大多数时候，他都在汉普顿的庄园里撰写他那长达 400 页的自传——《我的秘密生活》。达利说，这是他创作力爆发的一个时期，每天可以写足足 35 页。这份手稿中的几章后来在展览中展出了。通过糊成一团、几乎无法辨认的句子、注释和速写，我们就可以知道这本书的译者哈康·舍瓦利耶付出了多少辛劳。这本书由戴尔出版社出版（戴尔出版社选择这本书，毫无疑问是因为它谜一样的书名），且大获成功，很快又再版了好几次。在这本书的诸多插图中，《软塌塌的自画像与培根》（图 136）是卷首的第一张。达利还根据 19 世纪儿童读物中的简笔画创作了很多别出心裁的即兴作品（图 137）。我们已经在第一章讨论过了这本书的写作手法和

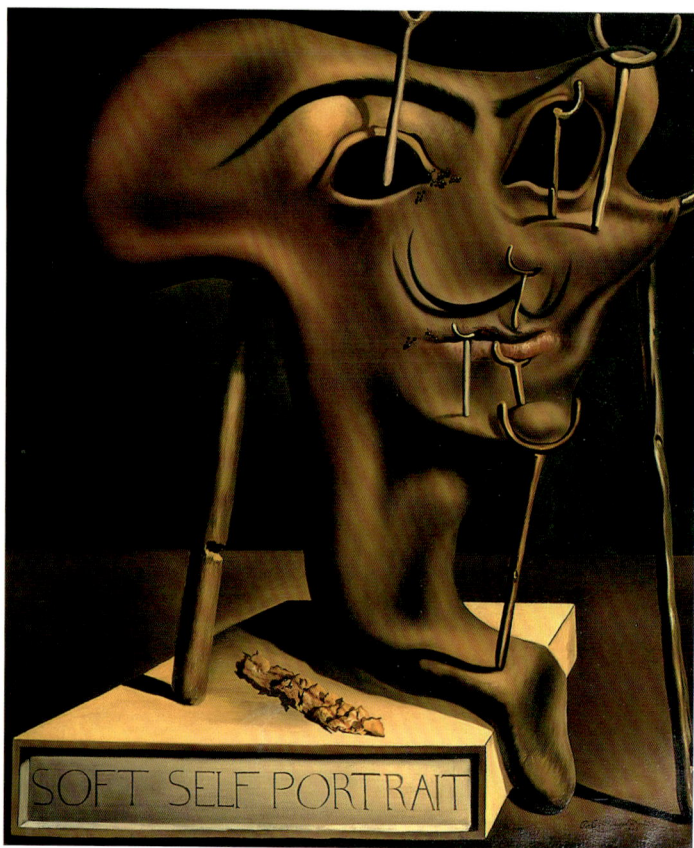

图136
《软塌塌的自画像与
培根》
1941年
布面油画
61.3 cm × 50.8 cm
西班牙菲格雷斯嘉拉 -
萨尔瓦多·达利基金会

143. Cette poule n'a pas de queue.   144. Cet arbre n'a pas de feuilles.

145. Une plume.   146. Une montre.

147. Une clef.   148. Un encrier.

147. Une clef.

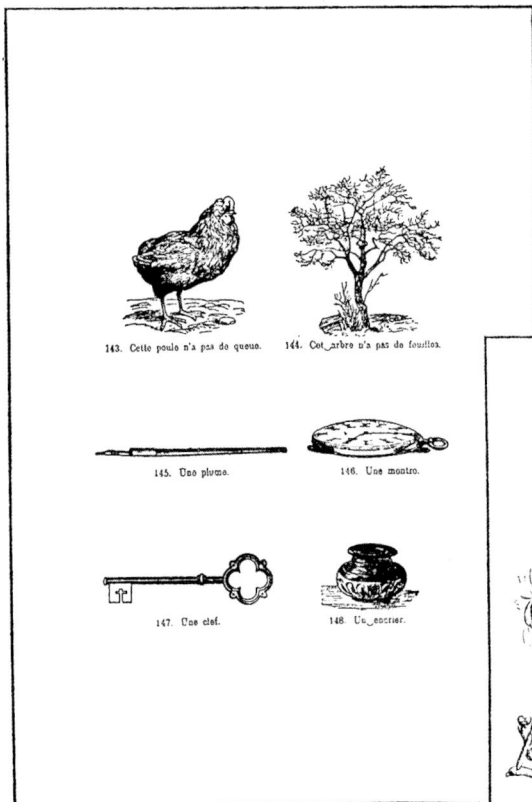

图137
《我的秘密生活》中的
插图
1942年

其中一些章节的内容。但是，我们仍有必要强调一点：通过这本自传，达利证实了自己的确是一位表达流畅，甚至修辞绝妙，有着良好文字功底的作家——尽管此前他从未写过这样的长篇巨著。近些年来，业界又兴起了对达利文学作品的学术研究，大卫·维拉塞卡就是其中一人。大卫这样评价达利的这本自传："一种当代写作，以最具挑战性、最复杂、最原始……最坦诚的方式描述并质询了后现代主体（即作者）的身份与状态。"

英国作家乔治·奥威尔在他名为《神职人员的特权》的书评中对《我的秘密生活》一书做了最具启示性的当代回应。之所以说这篇评论最具启示性，是因为奥威尔的世界观——特别是他坚信艺术家应与社会保持联系的道德立场——完全与达利相左。奥威尔认为，身为作家就意味着"希望还原事物的本来面目，找出真正的事实把它们记录起来供后代使用"。值得称道的是，奥威尔在《向加泰罗尼亚致敬》一书中完成了他自己的这个理想。在奥威尔这样一位自愿投身共和党去战斗的作家看来，达利—— 一个在自己国家的内战中未表明立场，且像"蚂蚁一样逃窜"到不久之后就沦陷了的法国的人——是"一位优秀的绘图员，是个让人犯呕的人"。关于达利的自传，奥威尔毫不含糊地评价说："这本书烂透了。如果一本书真的可以烂到每页纸都发出恶臭的话，那这本书一定臭不可闻。"作为一名马克思主义者，奥威尔的目光从未囿于个体的错误，而是要考察这一错误的社会影响。他指出，这样一本书能面世，这样一个人能取得成功，这只能说明战争已经再明确不过地说明了资本主义的衰退。

1944 年，达利出版了他的一本小说，名为《隐藏的面孔》。这本小说描绘了第二次世界大战战前、战时的情况，同时也预测了战争的结束。达利之所以会选择这个主题，原因或许在于他想通过把自己所处时代的历史现实神话化来逃避战争的屠杀所带来的恐惧，以及他内心的罪恶感。作为一名有自己风格的作者，达利以世纪末的"衰退"为主题，基于他对最后的贵族后裔的观察，用天花乱坠

图138
《地缘政治之子目睹新新人类的诞生》
1943年
布面油画
44.5 cm×50 cm
美国佛罗里达州圣彼得斯堡市萨尔瓦多·达利博物馆

的细节描绘了这个神经兮兮的圈子——他曾在巴黎促成并组织了这样的圈子。书中的情感基调就是懒散与抑郁萎靡，"万物都蒙上了无法抹除的倦怠"，象征着日益衰退的欧洲贵族们逐渐衰竭的活力。但达利却用极具吸引力的文字描绘了新世界的新新人类，如富有的美国寡妇喝着马提尼，嚼着维生素片，招摇地进出于豪华旅馆和夏帕瑞利的工作室。达利竭尽所能地描述了礼裙美学的拜物教及食物中的情色意味。书中有一个人物穿着"用玫瑰花镶边的低胸香奈儿礼服，在 3 层厚的黑棕蕾丝间镶嵌着一条巨大的珍珠腰带"。达利在这本小说里还通过索兰格·德·克莱达这个人物做出了自己在性

癖好方面的终极表态。克莱达参加了一个由她的仰慕者——美食家格拉达萨里——所举办的宴会：

她（穿着低胸装所袒露出来的胸部）的肌肤如此细腻洁白。格拉达萨里看着她，轻轻地把甜品勺伸进奶油芝士光滑的表面，舀起了很小的一块，快速地用自己灵敏的舌尖舔进了嘴里。一股微咸又微酸的味道，激起了克莱达女性的欲望，击中了他的内心。

在《隐藏的面孔》中揭示了那些极端受虐狂相同的本质：最大限度地追求自己狂妄的幻想，从而以极度欢愉的瓦格纳式死亡逝去。他独自一人待在鹰巢里，沉溺于他自己的洁癖，身边满是绘画大师

们的赝品。

　　达利 1943 年的一幅画作似乎释放出少有的理想主义情绪。这件作品创作于战争最严酷的阶段，名为《地缘政治之子目睹新新人类的诞生》（图 138），把正在崛起的世界新秩序比作在全球冲突中赢得的来之不易的胜利，这并不难理解。然而，画面中沉滞的黄色光线、站着的奄奄一息的人，以及悬在空中摇摇欲坠的降落伞都是在表达达利对未来的预测，而非他内心的矛盾。（差不多同一时期，他让摄影师菲利普·哈尔斯曼制作了一张他以婴儿状的姿势蜷缩在一颗鸡蛋里的照片。）创作于 1945 年的《面包篮》（图 139）很好地说明了艺术家的创作如何受到历史事件潜移默化的影响，甚至是彻底改变艺术家最初的创作想法。这件作品的意义在于，达利用他现在所谓的"古典"方式重新创作了他 1926 年的作品（图 43）。他声称，自己连续 2 个月里每天工作 4 个小时，就为了这样一幅 33 cm×38 cm 的小画。他还用复杂的数学构图说明了这件作品的构思。这件作品完成时，恰逢战争宣告结束。后来，这件作品被用作"马歇尔计划"的宣传画。马歇尔计划是美国针对欧洲战后重建

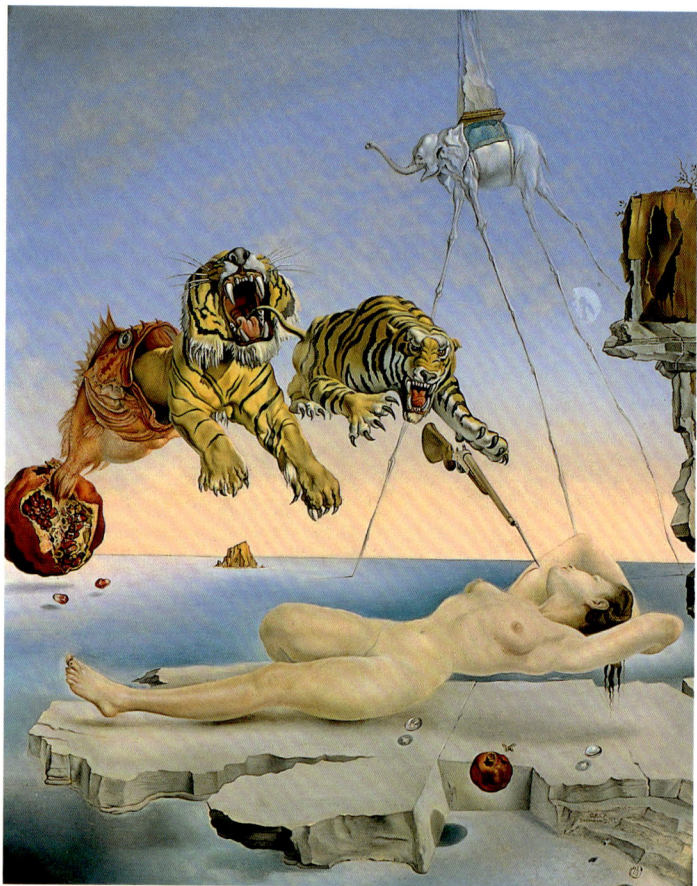

图141
《醒前一秒，石榴树旁飞舞的蜜蜂所引发的梦境》
1944年
布面油画
51 cm×40.5 cm
西班牙马德里提森 - 博内米萨基金会

图142. 右页
《羊圈图书馆的内部设计》
1942年
水粉画上彩色平版印刷
51 cm×45 cm
西班牙菲格雷斯嘉拉 - 萨尔瓦多·达利基金会

而实施的一系列经济援助计划。《本周》杂志还曾把这件作品用作封面，并冠以"1947年世界思潮最佳诠释"的标题。

作为一名舞台设计师，达利在20世纪40年代迎来了自己的巅峰。他尤其喜欢芭蕾和歌剧，因为这2种表演形式为修辞和渲染留下了很大的创作空间，打破了现实主义和逻辑的桎梏。但这2种高雅的艺术形式又在很大程度上反对现代主义的创作手法，其观众也多是保守的大众和批评家，这也很对达利进行抵抗、表达愤怒的胃口。达利最成功的作品或许当属1941年为芭蕾舞剧《迷宫》所做的舞台设计。在这件作品中，他负责了剧本、舞台设计，以及奎瓦斯侯爵的服装设计。莱奥尼德·费多罗维奇·麦辛是该剧的编舞，

音乐则采用了舒伯特的第七交响曲。该剧华丽的幕布仍然悬挂在菲格雷斯的达利剧院博物馆中（图181），非常显眼。剧中的一套公鸡戏服用了一种特别聪明的设计。戏服可以从后面穿上，这样一来，演员不仅可以模仿公鸡的腿做动作，翅膀也能收放自如。在奎瓦斯1944年的剧作《疯狂的特里斯坦》（图140）中，达利又得偿所愿地回到了他最钟爱的神话之一：王者之心。他为这部剧所做的设计更为古典。然而，这部剧却未能演出，因为征兵局认为剧团中的大多数年轻人显然更适合去打仗！

　　尽管舞台设计对于艺术家来说是一项可从事的活动，且有其久负盛名的漫长历史，但是，广告设计却不可同日而语。达利参与了很多广告设计，包括于 1939 年为美国版的 *Vogue* 设计了封面。他因此遭到了艺术媒体批评家们的轮番嘲笑。在设计了 *Vogue* 的封面之后，达利又设计了很多时装插画和其他的广告。1942 年左右，布勒东玩了一个文字游戏，把达利名字的字母进行重新排序，创造了一个新词"Avida Dollars（金钱至上）"。这一行为在侮辱了达利的同时，也加深了高雅的艺术文化高于大众消费的商业作品的偏见。抱怨达利的那些人对亨利·马蒂斯和毕加索这样收入颇丰的艺术家并无微词。因此，他们要反对的显然在于达利并非为专业观众创作一件独一无二的艺术品。但其实毕加索本人也曾做过广告设计。他曾在 1941 年为戴比尔斯钻石开采集团做过广告设计，并收取了 6700 美元的费用。（当时，达利同类的广告设计费用仅为 2200 美元）

　　尽管达利在 20 世纪 40 年代已经引起了相当多的关注，但是他的商业项目合作依然是非常有限的。即便如此，整个超现实主义运动——特别是达利的主题及构图——仍然极大地影响了此后 10 年的广告设计，并对后来的平面设计师有着持续的影响。达利的很多绘画作品，如 1944 年的《醒前一秒，石榴树旁飞舞的蜜蜂所引发的梦境》（图 141）就和广告图像十分相似。毋庸置疑，这件作品一方面想要直接指向观众的潜意识反应，另一方面又想要通过升华的过程揭示人类想要脱离幻想的普遍愿望——尽管在广告中，升华通常所采取的形式是通过商品消费来实现的。达利与流行及大众文化之间的关系始终都是相互的，他不断地说明自己对在研究中发现的米勒的《晚祷》这一"清白的"现成图像有多么喜爱。举例来说，在 1942 年创作的《羊圈图书馆的内部设计》这件作品中，吃草的羊（仅稍作改动）就从 19 世纪的沙龙绘画转变成了一位斜倚着的现代流行的海报女郎（图 142）。

　　在结束汉普顿庄园的假日生活之后，达利和嘉拉就开始了在纽

图143
达利夫妇在家——宴会上的达利和嘉拉躺在床上
摄于1941年4月9日

图144-145. 228-229页
为希区柯克导演的电影《爱德华大夫》所做的设计
1945年
桌上油画
89 cm × 113.8 cm
西班牙菲格雷斯嘉拉 - 萨尔瓦多·达利基金会

约瑞吉酒店套房与加州家里之间的往返生活。卵石滩上的德尔蒙特万丽酒店连着一个露台，达利经常穿着西式流苏皮外套和鹿皮鞋待在这里。他的公众影响力也并未停止（图143）。住在这里的一个好处就是他能够和他所钟情的好莱坞近距离接触。这也就有了1946年和迪士尼的合作：为一首名为《命运》的情歌设计动画。尽管达利花了很长的时间来学习影棚的工作流程，进行设计，但是这部电影最终并未投入真正的制作。在为阿尔弗雷德·希区柯克的电影《爱德华大夫》（图144、图145）中的一段梦境所做的设计中，达利

取得了更大的成功。达利需要画出一个人的梦境。这个人由格里高利·派克扮演，他失去了记忆，且被控谋杀。希区柯克希望达利来做这个设计，一方面是因为达利具备在精神分析学方面的知识，另一方面则是因为达利图像所呈现的敏锐清晰的幻觉感，截然区分于电影程式化再现梦境的那种模糊感。

　　1945 年 8 月 6 日，一颗原子弹在日本广岛爆炸了。24 万人在这次爆炸中丧生，整个城市也被夷为平地。3 天后，一颗原子弹又在长崎爆炸了。8 月 14 日，日本投降，第二次世界大战结束。我们可以从 1947 年的画作《比基尼岛上的 3 尊狮身人面像》中看到达利就原子弹爆炸有着怎样的想法。比基尼岛是美国进行核试验的地方。这张画把爆炸形成的蘑菇云进行幻觉式的变形，未流露出一丝核武器可能带来的和已经造成的恐怖感。相反，达利描绘了"静滞的原子弹爆炸，呼唤人间天堂里长满青苔和蘑菇的大树——毕竟战争开启的地狱之门刚刚关上了"。这样的想法或许让人有些震惊，但却真实反映了同盟国在战胜后普遍沉浸于胜利的喜悦当中。而对于原子弹，人们普遍的反应并非担心其可能会带来全球毁灭的威胁性，而是好奇随着核裂变知识的发展和积累，科学这一新兴力量是否可以战胜自然。

　　现实物质世界不再可能仍然通过不变的、固定的、有质感的物来思考或进行图像化的再现，而是要通过彼此分离而又彼此相关的物——这一观点尤其让达利感兴趣，也成了他接下来一些年里创作的核心所在。这些创作从 1947 年为《原子的莉达》（图 146）所做的一些草稿开始。这张画的构图参考了 M. 吉卡的数学理论。（吉卡探索了古典美学的几何基础，研究了自然中广义的和谐。达利将这一柏拉图式的方法和他对量子力学的新认识结合了起来）菲利普·哈尔斯曼将达利这一观念创作的活力过程记录了下来。这张照片（图147）拍摄于 1948 年，拍摄时间长达 5 个小时，共用了 26 张胶卷，经过后期调整，看起来惟妙惟肖。

　　和平时代的到来意味着达利可以回到利加特港，待的时间也能

图146
《原子的莉达》
1949年
布面油画
61.1 cm × 48 cm
西班牙菲格雷斯嘉拉 -
萨尔瓦多·达利基金会

图147
菲利普·哈尔斯曼
《达利元素》
摄于1948年

图148
吃葡萄的达利
1951年11月17日摄于
利加特港

图149. 右页
《利加特港的圣母（第
一版）》
1949年
布面油画
49.5 cm×38.3 cm
美国密尔沃基马尔特大
学帕特里克和比阿特丽
斯·哈格蒂艺术博物馆

久一些（图 148）。欧洲人民在战争结束之后的普遍反应是重投宗教的怀抱，为缓解战争幸存者内心的悲伤与内疚，并寻找出路。一些著名的、有象征意义的教堂的修建与重建工作开始动工。现代艺术家如马蒂斯、莱热和格雷厄姆·萨瑟兰都受邀进行公共和宗教艺术的创作。这一趋势似乎也影响到了达利。他在战后一些年里所创作的一些重要作品的主题显然源自基督教传统。然而，这些作品在多大程度上主要服务于宗教和艺术就不得而知了。而且还有很重要的一点是，这些作品当中没有一件是受宗教机构委托而创作的。

这些创作中的第一件作品《利加特港的圣母（第一版）》（图149）就表现出了这种模糊性。这件作品呈文艺复兴时期祭坛的形状，并再次使用了悬挂的鸡蛋和贝壳这一意象。这一意象借自米兰的《圣

母与圣子（皮耶罗·德拉·弗朗西斯科大约创作于1473—1474年）》，象征柏拉图式的理想主义。然而，尽管"核武器"在上空爆炸，无人能逃的画面可以说类似于圣母蒙召升天的传统表征，但是，这件作品还有很多隐秘的、达利式的象征意象——如海胆以及嵌在"圣母"与"圣子"身体里的窗户，很难说这些意象只象征着传统的礼拜。此外，这件作品还营造出了一种不安的气氛，让人怀疑这件作品主要是为了以象征性的手法呈现神化了的嘉拉，以及她身上的神性光辉。

这种模糊的感觉在1951年的作品《十字架上的圣约翰》（图

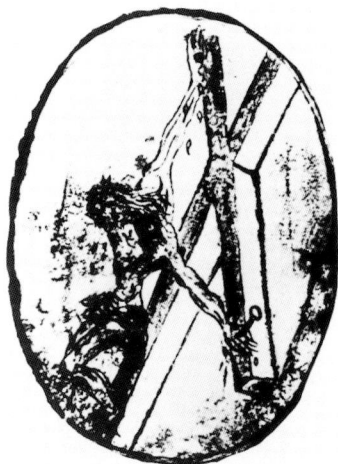

150）中并不强烈。尽管这件作品和同类画作的传统表征方式相去甚远，但仍然不失为一件未破坏宗教意涵和价值，且又有真正创新的作品。举例来说，这件作品中的耶稣低头俯瞰——达利声称这一灵感源于卡莫雷特修士所绘的一张古老的十字架圣约翰素描（图151）。但是，必须要承认的一点是，这样一种姿势巧妙地避开了一个让很多现代写实艺术家头疼的问题，即如何画出一张所有教众都能接受的耶稣面孔。达利希望能够通过耶稣的身体表现一种理想的美感，而非表现现代主义风格的痛苦、扭曲的形象。这一形象源

图152
《最后的晚餐的圣礼》
1955年
布面油画
167 cm × 268 cm
美国国家艺术博物馆

自北方哥特传统，对耶稣的现代主义表征有很大的影响。（肌肉紧实的胳膊和肩膀是根据当时一位好莱坞替身演员画出来的）很明显，达利自己主要是想和苏巴朗及委拉斯凯兹就设计与画工一较高下。然而，他也的确开创了一种图像的范式，在得到广泛认同的同时也在很多年里广受欢迎——不管是信教的还是不信教的。1961年，一位画廊观众严重毁坏了这件作品，使得这件作品得以跻身"神圣"作品的行列。同为"神圣"作品的还有达·芬奇的《蒙娜丽莎》以及伦勃朗的《夜巡》。这些作品有一种神奇的力量，会激起神经质的观众来"亵渎"艺术。《十字架上的圣约翰》现存于英国格拉斯哥的圣穆格宗教艺术博物馆，作品体现了艺术成就与宗教力量间的平衡。

达利在其1955年的作品《最后的晚餐的圣礼》（图152）中深入探索了这类宗教主题。这件作品描绘了耶稣透露他的门徒中将会有人背叛他的场景。尽管没有了达·芬奇在《最后的晚餐》中所表现出的戏剧感，但达利的作品却有一种怪异的力量。藏家切斯特·戴尔委托达利创作了这件作品。他对这件作品十分满意："我认为毕加索是一位伟大的画家。我收藏了他15张画作，但没有一件足以和达利的晚餐相匹敌。原因很简单，毕加索画不出达利这样的作品。"

穿上名流的行头 享誉世界

6

在他生命的最后 40 年里，达利经常在美国、日本及欧洲各处，甚至是苏联举办展览。他在全球范围内所取得的成功和获得的知名度也上升到一个新的层次。然而矛盾的是，除了一些主要的作品，他这个阶段的创作是整个艺术生涯中最鲜为人知的，也是最不为人所欣赏和喜欢的。有的时候，他似乎只是厌倦了绘画本身。当然，他仍然反对占主流的现代主义艺术，但也的确愿意在一些品质堪忧的作品上签上大名，轻率地完成后就匆忙地出手卖掉。但有的时候，他又在极具野心的作品上倾注大量的时间和精力。这些作品都是纪念碑式的，且追求公众影响力，严肃地要和"博物馆"里的大师们一较高下。除此之外，他有的时候还尝试一系列实验性的项目。这些项目通常都和他个人所沉迷的晦涩难懂的研究领域有关。

在这个时期就品质而言参差不齐的创作背后，是达利一直以来在艺术家和个体这两级身份之间的挣扎：神秘人和花花公子（图153），魔术师和名人，作品中隐晦神秘的一面和一目了然的一面。达利对十字架上的圣约翰或阿维拉的圣特丽莎中的基督启示传统深感兴趣，从中我们可以看到他对神秘纯粹且本能的追求。但是，准确来说，这一传统对达利的吸引力在于其中的狂喜状态——超越了日常和理性的一种精神体验——而非让人们信奉天主教权威的任何程式化引导。尽管在 1955 年有了教皇庇护十二世这样的观众，且创作了一系列准宗教的画作，达利对教会的兴趣很大程度上仍然是其中的层级权力、权威，以及礼拜的展示和礼仪。毋庸置疑，教会

关于谦虚及道德规则的教导从未影响过他的私人或公共生活。他曾经戏谑地指出，自己在利加特港的时候偶尔去一次教堂，这给当地人树立起了必要的风范。

他的著作《魔法技能的 50 个秘密》展现了其"神秘主义"有趣的一面。这是模仿琴尼诺·琴尼尼而制作的一本文艺复兴艺术家指南，配图同样也都是胡编乱造的（图 154）。当时，前卫艺术家——美国的抽象表现主义艺术家和法国的塔希派艺术家——都有意地反对精细的技巧和优质的材料，青睐直接的笔触和偶然的价值。因此，达利或许只能以这种半幽默的方式来呼吁大家回归文艺复兴时期的价值观和方法论。这本书自然地表达了他对油画及其物质性发自内心的颂扬：油彩是"光线本身流出的蜜汁"，让我们绘出"肉体的秘密"。而且，这本书始终都在传递这样一个观点，即精确的方法和珍贵材料的智慧这两者之间有着紧密的联系。"艺人"对这种关系的处理类似于炼金术士在进行转化与变形时所表现出的更为神奇和抽象的天赋。他还让我们多加注意卢卡·帕西奥利和达·芬奇在数学方面的爱好，如黄金分割以及柏拉图多面体的构造。达利指出，这些数学原理具有神奇且象征性的功能，对绘图人来说也有很多实际功用。除了这些玄奥的定理，达利还给学徒期的艺术家提出了一些建议，如给钱包喷上香水，在醒前一小时放于枕头旁，以唤起青春期的记忆，增强创造性。

图154
《魔法技能的50个秘密》一书中的插图
1946年

因为想象力极为跳跃和超前，且在同时代艺术家中有着独有的自信，达利对时下的科学调查所揭示的事实保持开放的态度——他沉迷于古代的事物以及前科学时代的思想体系，但同样也对这些科学调查抱有狂热的兴趣。当然了，他对现代科学的理解并不专业，但是他阅读了《科学美国人》上面的文章，也查阅了大量有关理论研究的专著——从弗朗西斯·克里克和詹姆士·华生所发现的核子物理学与 DNA 基因结构，到由勒内·托姆所阐释的板块构造与突变理论，不一而足。他从这些宏大的理念中获取自己的解读，并挪用到他对这个世界包罗万象且神奇异常的诠释当中。他的这些诠释

和科幻小说作家及读者的想法相似——科幻小说在这个人类准备飞向太空的时代极为流行。达利坚信,和牛顿的理性主义比起来,当代科学思考的方向更接近神秘主义。而且,这样一种古代与现代观念的个人融合——达利称之为"核神秘主义"——如今几乎已经取代了弗洛伊德学说,成为他思想的源泉。这一点象征性地体现在他于1952—1954年之间对他最为人熟知的超现实主义作品的重新创作——《记忆的永恒的分解》(图155)。

达利拜读过达西·温特沃斯·汤普森著名的生物形态学理论。这一理论论证了自然界对数模型的频繁出现,以及生长与形态的螺旋模式。举例来说,这些模式和形态在花椰菜和犀牛角中是极为常见的。达利自然而然地将这一理论吸收进了自己宏大的精神框架当中。运用艺术的传统语言——在我们将要提到的这件作品中是静物画的技巧——来表达他当下的核神秘主义理论,这在另外一件作品中有着更为复杂的体现,即创作于1956年的《有生命的静物》(图156),通常译为《静物—快速移动》。自相矛盾的作品题目和彼此相悖的图像语言似乎使得他得以在寓意的层面上表达出他对量子物理学个人化且神秘主义的理解:

我在窗前用风扇、水果、花椰菜、鸟、玻璃杯、空瓶子以及刀展示了悬浮在空中的水果碗。窗外是无穷无尽荡漾着波浪的大海。一只手在最小的空间里用最大的力量握着一只犀牛角,望着眼前一望无际的大海。画面变成了几何学的特殊轨迹,不仅阐释了最伟大的科学猜想和哲学推论,还让我洞察到了时空的真谛。

达利很明显地感觉到自己是主流当代艺术中的异类,并在很多场合中表示自己认为主流的当代艺术已走上了穷途末路。他还嘲笑抽象表现主义者是"新式野蛮人",认为他们既对艺术没有历史性的认知,也没有艺术的鉴赏力,创造的是"一种由装饰和讽刺杂交而成的艺术"。他嘲讽地说,波洛克调制了一种"和蒙提切利一样的鱼汤，一样的让人消化不良，但又远没有那样的美味"（阿道夫·乔瑟夫·托马斯·蒙提切利，19世纪晚期画家，为凡·高所仰慕，采用刚硬的厚涂颜料画法）。自20世纪30年代起，达利开始攻击抽象艺术。但是，他又乐观地认为抽象艺术的生命力不会长久，其存在的意义就在于维护造型艺术的"贞操"。我们在这样一些谴责中读到些武断和前后不一，这其实并不奇怪。举例来说，达利说德·库宁的好话，同时又对法国行动抽象画家乔治·马蒂厄的创作特别景仰。马蒂厄也是个爱表演的人，凭借《战争绘画》获得了广泛的赞誉。他经常猛烈地碰撞画布，进行公众表演式的绘画创作。在马蒂厄向达利展示了一把火绳枪后——一种长管枪——达利甚至将这种武器运用到了自己的创作当中。他用火绳枪向印石上射墨水球，为塞万提斯的《堂吉诃德》设计插图。1959年时，他又再次使用弹道武器制作了一种钉子炸弹，其爆炸的力度刚好能够在铜板上留下痕迹，从而创作了《圣约翰启示录》的配图。

在1951年回到西班牙后不久，达利在马德里的一家剧院为观众做了题为《毕加索与我》的演讲。在这次演讲中，他阐明了自己在政治和艺术上的意识形态立场。他一如既往的清醒，知道毕加索是个父亲般的存在，是现代主义的先驱，占据着道德的高地和无法撼动的地位。达利通过2张肖像作品表达了自己在面对毕加索时内心的矛盾感。其中一幅（图157）最初创作于1930年，后来又作为印刷品出版，印上了"我也认识国王"的字样；另外一幅创作于1947年，是一幅复杂且恼人的漫画（图158）。在这场表演中，达利用以下的比对开始了他的演讲：

毕加索是西班牙人
我也是

毕加索是天才
我也是

图156
《有生命的静物（静
物－快速移动）》
1956年
布面油画
125 cm × 160 cm
美国佛罗里达州圣彼得
斯堡市萨尔瓦多·达利
博物馆

毕加索 72 岁左右

我快 48 岁

毕加索世界闻名

我也是

......

　　达利提醒观众是 2 个西班牙人发明了立体主义，他们分别是毕
加索和格里斯。但是，他又宣称，"西班牙绘画现在的座右铭必须
得是神秘主义和现实主义"。毕加索所扮演的历史角色是把现代绘
画推向审美反叛的极致，为达利所开启的神秘主义绘画新纪元奠定
了基础。

　　这种典型的达利式的华丽表演取得了预期的效果，在西班牙的
媒体、艺术家和批评家中引发了一波又一波的反响和争论。站在演
讲台上的是另外一个达利—— 一个表演者和花花公子。花花公子原
是用来形容年轻的英国绅士：他们在 18 世纪来临之际，穿衣打扮趋
于铺张和讲究，这标志着一种过度关注风格的行为模式的诞生。在
接下来的一个世纪里，整个欧洲仍然盛行这种风格，代表了一种颂
扬生活美学标准的世界观。诗人、批评家波德莱尔指出，"花花公
子必须在一面镜子前生活及睡觉"。和年轻时候一样，达利在他的
晚年仍然过着这种强迫式的生活。

　　在达利的"行头"中最重要的一样东西当然是胡子了——这必
须是达利的标志——1954 年，他和菲利普·哈尔斯曼合作出版了一
本新奇有趣，但实际上自我嘲讽的摄影集，颂扬了胡子的荣耀（图
159）。在他那一代的现代主义艺术家中，达利是唯一一个愿意被大
众传媒消费，且拥有最广大受众的艺术家。原因无外乎他是唯一一
个想要，同时也知道如何把花花公子的观念现代化，把花花公子转

化为当代"名流"的人。达利是第一位名人艺术家，后来的安迪·沃霍尔追随了达利的脚步，20世纪80年代一些受媒体关注的艺术家亦如是。名流在美国享有权力能赋予的所有好处——认可、尊重，以及在公共场所、酒店及餐厅的优待——而这在欧洲一直以来只有贵族成员才能享有。这些贵族因此一直守护着自己的阵线，不允许任何的新人出现。他们还把新人称作是"暴发户"。为媒体表演，达利乐在其中。他还在20世纪50年代和60年代做电视采访、拍纪录片，而且做起来还跟他以前应付纸媒一样的专业。在1956年为哥伦比亚广播公司做的一次采访中，达利还成功地控制了整个访问的步骤和程序。他试着解构媒体本身。在播放的过程中，他将镜头指向整个拍摄小组，并宣称"混淆视听是最好的，意外制造创新，秩序导致无聊"。

达利和嘉拉定期按照季节在2家豪华酒店——一个是巴黎的莫里斯酒店，一个是纽约的瑞吉酒店——和利加特港间来回往返。他们在利加特港有自己的家和工作室。在买下周边渔民的房子之后，他们的工作室如今已比以前大了许多。达利很多重要的作品都是在这里完成的，而2家酒店则是为了享乐、增加曝光度，吸引有钱的买家的——无论如何，他们套房的一间房间里通常都会挂一幅重要的画，画中是正在创作的达利。大多数时候，达利都是在早上工作。然后，夫妇2人去最好的餐厅吃饭，品尝海鲜，畅饮香槟和上好的波尔多红酒。饭后，他们还要睡会儿午觉。下午的时候，达利的秘书/代理人会安排一些和记者、客户及模特的会面。在会面上，达利可以在公众面前表演和娱乐自己。而此时的嘉拉则会外出购物。他们在1958年举行了结婚典礼。婚礼在赫罗纳的一间教堂里举行，避开了公众的视线。尽管对达利来说，这场婚礼的举办可能只是相当于参加了一次华丽的礼拜，但也极为重要。1934年他们曾在巴黎公证结婚，但这可能只是为了满足美国移民局的要求。

达利对天主教堂丰富的装饰很感兴趣，这在他20世纪50年代

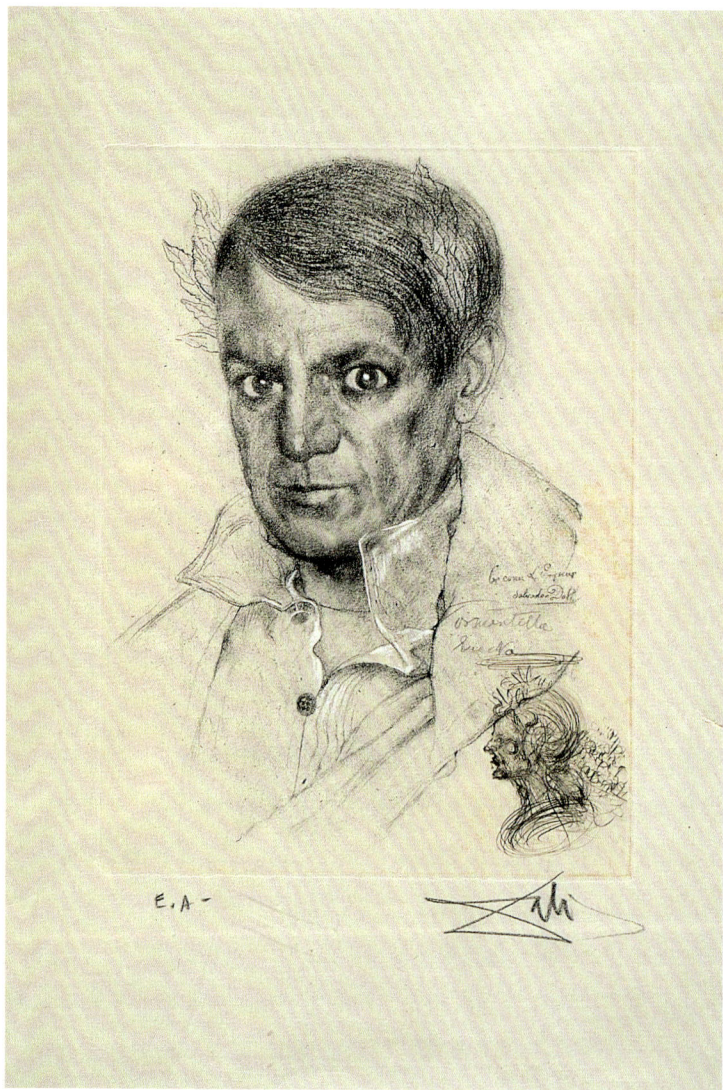

图157
《毕加索肖像——我也认识国王》
1970年
在1930年的一张素描
上针刻腐蚀凹版印刷
39 cm×29.5 cm
美国佛罗里达州圣彼得
斯堡市萨尔瓦多·达利
博物馆

图158. 右页
《毕加索肖像》
1947年
布面油画
64.1 cm×54.7 cm
西班牙菲格雷斯嘉拉 -
萨尔瓦多·达利基金会

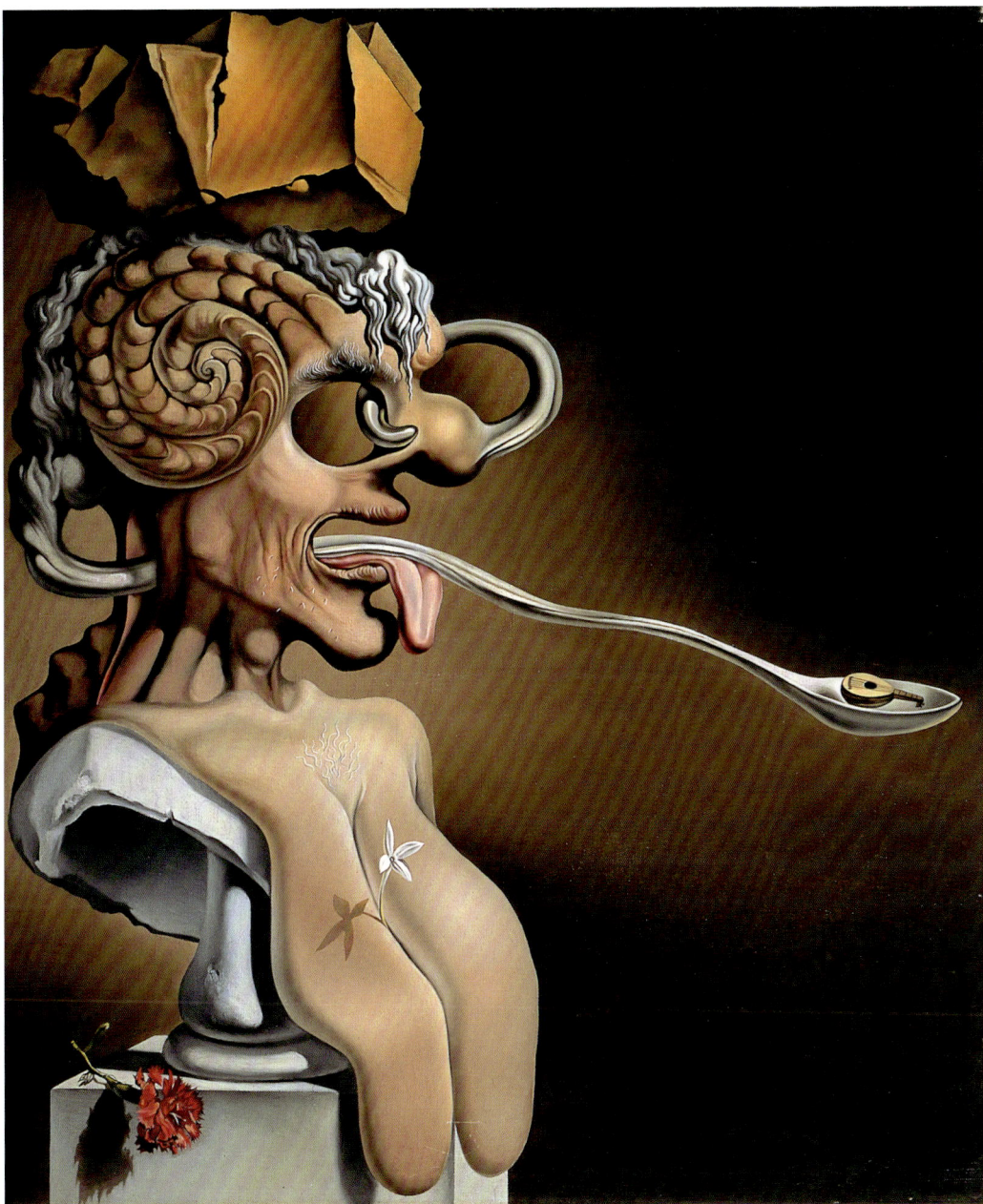

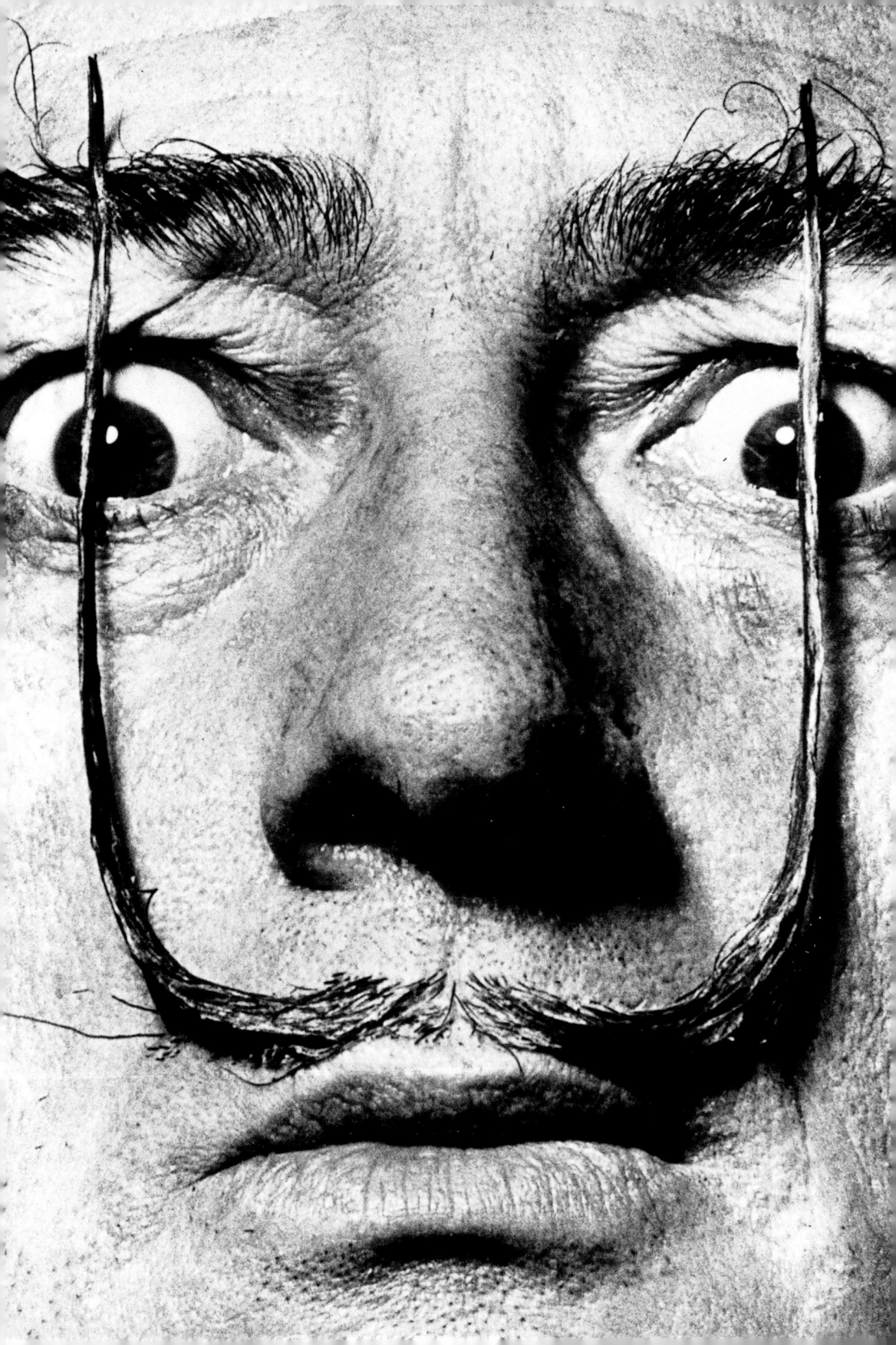

的珠宝设计中可见一二。自 1941 年起，达利就开始设计珠宝。他的灵感通常都源于面部和身体部位，而且有意对抗这一传统设计领域既定的规则。他公开说明了自己的兴趣所在，即这些珠宝是不可以穿戴的。但是，如果真有人要穿戴的话，那一定要紧贴皮肤，要感觉到珠宝如粗毛衬衣般的粗糙感和刺痛感。1949 年的《时间之眼》是一只钻石手表，蓝色珐琅彩呈 3 层渐变，铂金中还镶嵌着一颗红宝石（图 160）。1949 年的一件珠宝作品把广受欢迎的诗人的词句转化为珍珠牙齿和红宝石嘴唇（图 161）。后来，他又创作了一系列在形式上更为复杂的珠宝作品，参考了教会和王室的元素，如1954 年的《高贵的心》（图 162）和《天使十字架》（图 163）。这些作品把他对命理学、炼金术及基督教神秘主义的兴趣以神奇的方式结合在了一起。他还用充满情欲的细节描述了这些作品的制作技巧：

用纯金雕刻人物，再由艺术家用琥珀色的液体油彩上色。底座是来自非洲的结晶硫化锌，嵌有 12 颗钻石，裹在铂金的柱子里。每根柱子都有自己隐而不显的电力发动机，以彼此不同的节奏移动着。金色的十字架安置在一颗天青石球上。这颗 602 本尼威特重的球体是从来自俄国的一块一平方英尺的石头上切割下来的。尺寸罕见、色泽鲜红的珊瑚礁则产自中国。毫无瑕疵的黄晶来自巴西，重达 1687 克拉。这块黄晶用黄金装裱，和十字架连接在一起，象征着神龛和天国之门。

然而，1961 年的《空间大象》在造型上则更具达利特色（图164）。这件作品用黄金、祖母绿、钻石、红宝石及海蓝宝石雕刻而成。所雕之物出自罗马一尊贝尼尼的大象雕塑——只不过是达利的想象版本——背上驮着一座古埃及方尖塔。

这一时期，达利对图像的想象似乎萌生了一些迥然不同的奇思妙想。而在 20 世纪 50 年代末期和 60 年代初期，他的想象仍然注

图160. 左页
《时间之眼》（一次时
装拍摄时佩戴）
1949年
珐琅彩、铂金、钻石和
红宝石
4 cm×6.4 cm×
1.5 cm
日本东京美井艺术博
物馆

图161
《红宝石嘴唇》
1949年
红宝石、珍珠和黄金
3 cm×5 cm×1 cm
日本东京美井艺术博
物馆

重是否达到了技巧的精确度以及恰当与否。创作于 1958—1960 年的《狄奥尼索斯唾弃三维高迪式女人舌尖上完整的卡达奎斯映象》（图 165），其标题读来十分怪异，但却很好地营造了一种复杂又让人不安的视觉氛围。瓶子里简单的静物和水果分解成一对奇形怪状的男女，一个有一颗脑袋，另外一个有 2 颗脑袋。背景中的人物似乎是从米勒笔下田园牧歌式的生活场景中分离出来的。这件后期的多重图像代表作意图唤起观众偏执批判式的反应，和同时期的另外一件作品形成鲜明的对比。在另外这件名为《哥伦布发现美洲》（图 166）的作品中，主题和视觉模式的特点都能让人在第一眼便心领神会。

《哥伦布发现美洲》是一幅巨大的画作，大约 4 m x 3 m。从这件作品在尺寸和历史主题的选择上来看，达利似乎是想要和巴洛克风格的绘画大师们一较高下。在委托达利为纽约现代艺术博物馆创作这件作品时，亨廷顿·哈特福德无疑早就已经想好了作品的主题。但是，面对此种直接的要求，达利从不会屈尊俯就。尽管在历史上尚且存疑，但哥伦布一直都是加泰罗尼亚的标志性人物。然而，达利画中的焦点人物难道不是嘉拉和达利自己吗？画中的嘉拉有着巴托洛梅·埃斯特万·牟利罗作品《圣海伦娜》中的造型，达利则出乎意料地打扮成一位修道士，拜倒在嘉拉的膝

图162. 上图
《高贵的心》
1951—1952年
镶有红宝石、钻石和祖母绿的心形黄金
高10 cm
东京美并艺术博物馆

图163. 下图
《天使十字架》
1954年
黄金、珊瑚
高76 cm
东京美并艺术博物馆

图164. 右页
《空间大象》
1961年
钻石、祖母绿、红宝石、蓝宝石、黄金
高63 cm
东京美并艺术博物馆

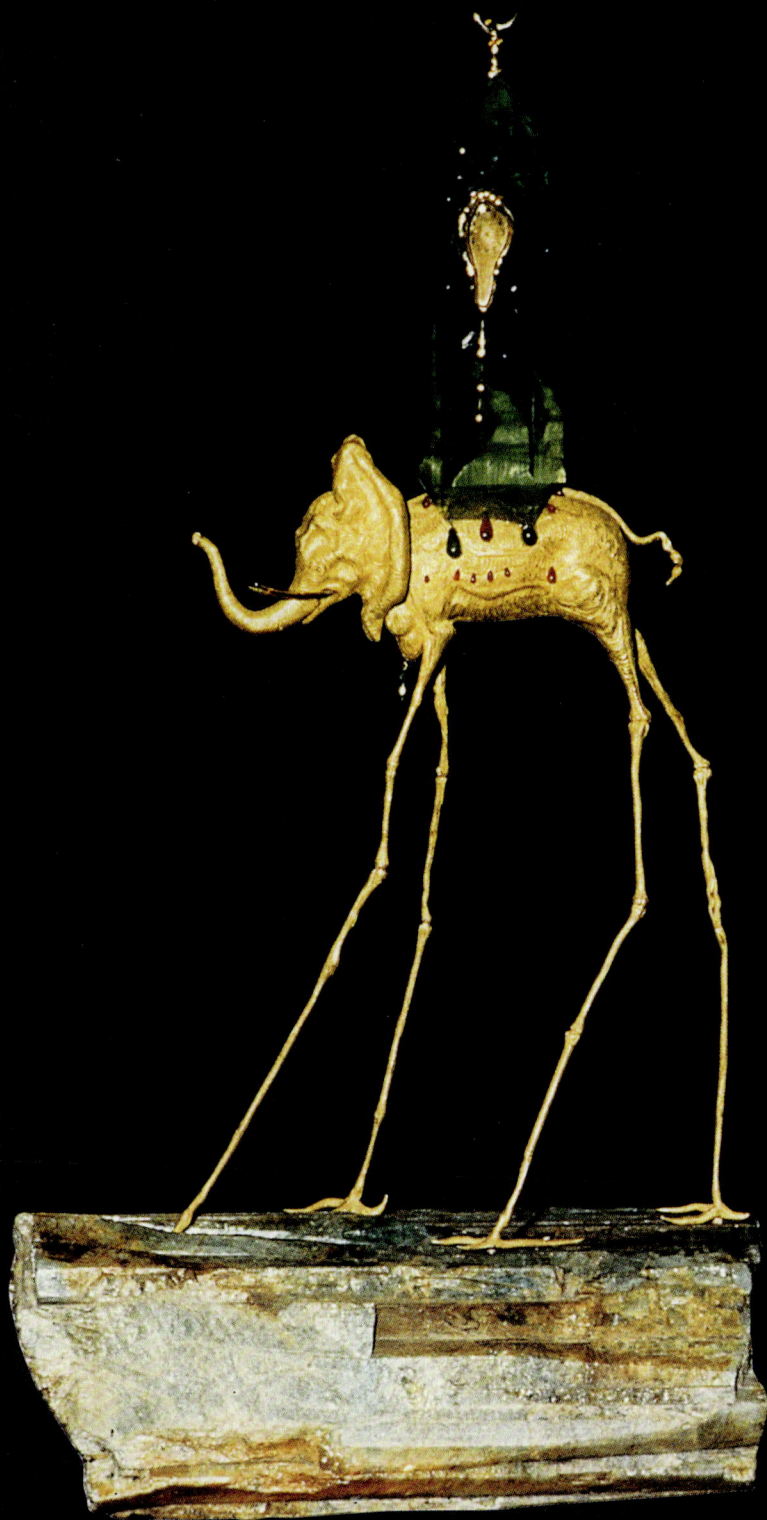

下。而且，画布上年轻的哥伦布戴着从伍尔沃思超市买来的假发，裹布下的内裤隐隐作现。这令人啼笑皆非的造型又让我们如何严肃得起来呢？达利有着取之不竭的灵感把毫不相干的现象置于一种神奇的（不同于逻辑的）共通关系当中。这从这件作品前景底部那个奇奇怪怪的东西就可见一斑，而那个东西又似乎是整件作品所要探索的主题。此物一看便知道是被抽去了脊椎的"下凡的海胆"。达利显然在形态上把它和苏联 1957 年发射的人造卫星及肯尼迪的 10 年登月计划联系了起来。他还在这件作品中尝试着以幽默的方式探索了传统及现代的表征技巧。举例来说，圣海伦娜从旗帜上升腾而起，看起来是立体的，但同时又似乎是印在旗子上的画像——让人产生一种幻视的错觉。画面的其他地方还融进了《十字架上的圣约翰》中的图像，这种融合采用的是当时的摄影创作技巧。

在 1958 年的《西斯廷圣母》（图 167）中，达利把他对幻觉效果的钟情发挥得淋漓尽致，炉火纯青。这件作品采用了本戴点工业印刷系统（当然早于罗伊·利希滕斯坦对此种工艺的使用）。站远一点看的话，画面上是拉斐尔的《西斯廷圣母》（大约作于 1512年）；站更远一些看的话，画面上则是一只巨大的耳朵——达利说那是教皇的耳朵。此外，达利极致的复杂还体现在他用错式画法绘制的一颗悬着的樱桃以及樱桃在画布左面留下的阴影，这源于一张马蒂斯老年时的照片给他带来的启发和灵感。照片中，这位伟人裤子的前开口处露出了一颗纽扣。达利将自己对于弗洛伊德象征主义的解读带入了这张照片。从《西斯廷圣母》这件作品可以看出，达利在这一时期的创作已经有了向美国波普艺术的新兴形式发展的趋势。

达利对所处时代的活力抱有满腔激情，对航天技术与 DNA 解码构成的科技时代满怀憧憬，这都确保了他的事业在弥漫着乐观主义情绪的 20 世纪 60 年代依然如火如荼。的确，他在这些年里声名鹊起，新一代的年轻追随者们对他的创作深有共鸣，也被他的人格魅力深深地折服。他的画面把博物馆经典作品中为人所熟知的元素同当代大众媒体的图像毫无保留、大胆地拼凑在了一起，同时又融入了自己独特、离奇的宇宙学理论，与寻求新精神、新道德的全球年轻文化消费观不谋而合。此外，他的作品也填补了流行音乐所传唱的迷幻现实的缺憾。美国和欧洲各式各样的青年狂热分子和流派——从垮掉的一代到嬉皮士——都坚定地反抗父辈文化框架中条条框框的规则，如克制、理性、苦修等。年青一代还在全球范围内兴起的流行音乐文化中找到了志同道合、意趣相投的伙伴。这也成了他们共同的表达渠道。

图165. 下页
《狄奥尼索斯唾弃三维高迪式女人舌尖上完整的卡达奎斯映象》
1958—1960年
板上油画
31 cm × 23 cm
美国佛罗里达州圣彼得斯堡市萨尔瓦多·达利博物馆

时年 60 岁的达利欣欣然地看着这个时代的发展与变化。他对年青一代"漂亮的人们"倾慕不已，将自己打扮成花花公子的大师形象迎接着这些年轻的观众（卡达奎斯也因此成了嬉皮士之路上的著名景点）。达利把自己看作是某个文艺复兴时期的国君，身边围着一群异域的朝臣——科学家和哲学家也在其中，但多数都是因为相貌出众或穿着有品才被选中的。在这些年里和达利交往甚密的是漂亮的模特阿曼达·丽儿（图 168），她后来写了一本名为《我与达利》的书。在莫里斯酒店的套房里，阿兰·博斯凯给达利做了一系列有趣的采访。当时在场的还有柔术表演艺术家兼舞者昂达。达利的粉丝圈里还有伊莎贝尔·德·巴维尔伯爵夫人，人们更多地称她为"紫外线"。她后来又成了沃霍尔的追随者，见证了这两位"名人"艺术家之间的联系。

1968 年 5 月，学生走上巴黎的街头开始抗议示威，达利借用当时政治宣言的口吻发表了《我的文化革命》一文作为回应。除了开些玩笑外——如呼吁"把联合国教科文组织设立为公众弱智化部"——达利还表达了自己对 20 世纪 60 年代理想主义发自内心的共鸣：

现代文化革命的色彩将不再是红色，而是紫色，绘出了大气、天空与江流……决定未来几千年历史走向的水瓶座时代将会见证血

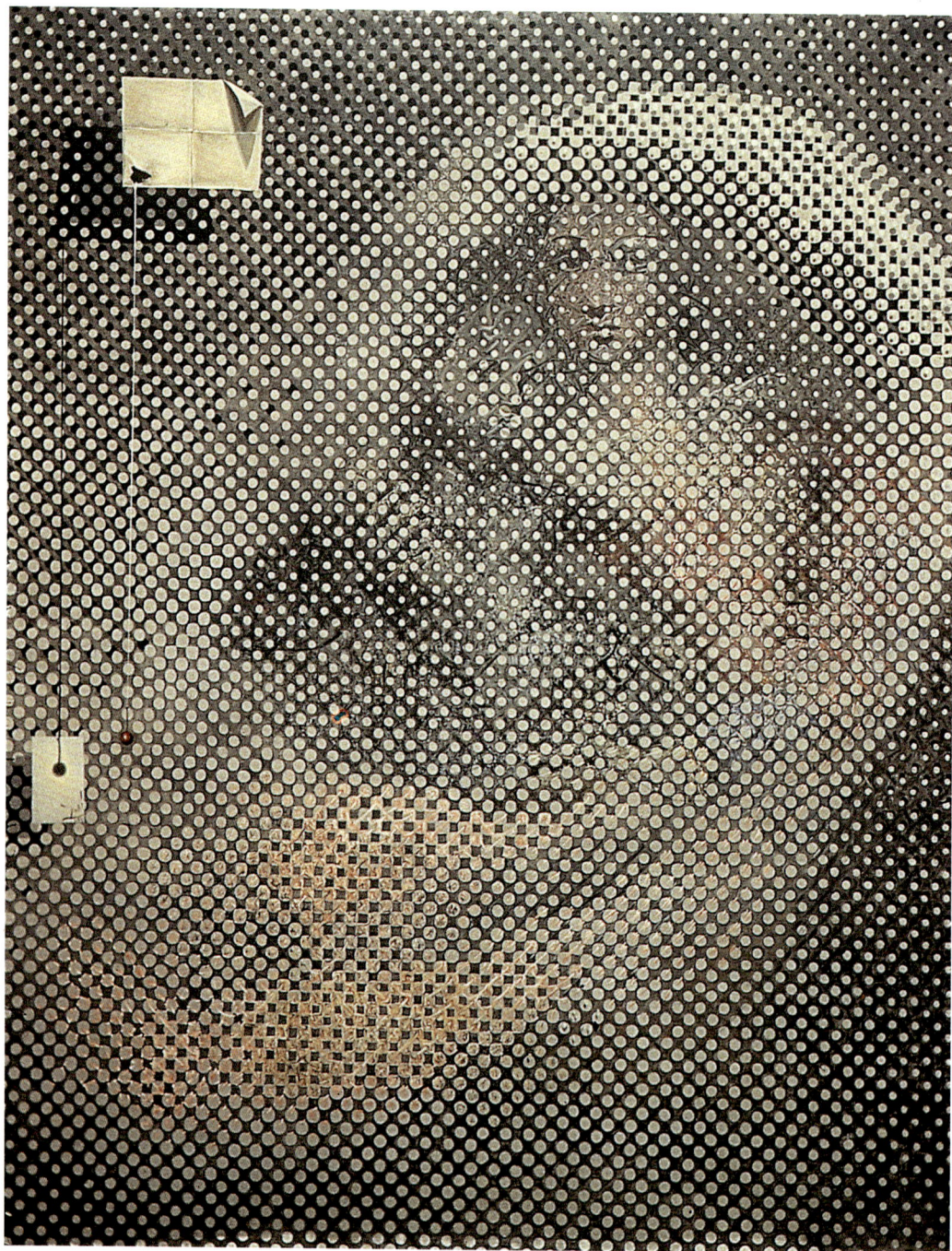

腥暴力的一去不返。就目前而言，我们已将双鱼座处决（"上帝已死"）。他的鲜血将大海染成了蓝色，海浪也因此泛着紫色的光波。

这样的观念激发达利创作了一件最难理解的画作《金枪鱼捕捞》（图 169）。这件作品最为奇怪，融入了复杂的元素，创作于 1966—1967 年，大约 3 m x 4 m，其副标题为"向梅索尼埃致敬"。让 - 路易斯 - 恩斯特·梅索尼埃是 19 世纪的法国学院派画家，他主要创作战争绘画，且擅长描绘细节。现代主义艺术家曾嘲笑他的创作主题及技巧"平庸老套"，但达利却颇具挑衅意味地表达了自己对这位画家由衷的敬佩。然而，梅索尼埃战争绘画中地平面上幽灵一般的阴影只是《金枪鱼捕捞》这件作品引用博物馆经典艺术的冰山一角而已。这件作品还引用了帕加玛雕饰中的古老雕像，以及画家古斯塔夫·莫罗象征主义的女性裸体。另一方面，这件作品前景中的主要图像是一位穿着运动背心的年轻人。这一形象源于 20 世纪 60 年代平面设计中常见的摄影风格。在把学院派、点彩派、抽象表现主义、欧普艺术和波普艺术融会贯通之后，达利在这件作品中还有意识地创造了一种呈螺旋式分段的绘画风格。这种风格一方面增强了画面的张力，另一方面也表明达利仍然坚持具象派艺术是有其价值所在的，并且反对高高在上的抽象艺术。把当下盛行的科学理论如 DNA 分子结构学和核物理学同基督教神秘主义结合起来，这是达利作品中常见的主题。他曾经这样解释这种主题所要传递的精神："这样，绘画就被赋予了惊人的力量！因为所有那些鱼类，所有那些金枪鱼，以及所有忙于捕杀鱼类的人，都是无穷宇宙的化身。画面中的所有元素……都获取了最大的超美学的力量。"在看过了诸多以同样生动的细节进行描绘的超现实主义作品后，我们在观看这件作品的过程中最好不要妄想找到一种整体的图像语言或和谐的构图。相反，我们要解放自己的双眼，任由视线接近或远离画布，任由目光在画面上游移——一点一点的，不疾亦不徐。

图166. 265页
《哥伦布发现美洲》
1958—1959年
布面油画
410 cm × 284 cm
美国佛罗里达州圣彼得斯堡市萨尔瓦多·达利博物馆

图167
《西斯廷圣母》
1958年
布面油画
223 cm × 190 cm
美国纽约现代艺术博物馆

这一时期的另外一件重要作品用了类似的构图，尽管整体看来要更为平衡。这件作品名为《引发幻觉的斗牛士》（图170），创作于1968—1970年，将近4 m x 3 m。这件作品呈现了达利创作中常见的主题，可能也是他后超现实主义时期为数不多的有着重要个人意义的作品之一。年少的达利穿着水手服站在画面的右下角，抬头凝视着，陶醉于左上角嘉拉的面庞所折射出的神圣光芒之中。斗牛士从《米洛斯的维纳斯》残缺的断臂处如晕影般浮现了出来，构成一组双重图像。这一图像是他在看到一个英国铅笔品牌的包装设计时想到的。在从前与洛尔迦争论时，达利曾表示自己无法苟同于西班牙的浪漫主义，即痴迷于无法避免的死亡，以及生命中不可逃脱的悲剧。这种浪漫主义经常出现在西班牙的传统音乐、故事及习俗中，特别是在仪式性的斗牛中。然而，在这件作品中，达利似乎赋予了这一极富象征意义的传统以某种真实性。斗牛士流出了一滴眼泪（图171），似乎是为了祭奠达利两位英年早逝的密友：勒内·克雷韦和洛尔迦。甚至，又或者是祭奠他从未见过，但却决定了父母抚养、教育他的方式的哥哥。此时的达利已经到了一个完全应该直面并思考死亡的年龄。他最后一本自传名为《我难以言说的自白》，最早出版于1973年，毫不掩饰地让读者看到死亡对他来说是一件多么重要的事情。

自从我知道自己活着的那一刻起，我便与死亡同在。这让我感到心灰意冷，只有当我迫切地想要多活一分，或者哪怕一秒时，我才觉得自己尚还活着。这种从未远离的痛苦、残酷、恐惧感始终萦绕在我一生的挣扎之中。

我的终极游戏是想象自己已然死去，虫子吞噬着我的尸体。我闭上眼睛，所有那些不可思议且不堪目的细节便充斥着我的脑海。我看见自己被一大群蠕动着的、可怕的、绿油油的蚯蚓慢慢地吞噬、消解，看着它们在我了无声息的躯体上不断地膨胀、变肥……我觉得这是一种绝佳的训练，从记事起我就开始了这样的想象游戏。

图169
《金枪鱼捕捞》
1966—1967年
布面油画
304 cm × 404 cm
法国邦多勒保罗·里卡
尔基金会

正如达利自己所说的，他尚抱有一丝信念，那就是他相信低温保存技术能够快速地发展成熟。如此一来，他就能够进入"冬眠"，从而不必担心身体的衰老或者最终的死亡。而沉迷于编造早于他出世便已离世的哥哥的故事，更加剧了他对死亡话题的迷恋（图172）。

达利和嘉拉都爱钱如命，但金钱吸引他们的地方在于其所具备的神奇的财产权。在发现自己只需要付出一丁点儿努力就能换回"一大堆的支票和黄金"时，达利毫不掩饰地说出了自己对此的困惑。或者，他有时候也会有农民式未雨绸缪的思维，担心自己永远都不能有太多钱，要不总有一天会被别人都拿走。有一次，莫里斯酒店要求达利夫妇清理一下他们寄存在酒店的一堆旅行箱。结果，他俩在箱子里发现了大量过期的支票和市场上不再流通的纸币。夫妇二人对金钱形而上的痴迷恰似一个典型的资本家对金钱的膜拜。但是，这种心态的产生并非由于他们近年来所获得的大量财富。就达利而言，这种思想自孩时起，便已经生根发芽了——即便是在巴黎落魄江湖的那段时期，他都还是靠打车游遍了整个城市，并且每次都因没有零钱而给司机巨额的小费。

后来，随着电视的发明，达利惊喜地发现自己拍一条15秒的广告就能拿到1万美元——还有什么能比这更让人觉得金钱荒诞不经？而达利又有什么理由不去继续自己"弱智化"那些深信金钱万能的人的大业呢？据估计，截止到1970年，达利的税后年收入已经超过了50万美元，而他积累的财富也已逾1000万美元。尽管达利从始至终都想尽法子通过各种途径赚钱，但这却丝毫无损于他的名气。但是，的确也给他的艺术声誉造成了一定的损耗，在版画复制的领域尤其明显。

最初在菲格雷斯接受正式的美术教育时，达利就对雕刻及刻蚀工艺深为着迷。当时的他师从一位雕刻罗马奖的获得者。在从美院停学之后，他的父亲让他在家乡开办一家出版社。1934年出版的《马尔多罗之歌》系列（图100）在版画界广受赞誉。然而，到了

图170
《引发幻觉的斗牛士》
1968—1970年
布面油画
398.8 cm×299.7 cm
美国佛罗里达州圣彼得斯堡市萨尔瓦多·达利博物馆

图171. 左页
《引发幻觉的斗牛士》
局部

图172
《我亡故哥哥的肖像》
1963年
布面油画
190 cm × 190 cm
私人收藏

20 世纪 60 年代，公众对当代艺术家版画作品的需求迎来了一波高潮。尽管达利并未在出版商所委托的项目上贡献多少创造力，但他却很难拒绝这些项目。在一则日记中，达利表述了自己内心的五味杂陈：

　　小将（达利的秘书，彼特·摩尔）给我带来了 2 块铜版，给一位巴黎的出版商做雕刻。每天早上吃过早餐之后，我都迫切地想要一下子赚 2 万美元，然后再开始一天的生活。我把铜版放在大腿面上，靠近肚子，拿起桌上的刻针开始工作。看着刻针在铜版的表面游走，留下一串串的痕迹，这对我来说是真正的快感和享受。

　　达利还尝试了很多项目，包括为经典文学作品的精装版绘制插画，如《神曲》（图 173）《圣经》《十日谈》《爱丽丝梦游仙境》（图 174）和《卡萨诺瓦》。创作这些作品的插图时，达利会先绘制水彩画，再由雕刻师们转刻到铜版上——尽管通常都需要他重新修改或加工一番。最终，达利所感兴趣的是引人入胜的画面，而非细微的触感美学。不管是画油画还是作版画，他注重的都不是不同艺术家所赋予作品的不同"光晕"——"我总是鼓动人们去复制我的作品，因为我觉得复制品远比原作好得多。"所以，他也愿意出版一些流通限制较少的书籍。这种书通过常见的商业复印方式就可以制作复本，《嘉拉和上帝的美酒》的拼贴插图就是个很好的例子。

　　限量版版画的购买者会要求艺术家署上自己的签名，以证实该作品的真实性，也保证限量版的珍贵性。出版商们通常并不确定签名时达利能否出现。因此，他们便让达利提前在空白的纸张上面先把名字签好。然而，不幸的是，这些签名被大规模地不法使用。而且，到了 20 世纪 80 年代中期时，印有达利真实或伪造签名的空白纸张在市面上大量流通。这导致了多起针对空白纸张及伪造版画的控诉与没收，同时也使得达利版画作品的市场疑云不断。

图173. 下页
《但丁〈神曲〉中的
死神》
1950—1952年
纸上水彩
41 cm×27.5 cm
西班牙卡达奎斯佩罗
特·穆尔博物馆

图174. 279页
《爱丽丝梦游仙境》
1968年
纸上水粉
56 cm×40 cm
西班牙卡达奎斯佩罗
特·穆尔博物馆

从菲格雷斯进入法国边境，途经的第一大镇是佩皮尼昂镇。当地的居民总是津津乐道于他们和加泰罗尼亚之间的往来。夏天待在利加特港完成工作的达利夫妇也要从佩皮尼昂镇开始他们的巴黎假日生活之旅。尽管佩皮尼昂火车站十分有序、高效，但是，就算是最地道的当地居民也很难把它和达利作品中所描绘的那个气势恢宏的火车站联系起来。这件作品创作于 1965 年，全名是《佩皮尼昂火车站（嘉拉望着在〈波普、欧普、真棒真棒、媚俗〉这件作品上失重的达利，米勒〈晚祷〉中两个美妙的人物以休眠的原始状态出现，仰望这件作品，画面会出现一个巨大的马耳他十字，宇宙万物在佩皮尼昂火车站的中心处汇聚）》（简称《佩皮尼昂火车站》）（图175）。达利让观众通过自己的观看去发现米勒《晚祷》中的夫妇在这件作品中留下的朦胧的影子，这暗示了达利在论及“《晚祷》的神话”时所谈到的“偏执”场景。而且，他所编造的天才神话——《一个天才的日记》一书也在同年出版——无疑自大、夸张到了一种极限：达利巧妙地设置了这件作品的中心点，有意制造模糊和混淆，让观众弄不清楚头戴荆棘、伤口流血的钉在十字架上的人究竟是耶稣还是达利。

《佩皮尼昂火车站》构建了一则达利自己的神话。就此而言，这件作品开启了他绘画生涯中的最后一个宏大目标，即把具象表征手法的新发明运用到立体成像对虚拟现实的塑造当中来。在达利看来，维米尔和杰拉德·窦对具象表征手法的发展做出了重要的贡献，拓展了现实主义绘画的错觉创作手法。

达利还热衷于探索全息摄影的种种可能。全息摄影是丹尼斯·加柏在 20 世纪 70 年代初期发明的。达利创作了 6 幅全息图，其中一幅的主题是摇滚歌手艾丽丝·库柏——达利说，“库柏是我认识的人里最疯狂迷乱的一个”。还有一件作品名为《全息！全息！委拉斯凯兹！加柏！》（图176）。这件作品不仅让观众看到了委拉斯凯兹的作品《宫娥》隐藏的帆布上的画面，还以绝妙的方式制造了一出蒙太奇—— 一幅当代场景——即啤酒广告上的牌局和 17 世纪

图175
《佩皮尼昂火车站》
1965年
布面油画
295 cm × 406 cm
德国科隆路德维希博
物馆

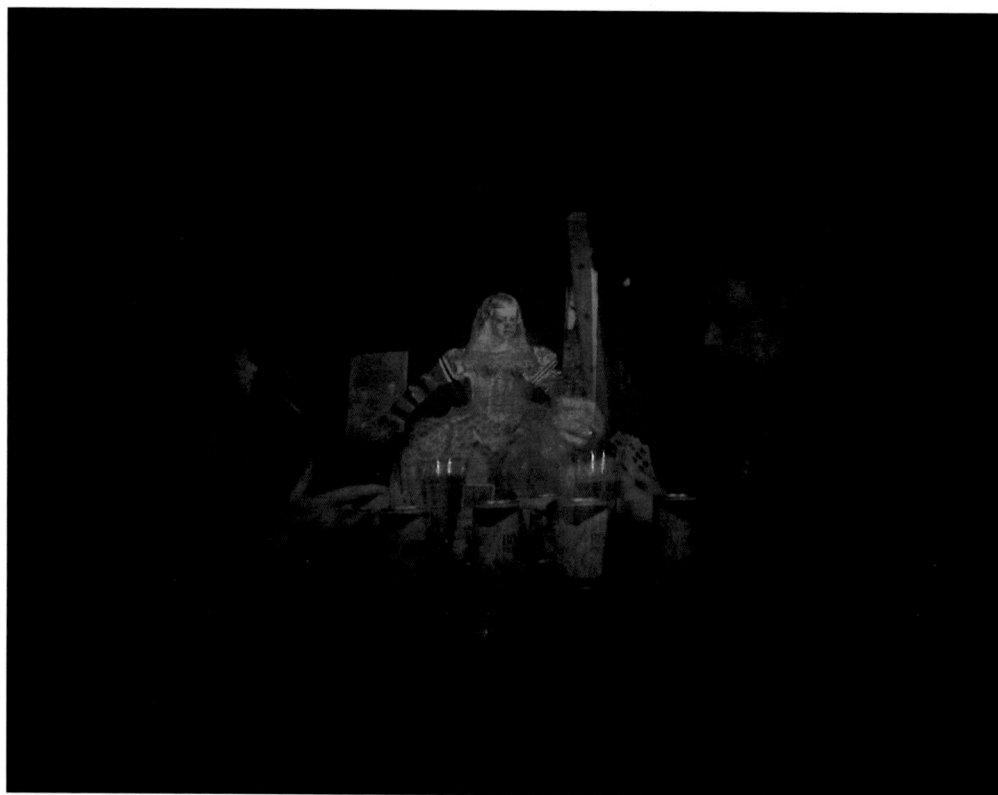

西班牙的虚拟空间同时出现在了画面上。达利后来放弃了他在全息图像方面的尝试，原因很可能在于他没能发明出一种真彩全息图的创作方式。

此后，达利开始探索立体创作技巧的可能性。但是他最初的尝试——使用广泛运用于立体明信片制作的菲涅尔系统——并未形成大规模的创作。借助于罗杰·德·蒙特贝洛所开创的镜面系统，达利开始致力于在 19 世纪立体摄影术的基础上发明创造。这种创作需要先绘制一幅精致的错觉图像，然后再复制、重绘这幅画面，在构图、色调、光线等方面做出一定的调整。然后，再将这样一幅画面的 2 张图像并置在一起，给观众提供一种真正的三维立体即视感。《背坐着的达利画着背坐着的嘉拉，同时从 6 个角度在 6 面镜子里留下了镜像，成为永恒》（图 177）就是这样的创作。达利特别欣赏 20 世纪 70 年代美国超现实主义艺术家在同时代的创作，如理查德·埃斯蒂斯和约翰·德·安德里亚的作品。达利在这些艺术家的绘画和雕塑中看到了他们彼此之间的志同道合。

随后，达利又进行了更多的尝试，最著名的是发明了用电脑衍生图像进行创作的技巧。这其中最独具匠心的一件作品回到了他一直以来的双重图像主题，画面看起来不仅可以是铺瓷砖的卫生间，也可以是林肯总统的肖像。这幅画作于 1974—1975 年，以相纸为画布，作品的完整标题是《凝视着地中海的嘉拉，退后 20 米来看则是亚伯拉罕·林肯的肖像——向罗斯科致敬（第一版）》（图 178）。这件作品目前藏于菲格雷斯剧院博物馆，其在这个空间里也得到了完美的展现，让人流连忘返。

达利的晚年过得远不如他如日中天时那般风光。这期间发生的事情也都有真实、简要的记录，读者因而能够对这些悲剧故事有一个自己的判断。1982 年 6 月，嘉拉去世，葬于达利所居住的普博尔城堡。一个月之后，国王胡安·卡洛斯授予达利爵位，并赐予他普博尔侯爵的头衔。或许因为试图通过不喝水来自杀，达利感染了严重的疾病。尽管后来恢复了一些，但是他还是无法吞咽食物，剩下的日子里都依靠导管进食，开口说话也是异常艰难的。1983 年 5 月后，达利就不再作画了。4 个护士轮流看护着他，另有 2 个警察站岗巡逻。1984 年，达利严重烧伤，起因是他不断开关床头灯导致了短路，把床给烧着了。在被送往医院的路上，尽管他已危在旦夕，却仍然坚持要去看看剧院博物馆的进展（见第 7 章）——特别是一尊和嘉拉的船合并在一起的雕像。在医院的悉心照料下，达利身体又渐渐好了起来。直到 1989 年 1 月 23 日因心脏衰竭逝世之前，达利都住在剧院博物馆附近一座名为托雷·加拉迪亚的建筑里，享年 84 岁。死后，他被安葬在剧院博物馆的地下墓室中。

图177
《背坐着的达利画着背坐着的嘉拉，同时从6个角度在6面镜子里留下了镜像，成为永恒》
约1972—1973年
布面油画
60 cm×60 cm
西班牙菲格雷斯嘉拉－萨尔瓦多·达利基金会

图178. 左页
《凝视着地中海的嘉
拉，退后20米来看则
是亚伯拉罕·林肯的肖
像——向罗斯科致敬
（第一版）》
1974—1975年
相纸油画
445 cm×350 cm
西班牙菲格雷斯嘉拉 -
萨尔瓦多·达利基金会

图179
手握嘉拉照片的达利

图180
报纸登载达利的死讯
摄于1989年

7

全球共有 2 座重要的达利博物馆，其中一座当然在欧洲，另外
一座在美国。这两座博物馆似乎也勾勒了构成达利多元艺术创造力
的两极文化源头。菲格雷斯的达利剧院博物馆是由艺术家本人设立
的，力图通过创造性的混乱来描绘其极具启示性的创作手法。美国
佛罗里达州圣彼得斯堡市的萨尔瓦多・达利博物馆是由艺术家最忠
实的收藏家设立的，力图通过清晰且明确的教育活动来对观众有所
启示。

剧院博物馆挑战了艺术博物馆的传统概念。它肯定了这样一种
观念，即一座为某位艺术家而建的博物馆必须在关注作品本身的同
时，也考虑到促使艺术家创作的偏执想法及塑造了艺术家创作的元
素所在——特别是像达利这种始终坚持认为自己的生活与艺术息息
相关的艺术家。这座博物馆收藏了绘画和素描——都是达利最好的
作品，也是观众最想看到的达利的作品。这里同时还藏有海报、家具、
书籍、为节日绘制的图样、珠宝、汽车、幕布（图 181），以及复
制的文艺复兴室内空间。这里有达利本人的作品，也有大师们的画作，
还有那些少有人知或是已被人遗忘了的艺术家的作品。此外，这里
还藏有一大堆无法定义的装置及实物作品。所有这些作品都汇聚
在一起，以极具娱乐性的方式呈现在观众眼前，而非通过强加某种
策展理念的权威来压制观众的想象空间。人们对这座博物馆的评价
是——或许有一点点不够尊重——像是"一个琳琅满目的跳蚤市场"。
但事实上，这座博物馆给人的感觉要更像是一座剧场，宛如一个歌

剧式的梦境空间——因为非常重要的一点是，这座博物馆没有叙事，也没有既定的观展路线。因此，观众必须完全听从自己的内心，自己构建属于自己的达利剧院。这座博物馆里在场的并非艺术史家，而是艺术家本人。而且，博物馆不提供日期、展签或是说明性文字——也没有任何时间顺序。如此一来，达利就如愿地使得观众能够以最好的方式来观看和理解自己的作品，即根据在他创作中延续的某些主题和内容来思考，而非其创作风格随着时间所发生的变化。整体而言，"剧院"的感觉要胜于"博物馆"的感觉，到处都是视觉上的惊奇感和事件的偶发感。当然了，观众不得触摸这些作品。但是，我们可以近距离地观看这里的展品，或许也能重拾我们在儿时参观博物馆时所体验到的那种紧张感。到了夜间，当瓦格纳的曲作响起，这座博物馆的剧院感就更加强烈了。伴随着平台上的灯光和起泡酒，这座建筑本身的戏剧感也开始彰显。

这座博物馆的建造在 1960 年被提上了日程。当时的菲格雷斯市长发现，市立博物馆里竟然没有一件本地最著名的艺术家的作品。于是他联系达利，询问达利可否为市立博物馆捐赠一件自己的作品。达利的回复是，他认为不管是在市立博物馆中陈放一件自己的作品，还是为他专门设立一个展厅，都是不成立的——菲格雷斯必须要为他准备一座博物馆才行。而且，他也为这座博物馆筹谋好了地点——市立剧院，他曾于 14 岁时在这里举办了自己的首展。这座剧院建造于 1849 年，是一座精致的新古典主义风格的建筑。然而，由于内战时期的轰炸和驻扎军队的焚烧，这里就只剩下几根柱子，基本成了鱼市。因此，市政厅立马就通过了达利要对这里进行重新修缮的提案。

项目的奠基典礼上举办了一场斗牛赛。达利一直以来都想要在巴塞罗那举办一场超现实主义的斗牛赛——一架直升机会把输了的公牛从斗牛场上吊起来，然后升到神圣的蒙特塞拉山的高度，以此来肯定它的坚毅和尊严。他未能在巴塞罗那获得许可举办这样一场斗牛赛。但是，他如今终于有了机会对西班牙最保守的文化景观进行超现实主义的改造。在一系列的常规比赛之后，一只由艺术家妮基·德·圣法勒和让·丁格利制作的公牛被抬上了斗牛场。随着斗牛士的攻击，这只公牛如期地爆炸了，烟火和爆竹四处迸散，一只鸽子腾空而起。达利被授予了"银无花果叶"的公民荣誉，工程也如期开工。

市政府请求国家提供工程所需的资金。他们还发现，按照一条以前的法律，战争损坏的赔偿款可以用于剧院的改建。但是，这项工程进行得十分缓慢。款项最终拨了下来，达利花了4年多的时间来筹划工程的细节。不管是大事还是小事，他都亲力亲为，建造这件可以说是他最伟大、最复杂的作品——剧院博物馆。在1974年达利70岁的时候，这座博物馆在一个欢天喜地的日子里对公众开放。

覆盖掉原有的观众席区域是一项重大的工程。达利喜欢美国建筑师巴克敏斯特·富勒的设计。1967年时，富勒曾为蒙特利尔世博会设计了一个巨大的网格状球顶。在这场世博会上，西班牙的佩雷兹·皮尼罗也搭建了一个相似的球顶结构，不管是内部还是外部——特别是站远一些观看时——都颇具特色，给人留下了深刻的印象。球形结构深深地吸引了达利，因为它一方面能够以一种明确的数学结构呈现宏观的宇宙，另一方面又能呈现苍蝇眼睛般微观的多面体结构——达利曾做过光学实验和他有关空间的知识积累因而对这方面有所了解。

在剧院的旁边有一座老古堡样式的建筑，也需一起进行修缮。嘉拉去世之后，达利就一直独自居住在这里，并给这座建筑起了个名字：托雷·加拉迪亚。达利给这座建筑的外立面大胆地涂上了石膏线，石膏线的图案取自当地的一种三角形吐司面包。建筑的顶上放了一排巨大的金色鸡蛋（图182—图184）。穿过一座小广场，就能看到博物馆的入口。在入口处，达利放了好几个纪念式的"雕像"，极尽讽刺之能。有一座纪念碑雕像是为达利最喜欢的加泰罗尼亚哲学家弗兰西斯·弗兰霍斯而建的。这座雕像用了一些媚俗的形式，像流动的火山熔岩，嘲讽了公共雕塑的风格。还有3座用拖

图182. 左页
托雷·加拉迪亚楼的一
个外立面
西班牙菲格雷斯嘉拉 -
萨尔瓦多·达利基金会

图183. 上图
托雷·加拉迪亚楼和
嘉拉 - 萨尔瓦多·达
利广场

图184. 下图
托雷·加拉迪亚楼
1983年
相纸上墨水
28 cm × 37.5 cm
西班牙菲格雷斯嘉拉 -
萨尔瓦多·达利基金会

图185
梅·韦斯特房间
展示《诱惑的沙发》
西班牙菲格雷斯嘉拉 -
萨尔瓦多·达利基金会

拉机轮胎制成的梅索尼埃雕像，放在高低不同的柱子上。另有一座德国艺术家沃尔夫·沃斯泰尔创作的电视塔，在一个屏幕上播放着顶部的云朵。除此之外，还有一座铜质的牛顿雕像，将各种现代主义的风格混合在一起，也有些保罗·（巴勃罗）·加尔加略和亨利·摩尔的特色。主外立面雕了很多人像，头上顶着各种各样的拐杖和面包。最中间的人像穿着一件潜水服。

进了博物馆，等待观众的还有一些特别值得关注的景观元素。入口的大厅展出了2张海报，其中一张是1976年巴塞罗那米罗基金会创建时的海报，另外一张是1977年毕加索博物馆开馆时的海报，地点同样也在巴塞罗那。在博物馆中展出这2张海报，达利是想说明自己在艺术圈的交往，并颂赞西班牙艺术家对20世纪艺术做出的重要贡献。博物馆的最顶层是大师厅，有窦和埃尔·格列柯的作品——毋庸置疑，都十分经典；也有法国学院派画家梅索尼埃、威廉·阿道夫·布格罗和两位19世纪西班牙艺术家莫戴斯特·乌戈尔、马瑞阿诺·佛坦尼的作品——20世纪70年代引领艺术趣味的权威人士通常都看不上这2位的创作。最重要的空间给了现代艺术唯一一位代表艺术家：杜尚。达利复制了杜尚的"手提箱"系列，把杜尚最重要的作品整齐地摆放在手提箱里。有人猜测，达利之所以如此尊敬这位寡言少语的大师，原因可能恰恰在于杜尚与极尽修辞、不断重复的达利全然不同。而就这二位看待现代艺术的根本态度且因为把观众"弱智化"乐在其中而言，杜尚与达利又有很多的相同之处，特别是他们都鄙视形式主义，而且都认为性本能是艺术创作的灵感源泉。

1934年，达利在一本杂志上看到了好莱坞影星梅·韦斯特的一张肖像照片。他用水粉修饰了这张照片，并转换成了他的一件作品《超现实主义者的房间》。后来，这张画又演变出了他为爱德华·詹姆斯用红绸做的《梅·韦斯特唇形的沙发》（图108）。再后来，在设计师奥斯卡·塔斯奎兹的帮助下，达利又有机会反过来搭建了一间房间（里面摆着用红色泡沫制成的新沙发——《诱惑的沙发》）。如果用显微镜看这个房间的话，会浮现出梅·韦斯特的脸（图185）。

最终，达利成功地把他所想象的文艺复兴时期伟大艺术家的生活变成了现实——他把原剧院大厅里宽敞的3间房间变成了一间"工作室"、一间"卧室"和一间"沙龙"。"工作室"的主题名为"女性的永恒"，里面有一些他自己的作品，还有19世纪和20世纪几位艺术家创作的女性裸体。这些作品放在一起之后，产生了一些颇有深意的关联。举例来说，一个霓虹灯的玻璃箱里并排陈列了一张布格罗的作品和德·安德里亚的超现实主义人物画像。

对超现实主义艺术家来说，"卧室"——梦境的天堂——当然和工作室一样重要。达利在最重要的地方摆了一张华丽的床。这张床的支架是一个海螺壳，据说是拿破仑三世定制的，床旁边的床头柜上放着一个镀金的骷髅（图186）。

华丽的沙龙名为"风之殿"。这个空间让达利有机会在巨大的房顶上绘上辉煌的壁画，极具巴洛克错觉绘画的戏剧性。壁画的内容——巨大的达利和嘉拉在菲格雷斯的上空抛洒着金子——其实是对壁画本身的讽刺，因为观众能看到这对"神圣"夫妇不敢恭维的脚底板。这两具人像在上顶之前，要先用油画颜料绘制在帆布上的石膏底上。但是，达利确保要有人把他完成这件作品的过程拍摄下来——他拿着长长的刷子，站在脚手架上，像米开朗基罗一样。思想与感知以及秩序与混乱之间的和谐是达利一直以来都十分看重的东西。他认为这种和谐在意大利文艺复兴时期的文化中臻于完善，这也是为什么他复制了位于罗马的布拉曼特的坦比哀多教堂里的内部装饰。在沙龙里，他呈现了自己的珠宝作品及其他用金子制作的作品。

剧院博物馆让观众有机会体验达利所创立的各种视觉系统的效果，因为很多立体作品的展陈方式能够帮助观众在一定条件下更好地观看。这里还陈列了一些变形的图像作品，达利对视觉效果的兴趣也因此与早期这些更有哲思、更为神奇的创作联系了起来。有的

作品乍一看似乎就是一些乱七八糟的痕迹，比如一张昆虫的作品。只有这只昆虫的影子印在《小丑》（图 187）这张石版画正中心瓶子的银色表面上时，观众才能读解到昆虫背后的意义。

汽车，或者更具体地说，20 世纪 40 年代后期美国典型的极具诱惑、顺滑流线型的汽车一直都深深地吸引着达利。在达利看来，车有着和人一样的吸引力。因此，他为汽车设计了一个罩子，遮挡汽车的轮廓（图 188）。而且，他也深知汽车有着极大的诱惑力。他甚至滋生了一个念头，要在严峻的"冷战"时期开车穿越东西欧，把车停在小村镇上，享受当地人投来的无比惊讶和艳羡的目光。因此，

图186. 左页
放着华丽风格床和骷髅的卧室
西班牙菲格雷斯嘉拉 -
萨尔瓦多·达利基金会

图187
《小丑》
1972年
87 cm × 61.9 cm
西班牙菲格雷斯嘉拉 -
萨尔瓦多·达利基金会

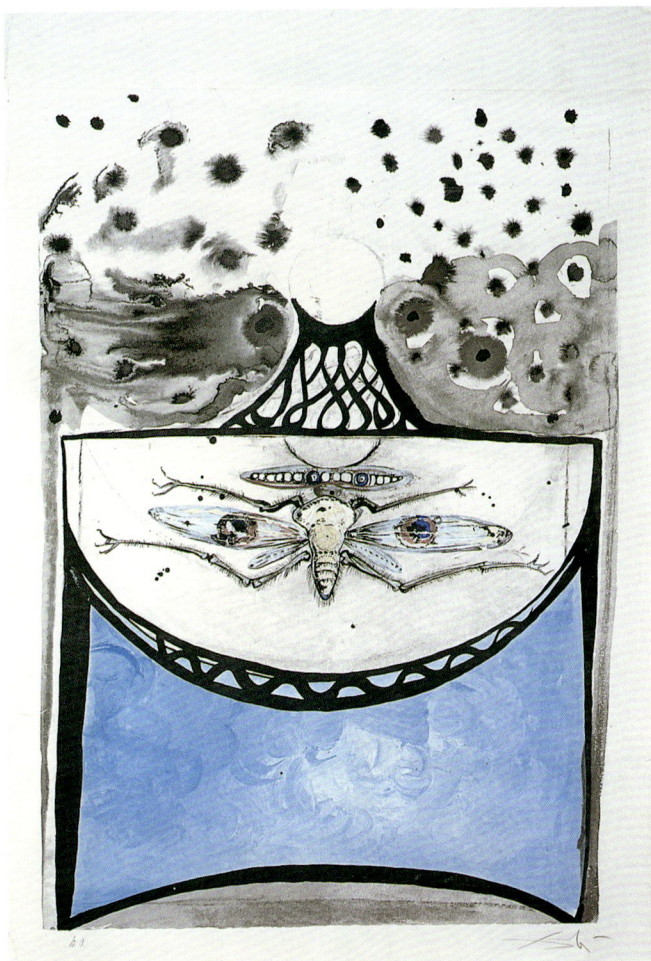

图188
《车的外套》
1941年
纸板上油画
39.5 cm × 27 cm
西班牙菲格雷斯嘉拉 -
萨尔瓦多·达利基金会

图189. 右页
院子里的《下雨的凯迪
拉克》
西班牙菲格雷斯嘉拉 -
萨尔瓦多·达利基金会

1938 年的巴黎"超现实主义国际展"上首次展出的《下雨的出租车》后来变成了《下雨的凯迪拉克》，因此放在剧院博物馆院子的正中心也就不足为奇了。车的上面还放了一个"吉祥物"（图 189），是奥地利艺术家恩斯特·福克斯为以斯帖王后做的青铜雕像。

博物馆里还有很多传统的挂墙房间，这些房间里的藏品包括了各个时期的重要作品。当然了，这些为达利最初所要求购买的藏品所建造的房间遵循了传统的上墙和标示方法。这里最重要的一件作品是 1965 年的《美元的神化》（图 190）以及对这件作品的一些研究。"神化"是物成为神的过程。当然，达利在这里并非是拜金，而是

图190
《美元的神化》
1965年
布面油画
400 cm × 498 cm
西班牙菲格雷斯嘉拉 –
萨尔瓦多·达利基金会

认为当金钱转化成艺术时，它就具备了神圣的意义。在这件他最为复杂的组合绘画中，达利崇拜的所有英雄人物——不管是历史领域的、文学领域的，还是神话领域的，其中有荷马、委拉斯凯兹、嘉拉、歌德、杜尚和堂吉诃德——和罗马圣彼得华盖的蛇形柱出现在了同一幅画面当中。

就其立意和建筑本身而言，美国佛罗里达州圣彼得斯堡市的萨尔瓦多·达利博物馆和西班牙菲格雷斯的剧院博物馆形成了明显的，或许也的确是必要的对比。这座博物馆是一座简单的功能性建筑，是从一间海军仓库改建而来的。它滨水而立，外墙上有达利巨大的签名（图 191）。这也是这座博物馆唯一一处可以从其他地方对达利的人格魅力有所了解的地方。这里的藏品包括 90 多件油画、100 多件水彩和素描作品，以及 1300 件左右的设计作品、雕塑和实物作品。这些作品全面地涵盖了达利青年时期、20 世纪 20 年代古典主义时期、超现实主义早期及成熟期的作品，也包括 40 年代和 50 年代的标志性创作——这段时期作品的收藏尤其丰富。本书所提到的大多数作品都藏于这座博物馆。作品是按照连贯的时间顺序陈列

图191
美国佛罗里达州圣彼得斯堡市萨尔瓦多·达利博物馆

的，配有详细的说明信息，空间也足够宽敞——特别是一组重要的大尺幅作品，如《哥伦布发现美洲》（图 166）和《引发幻觉的斗牛士》（图 170）都有足够高的墙来悬挂，也有足够大的空间来观看。博物馆收藏了丰富的纸上作品，如早期有着近似表现主义色彩和面部表情的水粉画《滑稽演员们》（图 192）、1936—1937 年间大量的水粉习作《蚂蚁》（图 193），以及 1954 年为《软塌塌的表爆炸了》而作的墨水素描草图（图 194）。

尽管博物馆的藏品涵盖了艺术史的各个年代，但是这更多是出于偶然，而非一开始就想要如此。博物馆里有一个独立的部分负责管理特殊馆藏，说明了这部分最先属于私人收藏。埃莉诺·莫尔斯和阿尔伯特·雷诺兹·莫尔斯夫妇 2 人自 1943 年就开始了他们的收藏，购买了《夕见蜘蛛喜》（图 132）这件作品。从此，他们和达利之间的有趣故事就开始了，他们之间的关系也维持了 40 多年。莫尔斯不止是达利固定的良好买家——他们夫妇二人一开始是在达利每年的纽约展上购买作品，后来则直接从艺术家手中购买——他们与达利的关系显然不止于买卖，他们还努力塑造达利在美国的形象，提高达利在美国的艺术声望，而不只是名流之类的传言。莫尔斯是一位塑料工程师和实业家。达利热衷于追求知识、探索科技，这样的热情吸引了莫尔斯。达利的技巧也让莫尔斯深深折服。他还经常拿达利和毕加索做比较，觉得毕加索有点名过其实。抽象艺术自 20 世纪 60 年代以来就成了现代主义的主流——达利特别不能接受这一点，莫尔斯也认可达利的观点。他说："我认为萨尔瓦多·达利是 20 世纪最伟大的画家，原因在于他带领我们走出了以抽象表现主义为代表的艺术低潮期——在这段时间里，艺术既没有内容，也没有技巧。"

尽管很多人都能加入任性且多变的达利夫妇的朋友圈，但是，可以说，莫尔斯夫妇才是他们一直以来的朋友。莫尔斯夫妇经常去利加特港和卵石滩拜访达利夫妇。这两对夫妇之间建立起了十分深厚的友谊，再多的讨价还价，以及嘉拉通常所要求的非常规的付费

图192
《滑稽演员们》
1920—1921年
纸板上水粉画
57 cm × 51 cm
美国佛罗里达州圣彼得
斯堡市萨尔瓦多·达利
博物馆

图193. 右页
《蚂蚁》
1936—1937年
有色纸上水粉画
66 cm × 49.5 cm
美国佛罗里达州圣彼得
斯堡市萨尔瓦多·达利
博物馆

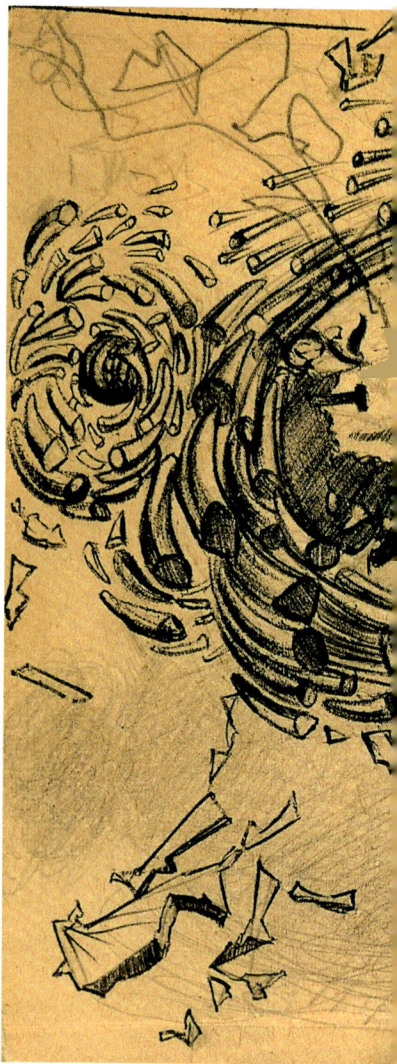

图194
《软塌塌的表爆炸了》
草图
1954年
纸上铅笔和墨水
14 cm × 19 cm
私人收藏

方式，都没能影响到他们之间的关系——举例来说，双方竟同意《基督教会》这件作品以 10 万美元成交，嘉拉还规定只能以现金支付，而且她只收比塞塔币，比塞塔币还要装进她自己的手提箱里，和衣服装在一起。1952 年时，雷诺兹·莫尔斯以"翻译"的身份陪同达利在美国进行了巡回演讲。他写了很多关于达利的文章，并在 1958 年出版了第一本关于达利的专著，详细地研究了达利和他的创作。埃莉诺翻译了很多达利的文章，如《米勒〈晚祷〉的悲剧神话》，把达利的理论写作介绍给了更多的读者。莫尔斯夫妇对达利的关注还体现在他们收集了无比完整的达利的文献，其中有出版的书籍、照片、视频、报纸、杂志简报等，这些都是圣彼得斯堡市达利博物馆的重要构成。这些收藏位于俄亥俄州比奇伍德市，放在专门建于莫尔斯公司办公室旁边的一座楼里。20 世纪 70 年代，这座楼开始应公众要求对外开放。但是没过多久，美术馆的空间就明显不够用了。而且，由于高昂的地产税，莫尔斯的收藏在某种程度上也面临破产的风险。圣彼得斯堡市政府提出了一个颇为诱人的提议，即由市政府出面建造一座空间足够的建筑，并提供资金来接收和管理莫尔斯夫妇的所有捐赠。1982 年，这座达利博物馆开始对公众开放。

8

很难想象现代想象的万神殿里没有达利这个坏男孩。

　　　——罗伯特·休斯

　　毫无疑问达利在 20 世纪艺术史中的地位是不可动摇的。不难想象，不管是在多远的将来，都会有来自世界各地的大群观众蜂拥而至，涌入为纪念达利而建造的博物馆中。但是，无法确定的是未来的批评家和史学家将会如何评价达利所做出的贡献，以及他的价值与意义。在重估达利这样一位艺术家时，我首先是把他看成一位图像的制造者，然后是艺术家神话的特殊制造者。最后，在我看来，他通过自己的创作开创了一些方法，这些方法对思考艺术在当今的地位及定义这些当代问题深有启示。

　　说达利是个图像的制造者，首先要强调的最重要的一点是他超高的知名度。他作品的魅力超越了文化和年代的界限，在世界各地都可以看到他的真迹，或更多的是复制品，甚至在广告设计的风格中也可以看到他的影响。人们无须提前浸润于欧洲文化的特殊美学编码中，也无须了解现代艺术漫长且复杂的历史，就能直接理解达利的作品。能获得如此大的成功，最好的解释同时也是最简单的解释：达利的图像的确能直抵观众的潜意识，观众通常都会解放内心的某些压抑；他的图像也的确促使观众去思考有关性、死亡以及命运的古老神话，同时也促使观众思考现代科技知识所揭示的新的时空神话。

而对于那些规定谁能够进入现代主义的万神殿，谁又不能的艺术家、批评家、教育家、趣味制造者来说，同样也正是超高的知名度让他们觉得达利让人无比头疼。这不仅是因为达利的作品在各个时代都得到了不同批判立场的研究者的客观评价与考察，原因还在于他到现在仍然能够在世界上任何一个地方惹恼、激怒那些坚持艺术纯粹性的卫士。"本真性"的问题是争执的核心所在。现代主义艺术占据了 20 世纪前 70 年的舞台，并在俄国、美国及欧洲引发了大量有关权力及民主的意识形态斗争。艺术家之间也互相指责、反唇相讥；甚至，他们坚信艺术能够影响世界，能够影响甚至改变历史的进程。当所有的一切都沦为经济利益或是民族主义者的机会时，艺术似乎成了无关利益的真理与纯洁理想的阵地。而这种理想主义则在 20 世纪 30 年代弥漫于整个超现实主义圈。甚至是那些无法直接投身意识形态斗争的艺术家都需要在道德上诉诸"本真"，拥护超现实主义的美学议程。当然了，没有多少艺术家能够达到这样的要求——不管是在他们的实践中，还是个人生活中。然而，达利所投身的战斗却是公开宣称自己怀疑这样的议程，摒弃这样的教义，拒绝假装拥护任何他本来就不认可的道德观或政治观。

图196
骑着哈雷摩托的达利
摄于1974年

他还否定现代主义的一条绝对律法，即否定其所宣扬的永恒的进化论，永恒的前卫。他不但未能追随时代的主流在风格或观念上有所创新，还直接回归到了博物馆里的艺术，崇尚那些在 20 世纪前 10 年被前卫现代主义艺术家们所不屑的艺术家。换句话来说，达利是个格格不入的人，特别是他还推崇素描与油画的技巧，而非现代主义艺术家所看重的表现力、自发性及原始性。他呼吁要"回归手艺"，这让他如德·基里科一样备受批判，甚至是遭受了最恶毒的谴责和指控。当然了，这样的评价并不公正：在 20 世纪 20 年代，"回归秩序"的运动如火如荼，很多主要的现代主义艺术家都参与其中，其中就包括了德朗、马蒂斯和毕加索。他们都探索了以人物为基础的

绘画创作，以各种各样的方式致敬过去的艺术。贾科梅蒂同样否定了自己在20世纪30年代中期力求创新的创作路数，宣称他要探索具象写实主义。但是，他却并未被同辈艺术家所不齿。

现代主义的艺术家和批评家基本上都不喜欢达利绘画的"样子"。他们认为达利的作品追求线条与构型的技术精确度，并且抹除了画笔的痕迹，这与印象派所开创的艺术趣味不相符合。而且，这种艺术趣味在此之后还传承了下来，且至少在某种程度上承载着艺术家创作的"个体性"价值。然而，这样一种趣味的背后是神话，或者说是寓言，即艺术家内在的某些东西能够通过绘画创作中的一些痕迹呈现在观众的眼前。达利十分厌恶这样的创作方式。自他20世纪20年代的第一批理论写作开始，达利就一直都在批判这样的"浪漫主义"。他否定绘画通过形式与色彩的美学语言所要表达的关于情感、感知以及"灵魂"之路的理论。他所渴望的是能够直抵潜意识。而要做到这一点，就需要赋予图像超现实的清晰和精确的认识，要尽可能地做到像照片那样客观，完全去除人格的要素。

而那些追求和拥护秩序与客观性这种反浪漫主义价值的现代主义主流艺术家却认为，最能表达他们主张的是抽象主义和极简主义。这同样与达利所追求的细致与夸张截然相反。最终的结果就是，自20世纪30年代后期起，达利在同辈现代主义艺术家中已难觅同道中人。

这一现实境况所导致的一个令人瞠目结舌的矛盾之处在于，恰恰正是因为后期现代主义的前卫流派——从抽象表现主义、色域绘画、欧普艺术到极简主义、观念艺术等——都越来越自我指涉，越来越回到艺术本身的内部系统，达利才竭力要进行一种广义的"现代"创作，来回应所处时代的科技观念，探索当代的复制技术，寻找在艺术中结合这些技术和观念的方法。

除了风格和手法的问题，很多人还极力反对达利作品中的主

图197
菲利普·哈尔斯曼
《蒙娜丽莎·达利》
1954年
照片拼贴
达利扮作蒙娜丽莎
收于《达利的胡子》摄
影集中

题和内容——特别是达利经典的超现实主义作品，因为带有一些拜物式的图像而吸人眼球。这些人会据理力争，说这些图像是"一种青春期的癖好！"达利也绝不会矢口否认。《我的秘密生活》一书有一半的内容都在描述他20岁以前的生活。他肯定地指出，《一条安达鲁狗》就是一部给青春期的人看的电影。他的博物馆也主要是呈现年轻时候的自己。处于永恒的青春期，坚持绝对的自我中心，胸怀无限的激情，拥护幻想、摒弃现实——这正是达利想要的。这也解释了达利的创作何以会吸引大批的年轻人，却让老一辈们倍感不爽了——因为他们要逃离这个让他们回想起自己青春期的困惑与旺盛生命力的达利。

公众对待达利这个人的态度，或者说对待这位自我神话制造者的态度，也滋生了一系列让达利的拥护者和批评者怒目而视的问题。马蒂厄称达利是一个魔术师，因为他能在事物之间建立起新奇且有效的类比。而这也的确是哲学家威廉·詹姆斯认为"天才"所必不可少的条件。在达利的身上，的确有很多魔法师和幻术师（骗人耳目，打消疑虑）的影子。在达利早期超现实主义创作中所表现出的创伤性焦虑中，或许有的人还从中看出些萨满的意味，因为艺术家试图通过呈现自己的疯癫来治疗大众的疾病。但是，达利在很多时候还是个表演者，他希望得到公众的注视和讨论。问题在于，这样一种姿态在何种程度上只是在扮演小丑，满足于为观众呈上一场有趣的表演；又在何种程度上算是一种堂吉诃德式的行为，一个完完全全的傻子——只有那些笨蛋和没脑子的人，无法看透日常现实之所是的人才会觉得他的行为愚蠢至极。正如伊拉斯谟所说的："大智若愚。"毋庸置疑，小丑达利极其有力地嘲弄了高雅艺术自以为是但实际上却存疑的严肃性。在说起现代主义运动中的那些元老级人物时，达利警句频出，极尽揶揄讽刺之能：

马蒂斯：资产阶级的最爱，滥交达人。

布勒东：一丁点儿出格的事情都不敢做！

康定斯基？有一个定律：俄国出不了画家。康定斯基做的景泰蓝拐杖头或许还不错。

亨利·莫尔——一个英国人！

现代主义最重要的源头之一是前卫艺术力图要震惊、唤醒和激怒传统的艺术观众——这些人是既有秩序、既定价值的拥护者，维护温和的官方文化及其不容置疑、高高在上的地位。自始至终，超现实主义从达达运动中接棒过来的反叛性始终都盘踞在现代主义艺术家的内心。然而，随着现代艺术逐渐不再是一场异见者的运动，而是成了新官方文化机制的一个构成部分——根本原因在于国家现代美术馆的建立——反叛的初衷便沉寂了下去，成为一种徒劳。艺术家可以有一些"出格"的行为，但是，必须得是在一个有序的艺术行业所"允许"的范围之内。和杜尚一样，达利在早期就开始对这一现实保持警醒，并采取了扮演一个小丑的策略。这使得他在罅隙之中找到一片天地继续扰乱和煽动。因而，我们有必要从讽刺的角度去解读他到了美国之后的言论、行为和立场。如果不和他站在一个阵地上，如果看不懂他的闹剧，那就有可能沦为他嘲笑的对象。

自 20 世纪 80 年代起，就出现了很多从后现代的角度对达利的重估。举例来说，美国批评家卡特·拉特克里夫就断言："我们将会铭记达利，他提醒我们去反思现代主义的崇高理想。"拉特克里夫之所以这样说，是因为达利坦然地拒绝遵守现代主义的规则，还毫不犹豫地自然而然投身于商界。这些行为都威胁到了文化既定的边界，而一直以来，正是这些划定的界限守护着高雅文化的圣坛。我们必须要去质疑高雅文化所赋予自身的"本真性"。我们必须要承认艺术作品和汽车、家具一样，都是商品。不论是一件独一无二的奢侈品——如设计师服装，或是一件大众消费力可以购买的商品——如好莱坞电影或电视广告，二者都是产品，都能够在经济领域流通，有一个定价。而往大了说，这些商品的功能可能也是满足或者解放使用者的想象力。然而，如今根据后现代的理论和反思，我们必须提出严肃的质疑，即就其在文化领域的作用而言，艺术家所生产的图像和观念是否与时尚设计师、电影导演、广告导演的创作有本质上的不同。如果我们决定给出的答案是"不同"，那时尚界则要怨声载道了。或许，那些抵制达利、批判达利作品意义的激愤之音正来自于那些生怕艺术沾染上时尚气息的卫道士们——在他们看来，时尚是"非本真性"的恶魔化身。然而，时尚的气息已遍布当代文化的每一个角落：它决定了一件已有的商品不断地变换着模样，它满足了我们对新奇的无限渴望，它制造的迷人幻觉诱惑着我们，它让我们有机会做出美学的选择。挑战再次出现：我们还能继续像以前那样认为艺术——或者从来都是，不管它有多么崇高的理想和坚持——能摆脱时尚的幽灵吗？

在一段时间的观念艺术创作之后，20 世纪 80 年代又见证了新一轮的绘画热潮。但是，这次回归并非回到了我们所熟知的绘画领域，回到现代主义的自信时期。相反，新的绘画——有的时候我们称之为新表现主义，艺术家包括如乔治·巴塞利兹、朱利安·施纳贝尔和大卫·萨利——弥漫着讽刺、多元和过剩。这些绘画极少借鉴象征主义或具象绘画的图像语言程式，摒弃了此前禁锢绘画的所有形式规定或统一的风格。"坏艺术"这一术语也逐渐成了一个描述性的词汇，而非贬义的标签。这样一种变化也让我们进一步从新的角度重新审视达利自 20 世纪 60 年代末期以来的绘画创作。至少《金枪鱼捕捞》（图 169）或《美元的神化》（图 190）这样的作品所采用的多层"取样"技巧与西格玛·波尔克的作品在风格上有相似之处。《床和两个床头柜猛烈地攻击一架大提琴》（图 198）这件作品与新表现主义有着更多的共性。这是达利在 1983 年之后创作的最后一件作品。我们有充分的理由

图198
《床和两个床头柜猛烈地攻击一架大提琴》
1983年
布面油画
130 cm × 140 cm
西班牙菲格雷斯嘉拉 - 萨尔瓦多·达利基金会

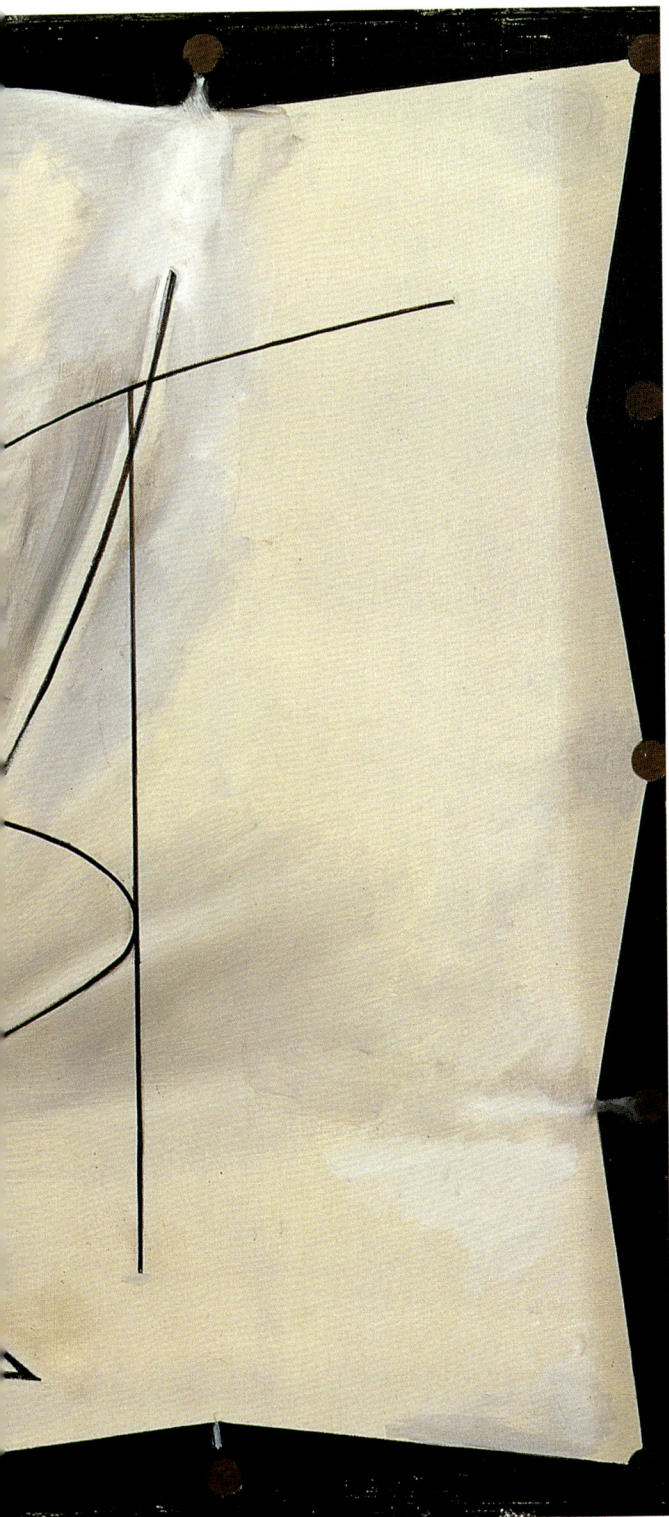

图199
《燕子的尾巴——突变
系列》
1983年
布面油画
73 cm × 92.2 cm
西班牙菲格雷斯嘉拉 -
萨尔瓦多·达利基金会

认为，尽管神志不清且身体状况堪忧，但这是达利唯一一次没有带着怒气和怨气的创作，他轻松自由地画了这张画。然而，作为最终的结束，必须是神秘且真实的：《燕子的尾巴——突变系列》（图 199）据称是他的最后一件作品，创作于 1983 年 5 月。他这样描述自己最后的这段创作：

从今往后，我将全身心地投入到对突变现象（勒内·托姆的理论）的描绘当中。这不再只是纯粹的想象，不只是关乎我的心情与梦境或是自动主义。如今，我要描绘的是和我的存在、我的疾病、我重要的经历直接相关的意义。

附录

名词解释

抽象表现主义（Abstract Expressionism）
大胆的抽象学派，1945—1955 年间兴起于美国。这一术语的使用有的时候极为广泛：最适合描述由动作所引发的随性的抽象创作，通常也称作"行动绘画"。这一流派的著名艺术家包括杰克逊·波洛克（1912—1956 年）和威廉·德·库宁，他们把意识从束缚中解放了出来。受超现实主义影响，作品中有一些原始的象征符号。

视觉变形（Anamorphosis） 一种在 16 世纪中期兴起的错觉绘画技巧，使得画面发生变形。只有从纸张或画布的某个倾斜角度看过去，才能看到真正的图像。这类绘画通常都是肖像画。但是，这种绘画技巧通常都会将真实隐藏在画面的背后，因此也会引发哲学层面的解读。所以，头颅通常都是看不见的画面背后所隐藏的内容。

先锋、前卫（Avant-Garde, Vanguard）
最初是个军事术语，用以形容极端的政治运动。到了 19 世纪后期，则用以形容走在时代前端的文学和艺术运动，同时也带有一些社会进步的意味。这是现代主义的定义性特征之一。现代主义同时还坚信绝对的进步、风格在演化中的进步，并认为一些艺术家具备预见未来文化发展模式的特殊能力。在 20 多岁的时候，达利尚赞成这样一种现代主义的乐观心态。但是，到 1940 年时，他开始寻找回归文艺复兴艺术的途径，摒弃了现代主义。

立体主义（Cubism） 20 世纪前卫运动中毋庸置疑最有影响力的流派。1907 年兴起于巴黎，主要发起人是乔治·布拉克（1882—1963 年）和巴勃罗·毕加索。通过多个立面和简化的符号来呈现物体和人物，可同时从多个角度观看。通常会把 1907—1912 年的严格分析立体主义时期与 1912—1921 年更具装饰性的综合立体主义时期（经常使用拼贴元素）区分开来。

达达（Dada） 因第一次世界大战造成的文化分裂与道德瓦解而在各个重要城市——如苏黎世、科隆、巴黎、纽约和柏林——兴起的一场运动（约 1916—1923 年）。其发起的活动都极具煽动性，挑战艺术领域既有的形式和功能。其最典型的方式是行为表演，以及低廉或美学价值低俗的即兴创作与杂志。主要的组织者包括马塞尔·杜尚、弗朗西斯·皮卡比亚、库尔特·施维特斯（1887—1948 年）和特里斯坦·查拉。

未来主义（Futurism） 由意大利艺术家翁贝托·波丘尼（1882—1916 年）、卡洛·卡拉（1881—1966 年）和吉诺·塞维里尼（1883—1966 年）发起的一场运动（约 1909—1918 年）。其影响力迅速地扩散至各个欧洲艺术中心，随着一系列鼓舞人心的宣言的发表，更加如火如荼地发展起来。诗人菲利波·托马索·马里内蒂（1876—1944 年）写了第一篇未来主义宣言，拿有趣的现代实验和无聊的传统艺术进行鲜明比对。未来主义的绘画和雕塑致力于把运动感和观者的主体感受结合起来。

黄金分割（Golden Section） 将一个水平或垂直的空间按照数学比例分割为两个部分，构成一种美学的和谐构成状态，两部分的比例大约为 8 ∶ 13。这样一种"神圣比例"为古希腊（据说公元前 6 世纪起源于毕达哥拉斯学派）和文艺复兴时期的艺术家、建筑师提供了理性的基础来建构关于美的概念，呈现宇宙不可亵渎的秩序。

超现实主义（Hyperrealism, Superrealism）
一场在美国展开的声势浩大的运动（约 1965—1972 年），以照片或是蜡像的写实度来描绘琐碎的当代都市生活画面。画家包括查克·克劳斯（生于 1940 年）和理查德·埃斯蒂斯（生于 1932 年）；雕塑家包括约翰·德·安德里亚（生于 1941 年）和杜安·汉森（1925—1996 年）。

印象派（Impressionism） 1860 年左右兴起于巴黎的一种现实主义绘画流派。反对学院传统，取材源自当代的都市和乡村生活，创作手法强调鲜艳的色彩和明显的笔触。通常都是写生作品，通过画面捕捉某个瞬间。代表人物包括克劳德·莫奈（1840—1926年）、卡米耶·毕沙罗（1830—1903年）和皮埃尔·奥古斯特·雷诺阿（1841—1919年）。

机械美学（Machine Aesthetic） 费尔南德·莱热在1923年提出这一术语，指的是后期立体主义者和纯粹主义者通过学习几何形式，运用鲜明、原始的工程颜色来进行的创作。莱热坚持认为，他们的美学源于工程师们所坚持的理性、精确、效率等原则，这些原则从本质上来讲都符合传统的价值。

形而上艺术（Metaphysical Art, Scuola Metafisica） 很大程度上起源于乔治·德·基里科、卡洛·卡拉，以及乔治·莫兰迪（1890—1964年）在1917—1921年的绘画。他们通过多个角度和戏剧化的光阴效果描画了一些物品神秘且让人不安的一面。和这一流派相关的文章登载在《造型价值》杂志上。

现代主义（Modernism） 参考先锋、前卫。

蒙太奇（Montage） 源于"组合"这一法国词，指照片剪辑，即"蒙太奇照片"或是一种电影剪辑的方法。主要特点是图像与图像之间是明显断裂的，而非无缝连接的，从而有意地促使观众去有意识地（或者在超现实主义电影中，是潜意识）注意图像与图像之间奇怪的并置。

新古典主义（Neoclassicism） 最初用来概括18世纪后期古典风格的复兴，还包括其他一些体现在1900—1940年左右艺术家创作中的运动和潮流。这些艺术家在不反对刻画当代生活活力与科技进步的现代艺术的同时，也重申了"回归秩序"的重要性，呼吁传统古典艺术中控制、明确、客观的价值，抵制前卫艺术更为极端的个体性。

新世纪主义（Noucentisme） 一场在加泰罗尼亚绘画、雕塑、建筑和文学领域兴起的运动（指的是20世纪）。主张（约1910—1920年）回到古典传统在形式方面的规定，但是却赋予其当代生活的精神阐释。画家如华金·苏尼埃尔（1874—1956年）借鉴了保罗·塞尚（1839—1906年）的构图结构。

波普艺术（Pop Art） 分别兴起于英国和美国的绘画及雕塑运动（约1950—1970年），取材于流行和大众媒体文化。艺术家如罗伊·利希滕斯坦（生于1923年）和安迪·沃霍尔（1928—1987年）挪用了时尚平面设计的形式，创作了大量流行的现代艺术，可以说是对抽象表现主义晦涩且主观的绘画语言的反叛。

纯粹主义（Purism） 巴黎的一个绘画和理论流派（1918—1925年），和机械美学及新古典主义相关。重要的艺术家包括阿梅德·奥占芳（1886—1966年）和勒·柯布西耶（1887—1965年），主要的杂志包括《新精神》。

现实主义（Realism） 概括了各个时期和背景下不同的流派，都直接或想象性地描绘了现实世界。公开反对美的理想形态以及主观性，揭示深刻的本质真理。

浪漫主义（Romanticism） 首字母小写时，总称不同于古典主义客观性的个体艺术家的情感感知；首字母大写时，特指18世纪末期及19世纪初期的艺术运动。这一时期的文学、音乐及视觉艺术作品的主题多为极致的精神体验，甚至接近疯狂，对过去或是他乡的怀念，以及神圣的自然。

圣塞巴斯蒂安（St Sebastian） 基督教殉道者，被罗马皇帝戴克里先处以死刑，却奇迹般地在箭下活了下来，成了文艺复兴时期艺术家所钟爱的男性裸体原型。

人物传略

路易·阿拉贡（Louis Aragon，1897—1982年） 法国小说家、诗人、批评家。1924—1932年之间是超现实主义小组的一员，后来加入共产党，与达利等人的观点不同。

让·（汉斯）·阿尔普 [Jean (Hans) Arp，1887—1960年] 德国籍诗人、雕塑家、画家，后来移居法国。1916年，和特里斯坦·查拉一起在苏黎世发起了达达运动。自1930年起，加入超现实主义小组。其作品有机、抽象的形式在1927—1928年间的一段时间里对达利有过启发和帮助。

安德烈·布勒东（André Breton，1896—1966年） 法国诗人、小说家、散文家、理论家、超现实主义的发起者，发表了3篇超现实主义宣言（1924年、1930年、1942年）。他和菲利普·苏波一起进行无意识写作的实验，创作了《磁场》一书。他的理论文章包括《超现实主义与绘画》（1928年）《何为超现实主义》（1934年）；重要的创造型写作包括小说《娜嘉》（1932年）和诗歌散文《疯狂的爱》（1937年）。为了引领超现实主义运动走向革命，他在1927—1935年期间加入了共产党。

路易斯·布努埃尔（Luis Buñuel，1900—1983年） 西班牙导演，超现实主义电影的开创者之一。和达利是马德里驻宿中心的同学，合拍了电影《一条安达鲁狗》（1929年）和《黄金时代》（1930年）。在后来的电影如《资产阶级的审慎魅力》（1973年）和《自由的魅影》（1974年）中，他将超现实主义的发明和对社会的讽刺结合在了一起。

乔治·德·基里科（Giorgio de Chirico，1888—1978年） 意大利画家。写有小说《七》（1929年）。超现实主义艺术家对他在1912—1916年神秘、忧郁的画作以及1917—1922年"形而上"的创作赞誉颇高。达利在他典型的超现实主义时期创作中挪用了很多基里科空间变形的技巧。但超现实主义艺术家却对德·基里科接下来的新古典主义创作、"回归手艺"的文艺复兴式及巴洛克式创作颇有微词。

勒内·克雷韦（René Crevel，1900—1935年） 法国小说家和散文家。在超现实主义运动期间，他是达利的好朋友。克雷韦写了第一部批评研究达利的著作，《达利或反启蒙主义》（1931年）。但克雷韦始终执念于自己的艺术和政治理想，这导致了他后来的自杀。

马塞尔·杜尚（Marcel Duchamp，1887—1968年） 艺术家、策展人、理论家，达达运动的最早发起人之一。他一开始小有名气时是象征主义者，后来则是立体未来主义画家，创作了如《下楼梯的裸女》（1911—1912年）这样的作品。但没过多久，他的创作就开始从根本上质疑艺术的原创性和美学，展出了用"现成物"创作的作品，如瓶架和小便池。他的一件重要作品名为《大玻璃》（1915—1923年），装在2块玻璃中间。复杂的观念造就了这件作品的独特性。在1946—1966年，杜尚看似不再创作，但他其实一直在偷偷地创作一件名为《给予》的作品。这件作品的主题仍然是裸女，但不同之处在于这件作品十分直白。

嘉拉·艾吕雅（赫莲娜·德鲁维纳·迪亚克诺夫）[Gala Éluard (Helena Deluvina Diakonoff)，约1894—1982年] 达利的模特、妻子和"缪斯"。出生于俄罗斯的卡赞，1917年与保尔·艾吕雅结婚，在1929年遇到达利之前和恩斯特、德·基里科等人保持着暧昧的关系。达利与嘉拉在1934年公证结婚，又在1958年举行了宗教婚礼。

保尔·艾吕雅（Paul Éluard，1895—1952年） 法国诗人、超现实主义群体的主要成员。相较于自动主义的创作技巧，他更欣赏超现实主义运动的革命性。达利在1929年为他画了一张超现实主义肖像。

马克斯·恩斯特（Max Ernst，1881—1976年） 德国画家、拼贴画家、诗人。在参军之前，学习哲学。1919年科隆达达运动的主要发起者。1922 年去了巴黎，在 1924—1938 年是超现实主义的一员。他的绘画来自童年的记忆以及梦境中的想象，但是创作所使用的技法则是自动主义。他称之为"拓印（frottage）"和"转印（decalcomania）"。对旧插画图书上的日常图像进行修改和处理，也是他超现实主义实践的一部分。第二次世界大战期间，他去了美国避难，在那里继续从事超现实主义的活动和创作。

西格蒙德·弗洛伊德（Sigmund Freud, 1856-1939 年） 奥地利心理学家、精神分析学的代表人物。在《梦的解析》（1900 年）一书中，他通过案例研究呈现了分析病人梦境的深层次含义治愈他们神经症行为的过程。他所阐释的潜意识以及性压抑对社会所造成的影响等理论吸引了达利和其他超现实主义者并成了他的忠实拥趸。超现实主义者对弗洛伊德的理论进行拓展，为他们的想象及各种创造力的释放提供了理论基础。

费德里科·加西亚·洛尔迦（Federico García Lorca，1898-1936 年） 西班牙诗人、剧作家。他第一本广受赞誉的诗集是《吉卜赛谣曲集》（1928 年）。这本诗集在传统安达卢西亚歌谣的语言和内容中加入了超现实主义的元素。1929 年，他去了纽约，并出版了诗集《诗人在纽约》（1940 年）歌颂了哈莱姆区的生活。他的剧作品有《玛丽安娜·皮奈多》（1925 年），这部剧首演时的布景是达利设计的；还有《血婚》（1933 年）和《笼中的女儿》（1936 年）。他和达利在马德里的驻留中心相识，并建立起了深厚的友谊，在艺术创作上有着深入的交流。西班牙内战期间，他被法西斯主义者杀害。

雅克·拉康（Jacques Lacan，1901—1981 年） 法国心理医师、精神分析学理论家。1933 年，他和达利一起为《弥诺斯》撰写有关偏执的文章，彼此有着深入的交流。他用结构主义语言学重新阐释了弗洛伊德的理论，自 20 世纪 50 年代起对知识分子圈产生了相当广泛的影响。他的著作收入了《拉康文集》（1966 年）。

洛特雷阿蒙 [Le Comte de Lautréamont，笔名伊西多尔·吕西安·杜卡斯（Isidore Lucien Ducasse），1846—1970 年] 法国诗人。1868 年出版了第一本著作《马尔多罗之歌》。超现实主义成员奉他为超现实主义运动的先驱。

费尔南德·莱热（Fernand Léger，1881—

1955 年） 法国画家。他先是学习建筑绘图，后来则成了一个立体主义艺术家。参战经历让他认识到了艺术的社会任务，并渴望实现机械社会的现代化。他和阿梅德·奥占芳、勒·柯布西耶共同进行纯粹主义的创作与写作，影响达利在 20 世纪 20 年代后期拥护现代主义理论的同时也反对浪漫主义。

勒内·马格里特（René Magritte，1898—1967 年） 比利时画家、理论家。1924 年，他和其他成员一起成立了比利时超现实主义群体。1927—1930 年间，他住在巴黎，并和超现实主义者有着密切的往来。他结识了达利，并发现他们都从德·基里科的创作中受益良多。而且，他们都喜欢制造模棱两可的图像。1933 年后，他开始为巴黎超现实主义出版物进行创作，并通过他的绘画探索了图像再现所引发的哲学问题。

哈勃·马克斯 [Harpo Marx（Adolph Arthur），1888—1964 年] 美国喜剧电影演员，和契科、格劳乔、泽波是四兄弟。他们在《疯狂的动物》（1930 年）和《鸭羹》（1933 年）等电影中所表现出的幽默既不显得讽刺也不显得低俗，而是在理性世界的荒漠中开辟出了一片无政府的绿洲。达利认为他们的电影和超现实主义有许多相似之处。他还尤其喜欢哈勃的性格。哈勃在电影中扮演一个不说话的音乐家。

卡尔·马克思（Karl Marx，1818—1883 年） 德国思想家、政治理论家、经济学家、革命家，马克思主义创始人之一。正统的超现实主义者都是马克思主义的忠实拥护者。

乔治·马蒂厄（Georges Mathieu，大约生于 1921 年） 法国画家。他学习的是法律、哲学和英语，自 1942 年起开始画画。他开启了一种抒情式的抽象风格绘画，运用了通常都是公众表演的行动绘画张力十足的直接画法。20 世纪 50 年代，他和达利成为朋友，彼此之间就想法和方法有很多交流。

让-路易斯-恩斯特·梅索尼埃（Jean-Louis-Ernest Meissonier，1815—1891 年） 法国肖像画家、历史画家。他因真实鲜活的战争绘画而成名，对细节的刻画入骨三分。梅索尼埃是 19 世纪流传颇广的学院艺术的代表，是印象派和后来的前卫艺术家所批判的对象。

让-弗朗索瓦·米勒（Jean-François Millet，1814—1875 年） 法国巴比松画派

成员。他最著名的绘画是大幅的描绘贫穷艰难的乡村生活。在 1848 年的起义之后，这些画作又有了政治的意涵。《晚祷》广为传播，达利撰写了很多关于这件作品的偏执批判式阐释。

胡安·米罗（Joan Miró，1893—1983 年）

西班牙画家、雕塑家。受立体主义的影响（约 1919 年），米罗创作了他第一批成熟的作品，准确地描绘了加泰罗尼亚的乡村风景，但同时又有诸多象征意义。1920 年，他移居到了巴黎，开始创作典型的超现实主义抽象绘画。这种风格影响了达利（大约在 1927—1928 年）。达利刚到巴黎，两人就成了朋友。

阿尔伯特·雷诺兹·莫尔斯（A Reynolds Morse，生于 1914 年）

美国塑料工程师和实业家。他和妻子埃莉诺收藏了大量的达利作品，并捐献给了佛罗里达州圣彼得斯堡市的达利博物馆。他就达利的一生和创作写了很多文章，也在世界各处做了很多演讲。

弗里德里希·尼采（Friedrich Nietzsche，1844—1900 年）

德国哲学家、古典学者和诗人。他最著名的理论是在《查拉斯图特拉如是说》（1883—1885 年）中提出的"超人［Ubermensch (Superman)］"一说。他对早期现代主义作家和艺术家有着重要的影响，塑造了他们的思想观念，其中就包括德·基里科和达利。尼采为这些现代主义者们提供了一个"前卫"的形象，一个要走在前端、超越大众的形象。这些大众中的绝大多数已经丧失了基督教上帝的信仰，寄希望于艺术家能带给他们灵魂的救赎。

弗朗西斯·皮卡比亚（Francis Picabia，1879—1973 年）

法国画家。他最初因印象派的绘画而成名。1911 年开始和杜尚交往，进行极其抽象的创作，并在纽约的军械库展上展出（1913 年）。他在巴塞罗那和巴黎参与了达达运动，与超现实主义者若即若离。在批判美学趣味和程式方法的同时，又过着花花公子式的生活。

巴勃罗·毕加索（Pablo Picasso，1881—1973 年）

西班牙画家、版画家、雕塑家。在早期象征主义时期，他开创了立体主义的创作语言，成为西方现代主义艺术中首屈一指的人物。他十分多产，创作多为兴致所至，而非遵循某种主义或流派。尽管他对超现实主义有着重要的影响，但他和这个群体来往并不密切，也非其理论和规则的拥护者。他的创作在 20 世纪 20 年代对达利有重要的影响。达利初到巴黎的那些年里，他们也是很好的朋友。但由于意识形态上的分歧，他们最终分道扬镳。

拉蒙·安东尼奥·皮乔特（赫罗纳人）[Ramon Antonio Pichot (Girones)，1872—1925 年]

油画家、绘图艺术家。在巴黎、马德里和巴塞罗那三地间来往。1900 年左右是毕加索的朋友，和野兽派一起参加展览，是把巴黎的新式绘画方法介绍到西班牙的重要艺术家。

亚瑟·兰波（Arthur Rimbaud，1854—1891 年）

法国诗人。学习神秘写作、犹太教神秘主义哲学、佛教，写作象征主义的诗歌，关注神秘的启示。作品如《沉醉的船》和《地狱的季节》都写于 20 岁之前。

多纳迪安·阿尔方斯·弗朗索瓦·德·萨德（即萨德侯爵）[Donation Alphonse François de Sade (known as the Marquis de Sade)，1740—1814 年]

法国作家。作品包括《索多玛的 120 天》《瑞斯丁娜》，以及《卧房里的哲学》。他因性犯罪而被判死刑，但最终逃脱，后来被囚禁在巴士底狱。他在一家精神病院里去世。

阿尔贝托·萨维尼（安德里亚·德·基里科）[Alberto Savinio (Andrea de Chirico)，1891—1952 年]

意大利音乐家、作家、画家。达利在《造型价值》杂志上读到了很多他写的关于形而上艺术的文章。萨维尼在 1927 年开始画画。他的画面十分怪异，在某种程度上借鉴了哥哥德·基里科梦境般的作品，是意大利超现实主义的代表艺术家。

伊尔莎·夏帕瑞利（Elsa Schiaparelli，1890—1973 年）

意大利时尚设计师，在 1920 年移居巴黎前学习哲学，未接受过正式的学习和训练。1928 年在巴黎开了一间时尚工作室，以原创和有创造力的设计一举成名。这些设计和超现实主义有相似之处，比如拿玫瑰色的玻璃纸制作裙子，推广"鲜粉红色"。20 世纪 30 年代，她和一些艺术家一起工作，其中就包括达利。她还在达利的启发下设计了"鞋帽"。

伊夫·唐居伊（Yves Tanguy，1900—1955 年）

法国画家。自学成才，于 1925 年加入超现实主义群体。他的创作独具风格，画面好像梦境一般，都是空间模糊的景观和未知的有机生物。他于 1939 年移居美国。

迭戈·委拉斯凯兹（Diego Velázquez，1599—1660 年）

"黄金时代"的西班牙

艺术家。在宗教、历史、肖像、裸体和食物静物等绘画领域都有杰出的创作。在菲利普四世做宫廷画家时，创作了经典作品《宫娥》。在达利眼中，不管是手法技巧还是身份地位，委拉斯凯兹都是完美的典范。

伏尔泰 [Voltaire（Francois-Marie Arouet, 1694—1778 年）] 法国讽刺作家、哲学家、剧作家、历史学家。他一针见血地讽刺和攻击教堂与国家的残暴，质疑宗教组织的有效性。最终，他被监禁和流放。他的《哲学通信》于 1737 年出版，《老实人》于 1764 年出版。他的写作在形式上影响了年轻的达利。达利后来画了一幅伏尔泰的半身像。

弗朗西斯科·德·苏巴朗（Francisco de Zurbarán, 1598—1664 年） 西班牙画家，卡拉瓦乔（1571—1610 年）暗色调绘画派（笔触浓重，背景为黑色）的代表艺术家。在塞尔维亚和马德里绘制了很多圣人画像和宗教主题的绘画。达利应该在这些地方看到过他的作品。

年表

萨尔瓦多·达利的生平及艺术作品	历史事件
1904 萨尔瓦多·达利·多梅内克于5月11日出生于西班牙的加泰罗尼亚的菲格雷斯。	
	1906 塞尚去世。
1908 达利的妹妹安娜·玛丽亚出生。	
	1909 巴塞罗那发生"悲剧周"事件，大罢工演变成了无政府主义反抗，21座教堂和40座修道院被烧毁。马里内蒂发表《未来主义宣言》。
	1910 布拉克和毕加索共同开创了分析立体主义。
	1912—1913 巴尔干战争。
	1913 纽约举办"军械库"展，杜尚展出了《下楼梯的裸女》。
	1914 高迪建成了巴塞罗那的古埃尔公园。
	1914—1918 第一次世界大战（西班牙是中立国）。
1916 和皮乔特一家一起避暑度假，初识现代绘画。	
1917 在家中举办首次展览。	**1917** 杜尚在纽约展出了他的现成物作品《小便池》。
	1918 德国爆发"一月起义"。奥占芳和让纳雷在《立体主义之后》上提出纯粹主义的理论。
1919 在菲格雷斯的市立剧院参加首次群展。在校刊上发表第一篇文章。	
1921 母亲去世。	**1921** 米罗举办在巴黎的首展。
1922 在马德里圣费尔南多皇家学院入学。寄宿在学生驻留中心。	**1922** 苏维埃社会主义共和国联盟成立。墨索里尼在意大利执政，建立法西斯主

義政权。超现实主义群体在巴黎成立。1900年出版的弗洛伊德的《梦的解析》译成了西班牙文。

1923	据称他带头抗议，因此被学校停学。	**1923**	加泰罗尼亚的米格尔·普里莫·德里维拉将军在西班牙建立军事独裁。
1924	被判一个月监禁——据说这一判决是针对其父亲的政治报复。	**1924**	布勒东发表了《超现实主义宣言》。海森堡创立了量子物理学理论。
1925	费德里科·加西亚·洛尔迦住在达利家，两人的友情和艺术交往从此开始。在巴塞罗那的达尔玛画廊举办了职业生涯中的首次个展。	**1925**	莫霍勒·纳吉出版了《绘画、摄影和电影》。
1926	第一次去巴黎和布鲁塞尔旅行。拜访了毕加索的工作室。因拒绝参加考试而被皇家学院开除。		
1927	在达尔玛画廊举办了第二次个展。服了8个月的兵役。为戏剧做设计，如洛尔迦的《玛丽安娜·皮奈多》。在《艺术之友》上发表了第一篇文章《圣塞巴斯蒂安》。米罗来拜访他，并鼓励他去巴黎发展。		
1928	和路易斯·蒙塔亚、塞巴斯蒂安·加什一起发表了《黄色宣言》。参加了匹兹堡卡内基机构的"国际展"，《面包篮》（图43）也在这次展览中售出。		
1929	和路易斯·布努埃尔合作拍摄《一条安达鲁狗》。认识了嘉拉·艾吕雅。被逐出家门。在苏黎世和《文献》杂志的人一起办展。在戈曼画廊举办了巴黎首展，布勒东为此次展览撰写了画册前言。	**1929**	纽约（华尔街）证券交易所崩盘，美国和西欧陷入经济萧条期。
1930	诺瓦耶公爵收藏了《晚年的威廉·退尔》（图92）。和超现实主义群体交往频繁，为《第二次超现实主义宣言》创作了卷首插图。和嘉拉在利加特港定居。《黄金时代》在巴黎上映，遭到了法西斯示威者的破坏，最终被禁播。在《看得见的女人》中展示出自己的理论立场。	**1930**	米格尔·普里莫·德里维拉将军下台了。《第二次超现实主义宣言》发表。《为革命而服务的超现实主义》杂志创刊。
1931	出版了《爱情与记忆》。纽约的朱里恩·列维画廊展出了《记忆的永恒》（图90）。	**1931**	阿方索十三世被流放，曼努埃尔·阿萨尼亚领导西班牙建立了第二共和国。共和政权存续到1936年。
1932	撰写了电影剧本《巴鲍欧》，未拍摄。		
1933	为《为革命而服务的超现实主义》和《弥诺斯》撰稿。在朱里恩·列维画	**1933**	纳粹党领导人阿道夫·希特勒当选德国总理。

年表　335

廊举办了他在美国的首次个展。

为振兴社会和经济，当选不久的美国总统富兰克林·D.罗斯福颁布了新政。
《弥诺斯》杂志创刊。

1934 达利被超现实主义组织除名。和嘉拉公证结婚。在卓玛举办了伦敦首次个展。创作了《马尔多罗之歌》的蚀刻版画。去了纽约。

1934 巴黎爆发右翼分子骚乱。随着阿萨尼亚领导下的政府呈衰颓之势，反动派联合起来推翻了政府的改革，西班牙的动荡局面愈演愈烈。在阿斯图里亚斯地区，工人们发起了社会主义革命。

1935 讨论"偏执批判法"的《非理性的胜利》在纽约和巴黎出版。

1936 穿着潜水服在伦敦超现实主义国际展上做演讲表演。因纽约现代艺术博物馆的"荒诞艺术、达达、超现实主义"展而荣登《时代周刊》的封面（图122）。创作了《秋日里的自相残杀》（图118）和《熟豆子的软结构：内战的预兆》（图117）。

1936 人民阵线联合抗击法西斯主义，在法国选举中获胜。在西班牙二月的选举中，社会主义者、自由主义者和共产主义者团结起来拥护阿萨尼亚政权。在佛朗哥武装叛乱之后，由无政府主义者、社会主义和共产主义者组成的共和党（保皇派）力量在国外志愿军组成的国际纵队的帮助下，共同抵抗希特勒和墨索里尼支持的民族主义军。

1937 创作了名为《那喀索斯的变形》的绘画和诗歌（图112）。在好莱坞认识了马克斯兄弟，并提出了合作的计划。和他的赞助人爱德华·詹姆斯同游意大利。和时装设计师夏帕瑞利合作创作。

1937 在以"现代世界的艺术与技术"为主题的巴黎世博会中，苏联国家馆、德国国家馆和西班牙国家馆象征性地揭露了欧洲的政治冲突。毕加索展出了《格尔尼卡》。

1938 在伦敦拜访病中的西格蒙德·弗洛伊德。参加巴黎超现实主义国际展，展出《下雨的出租车》。

1938 德国吞并了奥地利。慕尼黑会议上，捷克斯洛伐克被迫割让苏台德地区，释放出欺人耳目的和平信号。

1939 因政治问题被超现实主义组织彻底除名。在纽约创作，为布维特·泰勒百货设计橱窗展示，为世博会创作装置作品《维纳斯之梦》（图126—图128），为大都会歌剧院的芭蕾表演《酒神》做舞台设计。

1939 3月，民族主义军取得了西班牙内战的胜利，佛朗哥建立了短暂的独裁政权。
第二次世界大战爆发（战争持续到1945年）。

1940 因德军占领巴黎，逃往阿卡雄，最终去了美国。1949年以前，他和嘉拉一直居住在美国，一开始是在弗吉尼亚州，后来在加利福尼亚州的卵石滩和纽约的瑞吉酒店轮流居住。

1940 布勒东、莱热、恩斯特和马松从沦陷的法国逃亡到美国。

1941 和米罗一起在纽约现代艺术博物馆举办了回顾展。为芭蕾舞《迷宫》创作了剧本、服装和布景。

1941 日本偷袭珍珠港，美国被迫参战（图130）。

1942 虚构自传《我的秘密生活》出版。

1943	为赫莲娜·鲁宾斯坦设计壁饰。		
1944	小说《隐藏的面孔》出版。为《疯狂的特里斯坦》设计服装和布景（图140）。		
1945	创作《面包篮》（图139）。	**1945**	德国投降。 联合国成立。 美国在长崎和广岛投下2颗原子弹，日本被迫投降。
1946	为迪士尼创作动画作品《命运》。为阿尔弗雷德·希区柯克的《爱德华大夫》创作梦中场景（图144—图145）。		
		1947	为了恢复欧洲经济，美国实施马歇尔计划。 丹尼斯·加柏发明了全息摄影法（图176）。
1948	《魔法技能的50个秘密》出版（图154）。		
1949	创作了《原子的莉达》（图146）和《利加特港的圣母》（图149）。回到了欧洲。为彼得·布鲁克的《莎乐美》做设计。		
1951	创作了《十字架上的圣约翰》（图150），撰写了《神秘宣言》。		
1954	为《神曲》创作插图（图173）。和摄影师菲利普·哈尔斯曼合作创作了摄影集《达利的胡子》（图159）。	**1954**	巴黎兴起塔希主义运动。
		1956	抽象表现主义代表人物杰克逊·波洛克去世。
1957	为《堂吉诃德》创作石版画插图。	**1957**	苏联发射人造卫星。
1958	在赫罗纳举办宗教婚礼。		
1959	创作了《哥伦布发现美洲》（图166）。		
		1961—1973	美国加入越南战争。
1963	《米勒〈晚祷〉的悲剧神话》出版。创作了《我亡故哥哥的肖像》（图172），风格类似后来的波普艺术。	**1963**	美国总统J.F.肯尼迪遇刺。
1964	在东京西武博物馆举办回顾展。荣获天主教的伊莎贝拉十字勋章。		
1965	创作了《美元的神化》（图190）。		

出版了另一部自传《一个天才的日记》。

1968 在巴黎出版了宣传册《我的文化革命》。

1970 创作了《引发幻觉的斗牛士》（图170—图171）。在荷兰鹿特丹举办大型回顾展。

1971 在俄亥俄州克利夫兰以莫尔斯夫妇的收藏为主的萨尔瓦多·达利博物馆对外开放。设计了数期*Vogue*杂志。

1972 纽约诺德勒画廊展出他的全息图作品。

1974 菲格雷斯剧院博物馆竣工。

1976 创作了首批立体视图作品（图177）。英文版《我难以言说的自白》出版。

1979 当选法兰西美术院院士。在巴黎蓬皮杜艺术中心举办大型回顾展。

1982 佛罗里达州圣彼得斯堡市的萨尔瓦多·达利博物馆竣工。嘉拉在普博尔古堡去世。胡安·卡洛斯国王授予达利普博尔侯爵称号。

1983 在马德里和巴塞罗那举办他在西班牙的首次大型展览。完成最后的画作（图199）。

1984 因床上起火严重烧伤，进行手术。

1989 1月23日在菲格雷斯因心脏衰竭离世。安葬于剧院博物馆的地下墓室。

1968 美国民权运动黑人领袖马丁·路德·金遇害。学生和工人走上巴黎街头。

1969 尼尔·阿姆斯特朗和埃德温·奥尔德林登月。

1975 佛朗哥去世，结束了他在西班牙的独裁。国王胡安·卡洛斯在西班牙建立了君主立宪制。

North Sea

IRELAND

UNITED
KINGDOM
• London

Atlantic Ocean

BELGIUM
• Brussels

Paris
•

LUXEMBOURG

FRANCE

Zurich
•
SWITZERLAND

Arcachon
•

PORTUGAL

PYRENEES
Perpignan
•

Figueres • Cadaqués
•

Madrid   • Barcelona
•

SPAIN

ITALY

Rome
•

Mediterranean Sea

拓展阅读

关于达利的著作

Dawn Ades, *Dalí* (London, 1982)

Alain Bosquet, *Conversations with Dalí* (London, 1969)

Fleur Cowles, *The Case of Salvador Dalí* (London,1959)

Ana María Dalí, *Salvador Dalí visto por su hermana* (Barcelona, 1949, revised 1993)

Robert Descharnes, *Salvador Dalí: The Work, The Man*, trans. by Eleanor R Morse (New York, 1984)

Robert Descharnes and Gilles Neret, *Salvador Dalí 1904–1989: The Paintings*, 2 vols (Cologne, 1994)

Meredith Etherington-Smith, *Dalí* (London, 1992)

Haim Finkelstein, *Salvador Dalí's Art and Writings 1927–1942* (Cambridge, 1996)

Edouard Fornes, *Dalí and his Books* (Barcelona, 1984)

Ian Gibson, *The Shameful Life of Salvador Dalí* (London, 1997)

Robert S Lubar and A Reynolds Morse, *The Salvador Dalí Museum Collection* (New York, 1991)

A Reynolds Morse, *Salvador Dalí: A Panorama of his Art* (Cleveland, OH, 1974)

George Orwell, 'Benefit of Clergy', in *Collected Essays* (London, 1961), pp.209–19

Carter Ratcliff, 'Swallowing Dalí', *Artforum* (September 1982), pp.32–9

—, 'Dalí's Dreadful Relevance', *Artforum* (November 1982), pp.56–65

Carlos Rojas, *Salvador Dalí or the Art of Spitting on your Mother's Portrait*, trans. by A Amell (Philadelphia, 1993)

Luis Romero, *Dalí* (Secaucus, NJ, 1976)

David Vilaseca, *The Apocryphal Subject: Masochism, Identification and Paranoia in Salvador Dalí's Autobiographical Writings* (New York, 1995)

画册

400 obres de Salvador Dalí del 1914 al 1983 (Palau Real de Pedralbes, Barcelona, 1983)

Dalí: Retrospective 1920–1980 (Centre Georges Pompidou, Paris, 1979–80)

Homage to Barcelona: The City and its Art (Hayward Gallery, London, 1985)

Salvador Dalí (Tate Gallery, London, 1980)

Salvador Dalí, 1904–1989 (Staatsgalerie, Stuttgart, 1989)

Salvador Dalí: The Early Years, ed. Michael Raeburn (South Bank Centre, London, 1994)

Salvador Dalí: A Mythology, ed. Dawn Ades and Fiona Bradley (Tate Gallery Liverpool, 1998–9; Salvador Dalí Museum, St Petersburg, Florida, 1999)

达利的著作

The following texts among others are reproduced and translated in Haim Finkelstein (ed.), *The Collected Writings of Salvador Dalí* (Cambridge, 1998):

'Art Films and Anti-artistic Films', 1927
'My Pictures at the Autumn Salon', 1927
'Photography: Pure Creation of the Mind', 1927
'St Sebastian', 1927 (with Luis Montanyà and Sebastià Gasch)
'Yellow Manifesto', 1928
La Femme visible, 1930
L'Amour et la mémoire, 1931
'The Stinking Ass', 1932
'The Object as Revealed in Surrealist Experiment', 1932
'Apparitions aerodynamiques des "Etres-objects"', 1934
'I Defy Aragon', 1937
The Conquest of the Irrational, 1935

The Secret Life of Salvador Dalí (New York, 1942)

Hidden Faces (New York, 1944)

Fifty Secrets of Magic Craftsmanship (New York, 1948)

Manifeste mystique (Paris, 1951)

(with Philippe Halsman) *Dalí's Moustache: A Photographic Interview* (New York, 1954)

Dalí on Modern Art: The Cuckolds of Antiquated Modern Art (New York, 1957)

Le Mythe tragique de l'Angelus de Millet: Interpretation paranoiac (Paris, 1963); trans. by Eleanor R Morse (St Petersburg, Florida, 1986)

Diary of a Genius (New York, 1965)

Ma Révolution culturelle, pamphlet (Paris, 1968)

(with André Parinaud) *Comment on devient Dalí* (Paris, 1973), trans. by Harold J Salemson as *The Unspeakable Confessions of Salvador Dalí* (London, 1976)

Salvador Dalí, Federico García Lorca, Correspondance 1925–1936, ed. Rafael Santos Torroella (Paris, 1987)

Marcel Jean, *The History of Surrealist Painting* (London, 1960)

Tim McGirk, *Wicked Lady: Salvador Dalí's Muse* (London, 1989)

Maurice Nadeau, *The History of Surrealism* (London, 1968)

Herbert Read, *Surrealism* (London, 1936, repr. 1971)

Mark Rogerson, *The Dalí Scandal* (London, 1987)

Dickran Tashjihan, *Surrealism and the American Avant-garde* (London, 1995)

历史文化背景概览

Alfred H Barr, Jr (ed.), *Fantastic Art, Dada, Surrealism* (New York, 1936)

Dominique Bona, *Gala* (Paris, 1995)

André Breton, *Introduction au discours sur le peu de réalité* (Paris, 1924), trans. in Franklin Rosemont (ed.), *What is Surrealism?* (London, 1978)

—, *Manifeste de surréalisme* (Paris, 1924)

—, *L'Amour fou* (Paris, 1937), trans. by Mary Ann Caws as *Mad Love* (London, 1987)

Luis Buñuel, *L'Age d'or and Un Chien andalou* [film scripts], (London, 1968)

—, *My Last Sigh* (New York, 1983)

Raymond Carr, *Spain 1908–1975* (Oxford, 1966, 2nd edn, 1982)

Jacqueline Chenieux-Gendron, *Surrealism* (New York and Chichester, 1990)

Sigmund Freud, *The Interpretation of Dreams* (Vienna, 1900), trans. by James Strachey, (London, 1955)

Ian Gibson, *Federico García Lorca: A Life* (London, 1989)

Melsna Lewis, *The Politics of Surrealism* (New York, 1988)

Federico García Lorca, *Selected Poems*, trans. by Merryn Williams (Newcastle upon Tyne, 1992)

Malcolm Haslam, *The Real World of the Surrealists* (London, 1978)

致谢

　　我想对在我撰写这本书的过程中给予我建议和鼓励的每一个人致以谢意，特别是 A Reynolds Morse 和 Eleanor Morse 夫妇二人，以及佛罗里达州圣彼得斯堡市萨尔瓦多·达利博物馆的工作人员 Peter Tush 所提供的专业帮助。我还想要感谢菲格雷斯达利研究中心的 Felix Fanes，以及我的同事 Brandon Taylor 和 Marko Daniel 就本书提出的宝贵意见。

——罗伯特·雷福德

图片版权

图书在版编目（CIP）数据

达利 / （英）罗伯特·雷德福著 ； 栾志超译. — 北京 ： 北京美术摄影出版社，2019.2
（艺术与观念）
书名原文：Dali (Art and Ideas Series)
ISBN 978-7-5592-0128-7

Ⅰ. ①达… Ⅱ. ①罗… ②栾… Ⅲ. ①达利(Dali, Salvador 1904-1989)—人物研究 Ⅳ. ①K835.515.72

中国版本图书馆CIP数据核字(2018)第093720号

北京市版权局著作权合同登记号：01-2016-2935

责任编辑：耿苏萌
助理编辑：于浩洋
责任印制：彭军芳

艺术与观念

达利
DALI

［英］罗伯特·雷德福　著

栾志超　译

出　　版　北京出版集团公司
　　　　　北京美术摄影出版社
地　　址　北京北三环中路6号
邮　　编　100120
网　　址　www.bph.com.cn
总 发 行　北京出版集团公司
发　　行　京版北美（北京）文化艺术传媒有限公司
经　　销　新华书店
印　　刷　广东省博罗县园洲勤达印务有限公司
版 印 次　2019年2月第1版　2022年11月第2次印刷
开　　本　700毫米 × 1000毫米　1/32
印　　张　10.75
字　　数　300千字
书　　号　ISBN 978-7-5592-0128-7
审 图 号　GS（2017）2750号
定　　价　89.00元

如有印装质量问题，由本社负责调换
质量监督电话　010-58572393